Draußen mehr erleben

mit MARCO POLO Autorin Marlene Burba

Mallorca ist ihr happy place! Seit über 15 Jahren ist sie mehrmals im Jahr auf der Insel und entdeckt immer wieder Neues. Was sie besonders an Mallorca liebt? Die Natur! Ganz gleich ob im heißen Sommer oder milden Winter, ob in den klaren Wellen des Mittelmeers oder auf dem höchsten Gipfel des Tramuntana-Gebirges – die Vielfalt der Flora und Fauna lässt ihr Herz immer wieder höherschlagen.

INHALTSVERZEICHNIS

*OUTDOOR GUIDE MALLORCA

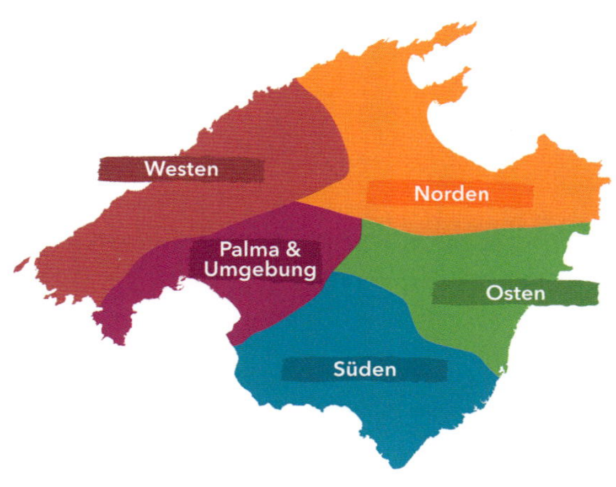

DIGITALES EXTRA

GPX-Tracks als Download zur einfachen Orientierung
QR-Code scannen oder über Website short.travel/amkw2 herunterladen

Legende

Aktivitäten

- Zu Fuß
- Mit dem Fahrrad
- Am & im Wasser
- Fun & Action
- Naturerlebnis
- ★ Outdoor-Highlights

- Lokale Spezialitäten
- Serviceangaben
- Beste Zeit
- Ausrüstung
- GPS-Koordinaten

Preise Aktivitäten/pro Erw.
€ bis 10 €
€€ bis 25 €
€€€ über 25 €

Preise Unterkunft/pro DZ
€ bis 75 €
€€ bis 150 €
€€€ über 150 €

Das Beste zuerst

Das Fischerdorf Cala Figuera im Südwesten der Insel bezaubert mit seinem kleinen Hafen

BEST OF ENTSPANNT

*TYPISCHES FÜR GENIESSER

Natürliches Meersalz aus Mallorca in Premium-Qualität – gewonnen in den Salinen bei Es Trenc

Geht runter wie Öl

Beim Besuch der Olivenölmühle Sa Tafona de Caimari spaziert man nicht nur durch die jahrhundertealten Olivenhaine und kostet von deren flüssigen Schätzen. Man lernt auch vieles über die Olivenernte und die anschließende Pressung der kleinen Früchte.

→ S. 62 Westen

Ein Dinner auf dem Feld

Frisches Gemüse ernten, reife Bio-Früchte von den Bäumen pflücken und danach ein köstliches Mehr-Gänge-Menü mitten in den Feldern des Bio-Bauern genießen – regionaler speisen als bei Terragust in Manacor geht wahrscheinlich nicht.

→ S. 121 Osten

Das Salz der Insel

Erst einen ausgedehnten Strandspaziergang inklusive erfrischendem Badestopp und dann das vielleicht beste Salz-Karamell-Eis der Insel genießen? Das alles erlebt man auf dem Gelände der Salinen in der Nachbarschaft des langen Naturstrandes Es Trenc.

→ S. 138 Süden

Vitamine ohne Ende

Im Tal der Orangen bei Sóller kann man während eines Spaziergangs durch die Haine der Eco-Finca Ecovinyassa frische Fruchtbomben direkt vom Feld kosten und dabei die prachtvolle Schönheit der umliegenden Berge genießen.

→ S. 52 Westen

Feigen selber ernten

Wer Feigen mag, wird diesen Ausflug lieben! Auf der Finca Son Mut Nou lernt man alles über die kleinen lila Früchtchen, darf selber pflücken und dabei die Atmosphäre der Anbauflächen in sich aufnehmen.

→ S. 192 Palma

Elektrisch unterwegs

Ganz entspannt erkundet man das Tramuntana-Gebirge mit einem praktischen E-Roller. Statt kräftezehrender Bergetappen gleitet man damit ganz bequem und abgasfrei durch die Gegend und erlebt so auch jede Menge Naturschönheit.

→ S. 61 Westen

BEST OF ADRENALINKICK

*DIE EXTRAPORTION ACTION

Abseits vom Trubel: Die beste Zeit zum Kite- oder Windsurfen auf Mallorca sind die Monate von April bis Oktober

Von Baum zu Baum hangeln

Im Klettergarten Jungle Parc bei Palma schwingt man wie Tarzan (oder Jane) nur an einem Seil befestigt durch die Lüfte und hat dabei ein ganz schönes Tempo drauf – ein echtes Kletterabenteuer mitten in den hohen Baumwipfeln der Insel.

→ S. 187 Palma

Einmal fallen lassen

Free-Solo-Klettern ohne Seil und Sicherung können Kletterprofis am legendären Felsentor Es Pòntas, das mitten im Meer in der südlichen Küste der Insel aufragt. Aber Achtung: Die Partie hat es in sich und ist nur was für Profis! Und: Wer loslässt, der wird nass!

→ S. 152 Süden

Im Felsen abtauchen

Erst am Fels kraxeln, dann ins Meer springen und anschließend in einem unterirdischen Höhlensystem die Welt da draußen für ein paar Stunden vergessen: Ein spannender Ausflug in die atemberaubende Meereshöhle Cova de Coloms macht's möglich.

→ S. 112 Osten

Über die Wellen fliegen

Im Affenzahn am Kite hängend über die Wellen flitzen – geht an windigen Tagen auf Mallorca ziemlich gut. Der beste Spot zum Kiten ist u. a. die große Bucht von Alcúdia.

→ S. 92 Norden

Am Felsen hängen

Im größten und abwechslungsreichsten, aber auch ziemlich abgelegenen Klettergebiet der Insel, Sa Gubia, gibt es jede Menge eindrucksvolle Etappen mit verschiedenen Schwierigkeitslevels, sowohl für Kletteranfänger wie auch für Profis.

→ S. 63 Westen

Die Straße mit dem Rad erobern

Die 18 km lange und gut ausgebaute Straße durch das größte Naturschutzgebiet der Insel zum Cap de Formentor hat es in sich und ist nichts für schwache Nerven. Die Anstiege sind steil, die Abfahrten dafür umso rasanter und die Kurven zahlreich.

→ S. 86 Norden

BEST OF MIT KINDERN

*SPANNENDES FÜR KLEIN & GROSS

Die Gärten von Alfabia sind ein maurisches Wunderwerk, in dem auch kleine Besucher jede Menge Spaß haben werden

Süße Tiere und leckere Beeren

Im Erlebnis-Bauernhof Fresopolis Mallorca warten kleine und große Nutztiere der Insel wie Schafe, Schweine, Esel und Pferde auf ihre Streicheleinheiten und frische Früchte wie Erdbeeren darauf, direkt vom Feld gepflückt zu werden. Süß und lecker!

→ S. 191 Palma

Ab auf die einsame Insel!

Eine Bootsfahrt, die ist lustig, eine Bootsfahrt, die ist schön! Das gilt natürlich für alle. Kinder haben an Bord eines Schiffes aber immer besonders viel Freude. Ein ganz besonderer Ausflug mit dem Boot führt auf die unbewohnte Insel Cabrera vor der Südküste – Robinson-Crusoe-Feeling inklusive.

→ S. 153 Süden

Mit etwas Glück: Delfine in Sicht

Schon mal eine echte Piraten-Abwehrkanone gesehen? Auf dem Castell de la Punta de n'Amer steht noch eine, und mit etwas Glück sieht man von hier statt Piraten echte Delfine im Meer springen.

→ S. 110 Osten

Jede Menge los im Gartenparadies

Bunte Fische im Teich entdecken, einmal durch die Rosenbewässerung hüpfen und ein Bett, in dem schon eine echte Prinzessin geschlafen hat, bestaunen: In den Gärten von Alfabia gibt's jede Menge zu entdecken. Auch für die Kleinsten.

→ S. 46 Westen

Die Welt, wie sie mir gefällt

Kunst und Natur mit Kindern? Das geht! Im weitläufigen Park des Museo Sa Bassa Blanca stehen unzählige wundersame tierische und kunterbunte Skulpturen und Installationen, die auch kleine Kunstbanausen überzeugen werden.

→ S. 90 Norden

Mitten in Palmas Szene

Ideal für ältere Kids und Teens, die sich für Graffiti und Artwork interessieren: Eine Streetart-Tour durch Palma gibt Einblicke in die urbane und künstlerische Seite der Stadt. Und die hat es in sich!

→ S. 183 Palma

BEST OF BEI REGEN

*SCHÖN, AUCH WENN ES REGNET

Kunstvoll beleuchtete Stalaktiten und Stalagmiten und ein unterirdischer See in der Tropfsteinhöhle Coves del Drac

Besuch bei Miró

Wechselhaftes Wetter? Dann ist ein Besuch der Fundació Joan Miró perfekt. Es gibt eine Ausstellung drinnen und draußen, so kann man je nach aktueller Wetterlage schnell mal switchen.

→ S. 184 Palma

Unterirdische Welten

Wie das Wetter draußen ist, das interessiert die Besucher der Tropfsteinhöhlen Coves del Drac nicht. In dieser ganz eigenen Welt aus Stalagmiten und Stalaktiten herrscht immer die gleiche Temperatur. Tropfen bekommt man hier höchstens ab und zu von der feuchten Höhlendecke ab.

→ S. 112 Osten

Ein Prost auf den Regen

Sich das Wetter einfach wieder schön trinken kann man während einer Weintour auf den Bodegas Vi Rei. Während der Zugfahrt über das Anbaugebiet hat man ein Dach über dem Kopf, und bei schlechtem Wetter findet die Weinverkostung drinnen statt.

→ S. 160 Süden

Dem Himmel so nah

In Palma kann man sich während eines Regenschauers wunderbar in die Kathedrale flüchten. Wenn der Himmel dann wieder aufklart, geht es ab nach oben auf die eindrucksvollen Terrassen.

→ S. 172 Palma

Auf zum Naturdenkmal

Regen in Sicht? Dann wetterfeste Kleidung anziehen und nichts wie los zu den Quellen von Fonts Ufanes. Das Gebiet ist für ein spektakuläres Phänomen bekannt, das nur nach starken Regenfällen einsetzt.

→ S. 85 Norden

Ganz viel Kunst

Das Museu sa Bassa Blanca hat zwar einen riesigen Park, doch der Besuch bei Regen lohnt sich trotzdem. Denn auch die einzelnen Gebäude und die Ausstellungen im Innern sind absolut sehenswert. Und wer weiß, vielleicht lässt sich die Sonne ja doch noch blicken. Dann geht es ab in den Rosengarten.

→ S. 90 Norden

Von der Torre de Cala en Basset in Sant Elm reicht der Blick hinüber zur unbewohnten Felseninsel Sa Dragonera

LANDSCHAFT & LEUTE

*AUF MALLORCA

Stolz erhebt sich die Kartause von Valldemossa über dem gleichnamigen Städtchen im Tramuntana-Gebirge

Wer sein Herz an Mallorca verliert, der verliert es vor allem an die atemberaubende Vielfalt der Landschaften. „Mallorca ist Poesie und Licht" – das wusste schon der große Künstler Joan Miró. Die Insel bietet so vieles: zerklüftete Berge und sanfte Hügel, tiefrote Mohnblumenfelder und türkisblaues Wasser, versteckte Felsbuchten und endlose Sandstrände, dicht bewaldete Hänge und flache Wiesen voller Klee. Klingt wie das Paradies – und das ist es mitunter auch. Ein Paradies, das schützenswert ist.

Welterbe Serra de Tramuntana

Naturreservate, Naturdenkmäler und geschützte Gebiete nach dem Naturraumgesetz – ein großer Teil der Insel ist für die Natur und ihre tierischen und pflanzlichen Bewohner vorgesehen und wurde von Bettenburgen und Hotelketten verschont. Zum Glück! Diese geschützten Gebiete sind von großer ökologischer Bedeutung und bieten den einheimischen Pflanzen- und Tierarten einen Lebensraum.

Für Naturfreunde ist es dennoch möglich, die Schätze der Insel zu Fuß oder mit dem Rad zu erkunden. Besonders beliebt ist dabei die Serra de Tramuntana. Obwohl es sich bei der Gebirgskette nicht um ein offizielles Naturschutzgebiet handelt, ist diese Gegend von der Unesco zum Weltkulturerbe erklärt worden. Sie erstreckt sich entlang der Nordwestküste Mallorcas und bietet traumhafte Landschaften, tiefe Schluchten, steile Klippen und malerische Dörfer. Die Berge sind von Wanderwegen durchzogen, und es gibt eine Menge spektakulärer Aussichten auf die Küste und das Landesinnere – ein wahres Paradies zum Wandern und für Outdoor-Aktivitäten.

Unterwasser-Wiesen sorgen für türkisblaues Wasser

Viele kommen vor allem wegen der zahlreichen Traumstrände. Von kleinen, felsigen Buchten bis hin zu ausgedehnten Sandstränden bietet Mallorca viel Abwechslung für Badebegeisterte. Einige der bekanntesten Strände sind Platja de Palma, Cala Mil-

11 BERGE

auf der Insel sind höher als 1000 m. 1445 m misst der höchste Berg der Insel, der Puig Major

NATUR IN ZAHLEN

25–30 KM

Windgeschwindigkeit haben die Embats-Winde – ein typisches Wetterphänomen der balearischen Insel

1000 HÖHLEN

haben Geologen auf der Insel bis heute gezählt, wahrscheinlich sind es aber noch einige mehr

19 TONNEN

Sand nehmen Badegäste des Strandes Es Trenc pro Saison in ihrer Badehose mit

RUND 2980

Sonnenstunden bietet Mallorca seinen Besuchern im Jahr

208 BADESTRÄNDE

gibt es auf Mallorca. Die meisten davon sind Sandstrände, der Rest besteht aus Kieselsteinen oder Felsen

65

endemische Pflanzen beherbergt das Tramuntana-Gebirge

50 KM LANG

sind alle Badestrände zusammengerechnet

122

Fischarten leben in den Gewässern rund um die Insel

Es Trenc ist mit seinem weißen Sand der längste Naturstrand auf Mallorca

lor, Cala Agulla und Es Trenc. Die Strände sind oft von Felsen und Klippen umgeben – eine tolle Kulisse, an der man sich kaum satt sehen kann. Aber auch unter Wasser gibt es viel zu entdecken. Damit das Meer und die Strände der Insel weiterhin ihre Schönheit behalten, wurden diverse Meeresschutzgebiete eingerichtet. Eine der faszinierendsten ökologischen Formationen sind die Seegraswiesen, auch Posidonia genannt. Sie spielen eine entscheidende Rolle im ökologischen Gleichgewicht des Mittelmeers und bilden ein einzigartiges Unterwasser-Ökosystem. Zudem sind sie ein wichtiges Habitat für eine Vielzahl von Meeresbewohnern. Die Wiesen bestehen aus dichten, langen Gräsern, die am Meeresboden verankert sind und durch ihre Photosynthese einen Großteil des Sauerstoffs produzieren, der für das marine Leben unerlässlich ist. Für das Meeresschutzgebiet rund um Mallorca wurden zahlreiche Maßnahmen ergriffen, um die Posidonia-Wiesen zu schützen und zu erhalten. Es gibt strenge Regeln und Vorschriften, die dort etwa das Ankern verbieten und die Besucher dazu ermutigen, dieses Ökosystem respektvoll zu behandeln. Dies dient dem Schutz der empfindlichen Pflanzen und ihres Lebensraums. Für Taucher und Schnorchler bieten die Posidonia-Wiesen hingegen eine faszinierende Unterwasserlandschaft.

Kleiner Tipp für alle, die gern aktiv sind und gleichzeitig der Umwelt etwas Gutes tun wollen: Einfach eine Tüte schnappen und beim nächsten Strandspaziergang Müll aufsammeln. Die Umwelt dankt!

Idyllische Täler voller Farbkleckse

Neben den Küstengebieten und den Bergketten sind es aber auch die zahlreichen Täler, die schon das ein oder andere Herz erobert haben dürften. Diese einzigartigen Landschaften sind von sanften Hügeln, grünen Feldern und üppiger Vegetation geprägt. Es gibt mehrere bemerkenswerte Täler auf der Insel, darunter das Valldemossa-Tal, das Sóller-Tal und das Bunyola-Tal. Jedes davon hat seinen eigenen Charme und ist geprägt von saftigen Orangenplantagen, uralten Olivenbäumen oder schattigen Pinienwäldern. Eines der Highlights im Frühjahr ist zweifellos die Mandelblüte, die Mallorcas Täler in ein wunderbares Blütenmeer verwandelt. Die Mandelbäume bedecken die Hänge mit ihren zarten rosafarbenen und weißen Blüten und erzeugen eine malerische Kulisse. Die Blütezeit variiert je nach Jahr und Wetterbedingungen, fällt jedoch normalerweise in die Monate Januar bis März.

Die Insulaner

Im ersten Augenblick können Mallorquiner und Mallorquinerinnen distanziert wirken. Doch wer sich auf die Menschen dieser Insel einlässt, der lernt auch ihre andere Seite kennen. Denn Lebensfreude und Entspanntheit sind neben ihrer zurückhaltenden Art

SPICKZETTEL KATALANISCH

ja/nein/vielleicht sí/no/potser
bitte sisplau
danke gràcies
Hallo/Gute(n) Tag!/Abend!/Nacht!
Hola!/Bon dia!/Bona tarda!/Bona nit!
Auf Wiedersehen! Adéu! Passi-ho bé!
Ich heiße ... Em dic ...
Wie heißen Sie?/Wie heißt du?
Com es diu?/Com et dius?
Ich komme aus ... Sóc de ...
Entschuldige!/Entschuldigen Sie!
Perdona!/Perdoni!
Wie bitte? (Sie/du) Com diu?/Com dius?
Das gefällt mir (nicht). (No) m'agrada.
Ich möchte .../Haben Sie ...?
Voldria .../Té ...?
Darf ich ...? Puc ...?

zwei weitere Eigenschaften. Die Inselbewohner wissen, wie man das Leben in vollen Zügen genießt. Sie schätzen die kleinen Freuden des Lebens, wie gutes Essen, Musik, Tanz und Geselligkeit. Die berühmten Fiestas auf Mallorca, die gern bis tief in die Nacht gehen, sind ein Beweis für ihre Lebenslust und ihren Sinn für Feierlichkeiten. Egal ob bei den zahlreichen Volksfesten oder einfach bei einem gemütlichen Abendessen mit der Familie – die Mallorquiner verstehen es, das Leben zu zelebrieren.
Und die Verbundenheit mit der Natur und der eigenen Kultur spielt eine wichtige Rolle im Leben der Mallorquiner. Die Insel bietet eine reiche Vielfalt an natürlichen Schönheiten – von den Bergen der Serra de Tramuntana bis zu den traumhaften Buchten an der Küste. Die Einheimischen sind stolz darauf und setzen sich aktiv für ihren Erhalt ein. Traditionen wie das Osterfest Semana Santa oder die Feste zu Ehren der Schutzheiligen der Dörfer werden mit großer Hingabe gepflegt und sind für viele Mallorquiner immer noch von großer Bedeutung.

Auf dem Mittelaltermarkt in Capdepera werden auch alte Handwerkskünste vorgestellt

TIERE & PFLANZEN

*HINEIN INS NATURPARADIES

Rund um Sóller gedeihen unzählige Orangen- und Zitronenbäume und entfalten einen betörenden Duft

Tierfreunde müssen schon genau hinschauen, wenn sie eine der wilden Kreaturen Mallorcas entdecken möchten. Die meisten von ihnen sind scheu, perfekt getarnt, verstecken sich in Felsspalten unter Wasser oder erheben sich in unerreichbar luftige Höhen. Doch wer einmal auf Entdeckungstour geht, wird staunen.

Beliebte Rast von Zugvögeln

Die Insel ist vor allem ein Paradies für Ornithologen, denn sie lockt unzählige Zugvögel an. Viele davon machen in den naturgeschützten Feuchtgebieten und in den Salinen eine Zwischenstation auf ihrer Reise gen Afrika. Es finden sich hier u. a. Reiher und Flamingos, und in den Klippen brüten Fischadler und Balearensturmtaucher. Eleonorenfalken, Wanderfalken, Mönchsgeier und Zwergadler kreisen über den Gipfeln des Tramuntana-Gebirges und finden hier dank engagierter Tierschutzmaßnahmen genügend Schutzräume, um zu brüten.

Schildkröten und Eidechsen

Eine bemerkenswerte Reptilienart, die einem hin und wieder auf Spaziergängen begegnet, ist die Mediterrane Landschildkröte. Sie bevorzugt trockene Lebensräume wie Grasland, Macchia und Olivenhaine und ernährt sich hauptsächlich von Pflanzen. Auch Eidechsen sieht und hört man immer wieder davonhuschen. Einige davon sind endemisch und kommen nur auf der Insel vor.

Ein Blick unter Wasser

Die Küste rund um Mallorca ist vielleicht nicht das Great Barrier Reef – trotzdem lohnen sich Schnorchel- und Tauchgänge: Bunte Anemonen, schillernde Nacktschnecken und lebendige Korallenriffe sind nur einige der Schätze, die unter der Meeresoberfläche zu entdecken sind. Auch eine Vielzahl von Krebstieren, darunter Einsiedlerkrebse und Garnelen, können in den felsigen Küstenabschnitten beobachtet werden. Und mit ein wenig Glück lassen sich auch

7 TYPISCHE TIERE

Wildziegen Im Tramuntana-Gebirge begegnen einem nicht selten die typischen Wildziegen der Insel, die die idyllische Landschaft durchstreifen. Allerdings werden sie immer mehr zur echten Plage für einheimische Pflanzenarten.

Rotmilan In den bewaldeten Gebieten Mallorcas, insbesondere in den Bergen der Serra de Tramuntana, kann man diesen majestätischen Greifvögeln dabei zusehen, wie sie die Thermik nutzen, um energiesparend in der Luft zu bleiben.

Maurische Landschildkröte Wer genau hinschaut, der begegnet ihr in trockenen und steinigen Gebieten. Sie werden etwa 30 cm lang und stehen unter Naturschutz.

Porc Negre Inzwischen eine kulinarische Ikone: die berühmten schwarzen iberischen Schweine. Meist werden sie artgerecht gehalten, mit viel Auslauf und Matsch zum Suhlen. Gefüttert werden sie u. a. mit Eicheln.

Großer Tümmler Die Delfine siehst du insbesondere vor der Nord- und Nordostküste. In den Sommermonaten, wenn das Wasser schön warm ist, zeigen sich die Großen Tümmler am liebsten. Dann gehen sie in großen Gruppen auf Nahrungssuche.

Gemeine Meerbrasse Jeder, der auf Mallorca den Kopf unter Wasser steckt, wird ihr früher oder später begegnen. Sie ist der hier am häufigsten vorkommende Fisch. Der Speisefisch bevorzugt felsige Gebiete, aber man kann ihn auch bei der Nahrungssuche im Sand beobachten.

Bicho Negro Ein bisschen gruselig, aber völlig harmlos sind die schwarzen Tausendfüßler, die einem überall auf der Insel begegnen. Sie spielen eine wichtige Rolle im Ökosystem, da sie sich von abgestorbenen Pflanzen und organischen Materialien ernähren.

6 TYPISCHE PFLANZEN

Mandelbäume Sie verzaubern im Frühling Mallorca mit ihren zarten rosa oder weißen Blüten.

Olivenbäume Die zum Teil mehrere Hundert Jahre alten, knorrigen Bäume prägen vor allem im Westen die Landschaft der Insel.

Pinien Pinienwälder sind ein charakteristisches Merkmal der mallorquinischen Natur und bieten viel Schatten. Außerdem verbreiten sie einen wunderbaren mediterranen Duft.

Dattelpalme Schon am Flughafen begegnet man ihnen: den eleganten Dattelpalmen. Die Palmenart ist aufgrund ihrer schönen Wuchsform und ihrer süßen Früchte beliebt und in vielen Gärten und Plantagen auf Mallorca zu finden. Ihre großen Blätter dienen auch zum Flechten von Korbwaren.

Aleppokiefer Weitläufige Kiefernwälder erstrecken sich entlang der Küste und in den Bergen, insbesondere in der Serra de Tramuntana. Die Kiefern spielen eine entscheidende Rolle im Ökosystem, da sie Erosion verhindern und einen Lebensraum für eine Vielzahl von Pflanzen- und Tierarten bieten.

Bougainvillea Diese Pflanzen sind wie prächtige Farbkleckse, die überall auf der Insel verteilt sind. Die blühenden Kletterpflanzen schmücken Fincas und Gärten und sorgen mit ihren leuchtenden Pink- und Rottönen immer wieder für einen Hingucker.

Delfine blicken. Sie schätzen das warme Wasser vor allem in den Sommermonaten.

Mallorcas Seegraswiesen

Eine der wichtigsten Pflanzen der Insel findet sich aber unter Wasser: die Posidonia! Diese artenreichen Seegraswiesen sind von entscheidender Bedeutung für die marinen Ökosysteme. Sie bieten einen Lebensraum für zahlreiche Fischarten, darunter Barrakudas, Meerbrassen, Zackenbarsche und viele mehr. Die Wiesen dienen auch als Laichgebiete für viele Fischarten und bieten Schutz für Jungfische.

Zahlreiche Naturschutzgebiete

Mallorcas Pflanzenwelt ist bekannt für ihre Vielfalt: Auf die berühmte Mandelblüte Anfang des Jahres folgen Wildblumen, darunter orangefarbene Ringelblumen, wilder Fenchel, Veilchen, Mohnblumen, Gladiolen und diverse Orchideen. In den Wäldern wachsen Steineichen, Zwergpalmen und Johannisbrotbäume neben uralten Olivenbäumen – manche davon über 1000 Jahre alt. Glücklicherweise stehen große Gebiete unter Naturschutz, viele davon sind Nationalparks, manche davon sogar Unesco-Welterbe. Einer davon ist der Parc Natural de Mondragó im Südosten der Insel, der für seine einzigartigen Landschaften bekannt ist. Das größte und wichtigste Feuchtgebiet der Balearen ist der Parc natural s'Albufera, der hauptsächlich aus Feuchtgrünland und Sumpfgebieten besteht und ein besonderes Schutzgebiet im Sinne der Habitat-Richtlinie ist. La Reserva Puig de Galatzó ist ein Reservat im Südwesten der Insel und zeichnet sich durch seine beeindruckende Berglandschaft aus, die Wasserfälle und Wanderwege bietet. Das Naturreservat Sa Dragonera liegt an der Südwestküste Mallorcas auf einer unbewohnten Insel. Es wurde zum Gebiet von gemeinschaftlicher Bedeutung erklärt und beherbergt eine reiche Vogelwelt, unberührte Strände und zahlreiche Kolonien von mediterranen Schildkröten.

Der Parc natural de s'Albufera ist das größte und wichtigste Feuchtgebiet Mallorcas

Vorsicht bei diesen Pflanzen & Tieren

Gefährliche Tierarten muss man auf Mallorca nicht befürchten. Vorsichtig sollte man aber bei einem auf den ersten Blick sehr harmlos wirkenden Zeitgenossen sein: dem **Prozessionsspinner**. Die Raupe des Nachtfalters ist vor allem in den Pinien- und Kiefernwäldern der Insel zu Hause und im Frühjahr und Frühsommer aktiv. Ihre Härchen enthalten ein Gift, das beim Kontakt mit der menschlichen Haut oder Schleimhäuten allergische Reaktionen hervorrufen kann. Ähnlich schmerzhaft ist der Kontakt mit einer **Feuerqualle**, die vor allem im Sommer an den Küsten auftaucht. Eine Begegnung mit ihren Nesselfäden hinterlässt ein schmerzhaftes Brennen auf der Haut. Besonders giftig sind die Blätter des **Fingerhuts**. Die Pflanze ist an ihren weißen oder rosafarbenen Glocken leicht zu erkennen. Schon zweieinhalb Gramm können tödlich sein. Da sie jedoch bitter schmecken und die Blüten sehr auffällig sind, kommt es selten zu Vergiftungen.

KLIMA & WETTER

*DURCHS JAHR

Mit feinem Sandstrand und türkisblauem Wasser, umgeben von üppigen Pinienwäldern: Platja de Formentor

Das Wetter auf Mallorca ist einer der Gründe, warum diese Destination zu den beliebtesten Reisezielen im Mittelmeer gehört. Die Insel bietet das ganze Jahr über mediterrane Temperaturen und ein gemäßigtes Klima. Im Sommer kann es sich allerdings auch schon mal subtropisch anfühlen! Dann steigen die Temperaturen auf über 30 °C an, während sie im Winter selten unter die 10-Grad-Marke fallen. Das Frühjahr und der Herbst sind die idealen Jahreszeiten für Outdoor-Aktivitäten, die nicht am Strand oder im Meer stattfinden.

MONAT FÜR MONAT

Januar – klamm und sonnig

Im Januar ist das Wetter auf der Insel meist kühl und feucht. Die Temperaturen schwanken zwischen 8 °C und 15 °C. Sie können natürlich je nach Ort auf der Insel variieren, da die Berge und Küstenregionen unterschiedliche Klimazonen bilden. Pack also lieber deine Regenjacke ein, denn der Januar ist einer der feuchtesten Monate, und es kann regelmäßig nass werden. Zum Jahresanfang können auf Mallorca starke Winde auftreten, insbesondere in Küstennähe. Die Wassertemperatur liegt im Januar um die 14 °C – wer reinspringen will, muss also die Zähne zusammenbeißen.

Februar – der Frühling zieht ein

So langsam, aber sicher verabschiedet sich der Winter im Februar, und wenn dann die ersten Mandelblüten sprießen, ist er plötzlich da: der Frühling. Die Temperaturen variieren zwischen 8 °C und 16 °C. Während des Tages kann es milder werden, aber nachts braucht es definitiv noch eine dicke Decke. Auch im Februar regnet es noch häufig – Regenkleidung sollte also immer mit im Gepäck dabei sein.

März – auf Wiedersehen, Winter

Der März läutet endgültig den Übergang vom Winter in die mildere Jahreszeit ein, und es kann jetzt schon richtig schön warm werden – aber so, dass

DIE JAHRESZEITEN

FRÜHLING

Mildes, aber oft auch feuchtes Wetter

Morgens und abends kalt, in der Sonne angenehm warm

Ideal zum Wandern, Radfahren und Spazierengehen

Trage Zwiebelschichten – vom T-Shirt über Fleecepulli bis zur Regenjacke

SOMMER

Trocken und sonnig

Sobald die Sonne rauskommt, wird's heiß

Ab ans, aufs oder ins Wasser zum Schwimmen, Surfen, Schnorcheln

Leichte Kleidung ist angesagt, Sonnen- und Mückenschutz nicht vergessen

HERBST

Sonnenverwöhnte Tage treffen auf Unwetter

Morgens und abends ist es angenehm, tagsüber noch warm

Ideales Wetter für Strandbesuche ohne Massenandrang

Tagsüber reicht ein T-Shirt, am Abend bietet sich eine Strickjacke an

WINTER

Regenreich, aber mitunter auch heiter

Kühle bis milde Temperaturen, nachts kann es zapfig kalt werden

Die Natur blüht auf durch den Regen – eine tolle Zeit für Wanderungen

Daunenweste und leichte Mütze – aber T-Shirt drunter für sonnige Momente

Vier Millionen Mandelbäume sind eines der Wahrzeichen Mallorcas

man es noch wunderbar in der Sonne aushalten kann. Die Temperaturen schwanken zwischen 10 °C und 17 °C. Aber auch jetzt ist das Wetter immer noch recht feucht, und der ein oder andere Schauer prasselt auf die Insel nieder.

April – die Sonne bekommt Kraft

Blumen, wohin das Auge schaut! Der April ist ein wundervoller Frühlingsmonat auf Mallorca, und alles blüht jetzt so richtig auf. Wiesen in sattem Grün und rote Mohnfelder färben die Insel und machen aus ihr ein florales Kunstwerk. Die Temperaturen klettern jetzt an einigen Tagen über die 20-Grad-Grenze, und in der Sonne ist es schon richtig warm.

Mai – Hallo Sommerzeit

Der Sommer ist da! Im Mai werden die Temperaturen auf Mallorca angenehm, und es gibt immer mehr sonnige Tage. Die durchschnittliche Tagestemperatur liegt bei etwa 23 °C. Der Mai ist ein idealer Monat für Outdoor-Aktivitäten wie Wandern und Radfahren, schließlich ist es noch nicht zu heiß, und man kann es gut in der Sonne aushalten.

Juni – die Badezeit beginnt

Im Juni ist das Wetter auf Mallorca normalerweise sehr warm und sonnig. Die durchschnittliche Tagestemperatur beträgt etwa 27 °C. Es fühlt sich jetzt schon richtig nach Hochsommer an, mit zehn Stunden Sonne pro Tag wird man richtig sonnenverwöhnt. Regen ist im Juni selten, obwohl es gelegentlich zu kurzen Schauern kommen kann. Der Wind ist in der Regel schwach bis mäßig, die Wassertemperatur beträgt im Juni etwa 21 °C.

Juli – heiß, heißer, Juli

Hallo Badewetter! Mit durchschnittlich 29 °C ist der Juli einer der heißesten Monate des Jahres, jetzt hält man sich am liebsten in Wassernähe auf. Das Meer hat eine angenehme Temperatur von 24 °C. Durchschnittlich scheint die Sonne jetzt elf Stunden täglich. Regen ist nun eine Seltenheit, und wenn er kommt, dann meist nur kurz. Wichtig ist jetzt: ausreichend Sonnenschutz und viel trinken, um Sonnenbrand und Dehydrierung zu vermeiden. Bei Hitzewellen, die im Juli vorkommen können, steigen die Temperaturen bisweilen auf über 35 °C.

August – ab ins Wasser

Heiß, trocken und sonnig – mit den drei Worten lässt sich das Wetter im August auf der Insel eigentlich schon ganz gut zusammenfassen. Jetzt ist die richtige Zeit für Aktivitäten wie Schwimmen, Schnorcheln, Tauchen, Surfen und SUP gekommen – alles, was ganz nah am Wasser stattfindet. Die Wassertemperatur beträgt im August etwa 25 °C. Aktivitäten wie Wandern und Radfahren sollten auf die kühleren Morgenstunden verschoben werden. Die durchschnittliche Tagestemperatur beträgt etwa 30 °C.

September – Hitze ade

Eine wundervolle Zeit für alle, die es nicht zu heiß mögen – aber gerne schwimmen gehen. Denn im September sind die Temperaturen an Land wieder etwas erträglicher, und das Wasser ist mit 24 °C weiterhin sehr angenehm. Im September wird es allmählich kühler, insbesondere in den Abendstunden, und manchmal kann es in den höheren Lagen der Insel schon etwas frostig werden.

Oktober – warm und wunderbar

So langsam, aber sicher klopft der Herbst an: Die durchschnittliche Temperatur beträgt im Oktober etwa 24 °C, und die Tage werden kürzer. Perfekt ist der Oktober allerdings, um Wanderungen oder Radtouren in den Bergen zu unternehmen, die Kultur der Insel zu erkunden und die wunderbaren Strände zu besuchen, die jetzt weit weniger überlaufen sind.

November – nass, aber schön

Im November kann es zu längeren Regenperioden kommen – Wasser, das die Insel jetzt dringend braucht –, und der Wind kann mitunter richtig stark sein! Die durchschnittliche Temperatur beträgt etwa 19 °C. Insgesamt ist das Wetter im November auf Mallorca kühler und feuchter, aber es gibt immer noch viele Möglichkeiten, die Insel zu genießen und die schöne Landschaft zu bestaunen.

Dezember – hallo kleiner Sommer

Das Jahresende ist zwar durchschnittlich recht kühl, und es kann zwischendurch auch länger regnen. Jedoch gibt es ein Wetterphänomen auf Mallorca, das im Dezember auftreten kann: der sogenannte kleine Sommer. Dann sorgt ein Hochdruckgebiet über den Kanaren und dem Atlantik für einige Tage Sonnenschein und wärmere Temperaturen.

WETTER AUF MALLORCA

Hauptsaison: Mai–Nov. · Nebensaison: Jan.–April, Dez.

	JAN.	FEB.	MÄRZ	APRIL	MAI	JUNI	JULI	AUG.	SEPT.	OKT.	NOV.	DEZ.
Tagestemperaturen	15°	16°	17°	19°	23°	27°	29°	30°	27°	24°	19°	17°
Nachttemperaturen	8°	8°	10°	12°	15°	19°	22°	23°	20°	17°	12°	10°
Sonnenschein Stunden/Tag	5	6	7	8	9	10	11	10	8	7	5	5
Niederschlag Tage/Monat	6	6	5	5	5	2	1	2	5	7	6	7
Wassertemperatur in °C	14	13	14	15	17	21	24	25	24	21	18	15

Sonnenschein Stunden/Tag · Niederschlag Tage/Monat · Wassertemperatur in °C

AKTIV & DRAUSSEN

*DEINE URLAUBSREGION ERLEBEN

Flach oder bergig, am Meer oder im Inland – die Rahmenbedingungen zum Rennradfahren sind auf Mallorca richtig gut

Auf Mallorca findet das Leben draußen statt. Kein Wunder: Schließlich fallen die Temperaturen hier selbst im Winter selten unter 10 °C. Und die Insel bietet viel Freiraum, um aktiv in der Natur zu sein: dramatische Gebirgszüge, sanfte Hügellandschaften und endlose Sandstrände prägen die größte der Baleareninseln.

Die Insel zu Fuß erkunden

Wandern, Trekking, Pilgern – wer einen Schritt nach dem anderen setzt, der kann Mallorcas Schätze auf die vielleicht schönste Art und Weise entdecken. Eine der bekanntesten Wanderregionen auf Mallorca ist die Serra de Tramuntana, ein beeindruckender Gebirgszug, der sich entlang der Nordwestküste der Insel erstreckt. Der GR-221, auch bekannt als die Trockenstein-Route oder die Ruta de Pedra en Sec, ist ein beliebter Fernwanderweg, der durch die Serra de Tramuntana führt und spektakuläre Ausblicke und Sehenswürdigkeiten bietet. Die meisten Wanderwege sind gut ausgebaut und beschildert. Nächtigen können müde Wandersmänner und -frauen in den sogenannten Refugis – den Schutzhütten der Balearen. Sie bieten zwar nicht viel Komfort, sind dafür aber die wahrscheinlich preiswerteste Übernachtungsmöglichkeit der Insel.

Fest im Rennradsattel

Herausfordernde Etappen, rasante Abfahrten, entspannte Küstenstraßen – die Insel bietet eine ideale Kombination aus atemberaubender Landschaft, mildem Klima und gut ausgebauten Straßen. Entlang der Küste erwarten die Radfahrer malerische Buchten und spektakuläre Ausblicke auf das funkelnde Mittelmeer. Im Inselinneren führen die Routen durch sanfte Hügel, Olivenhaine und charmante Dörfer. Die Serra de Tramuntana wartet mit anspruchsvollen Anstiegen und atemberaubenden Bergpanoramen auf. Die meisten Straßen haben gut gepflegte Oberflächen und bieten eine Vielzahl von Touren verschiedener Schwierigkeitsgrade. Es gibt zahlreiche Rennradvermietungen und Radreiseveranstalter auf der Insel, die es den Besuchern ermöglichen, hochwertige Bikes zu leihen und geführte

Der alte Wachturm Torre des Verger erhebt sich auf einem Felsvorsprung an der Nordwestküste

Geschützte Traumbucht Calo des Moro: türkisblaues Wasser und feiner Sand

Touren zu unternehmen *(huerzeler.com)*. Viele Cafés bieten das typische „Radsport-Menü" an: einen Kaffee, ein Kaltgetränk und ein Stück Kuchen.

Mit dem Trekking- oder E-Rad

Wer lieber mit dem E-Bike oder Trekkingrad unterwegs ist oder auch Routen mit weniger Höhenmeter sucht, der wird auf Mallorca natürlich auch fündig. Der Südosten der Insel ist besonders flach. Hier bieten sich etwa zahlreiche Routen rund um Llucmajor an, den Ort mit den meisten ausgebauten Fahrradstraßen. Die stillgelegte Bahntrasse Via Verde von Manacor nach Artá ist ebenfalls eine ideale Strecke für all jene, die es lieber entspannt mögen. Ab Palma wurde ein gut ausgebauter Radweg entlang der Küste angelegt, auf dem man stundenlang unterwegs sein kann. Im Parc Natural de Llevant im Nordosten der Insel finden Trekkingrad-Fans ein wunderbares Terrain. Der autofreie Park bietet unterschiedliche Routen durch das Gelände und ist wegen der Schotterwege eher nicht für Rennradler geeignet.

Reiten

Egal ob als erfahrener Profi oder Anfänger: Mallorca bietet für jeden das passende Reiterlebnis. Natürlich sind Ausritte entlang der Strände besonders beliebt. Es gibt eine Vielzahl von Reitställen und Reiterhöfen auf der Insel, darunter der Rancho Grande Park *(ranchograndemallorca.com)*, Ranxo Ses Roques *(ranxosesroques.com)*, Naturacavall *(naturacavall.com)* oder auch Rancho Jaume *(ranchojaume.com)*.

Im und auf dem Wasser

Ob Wandern oder Radfahren – in den Hochsommermonaten von Juni bis August ist es auf der Insel oftmals zu heiß für lange Touren. Die Temperaturen knacken hier nicht selten die 35-Grad-Marke, im Schatten wohlgemerkt. Es ist die Zeit, in der man sich am liebsten am und im Wasser aufhalten möchte. Und auch dafür bietet Mallorca nicht nur verträumte Buchten, lange Sandstrände und glasklares Wasser, sondern auch jede Menge Aktivitäten. Allen voran natürlich Baden, Schwimmen, Schnorcheln und Tauchen. **Insider-Tipp** Achtet vor dem Baden auf die Flaggen am Strand: Rot steht für Badeverbot, Gelb für erhöhte Gefahr, Grün für gefahrloses Baden. Eine rot-weiße Fahne symbolisiert den Erste-Hilfe-Dienst. Die blaue Flagge steht für eine besonders hohe Wasserqualität und Umweltfreundlichkeit.

MARCO POLO OUTDOOR-KNIGGE

Sei freundlich und hilfsbereit
Ein Lächeln und ein freundlicher Gruß kosten nichts. Wenn andere in Schwierigkeiten sind, biete ihnen deine Hilfe an, sei es bei der Orientierung, mit einem Pflaster oder dem Fahrradwerkzeug.

Lass dir Zeit
Lass Hektik und Stress zu Hause, wenn du in die Natur reist. Spüre ihren Rhythmus, lass dir Zeit und nimm die Landschaft mit allen Sinnen wahr.

Bleib auf festen Wegen
Auch wenn Abstecher ins Wilde locken, diese Welt gehört den Tieren und Pflanzen – sei ein guter Gast und bleib auf deinem Pfad.

Sei leise
Das tut dir und allen um dich herum gut: einfach mal das Handy stumm schalten und leise sprechen. Plötzlich sind die Geräusche der Natur ganz nah und du kommst selbst zur Ruhe.

Bleib wachsam
Rüste dich gut aus und hab immer ein Auge auf Wetter und Gelände. Sonst bringst du nicht nur dich selbst in Gefahr, sondern auch die Retter, die dir im Notfall zu Hilfe eilen.

Nimm nur Erinnerungen mit
Widersteh der Verlockung, Pflanzen, Steine oder sogar Tiere einzufangen und mitzunehmen. Sie gehören hierher, also nimm nur ein Foto für deine Erinnerungen mit.

Hinterlasse nur Fußspuren
Ob Taschentuch, Brottüte oder Bananenschale – hinterlasse keine Abfälle. Das, was andere liegen gelassen haben, kannst du mitnehmen und im nächsten Mülleimer entsorgen. So lässt du die Natur sauberer zurück, als du sie vorgefunden hast.

Mach dich schlau
Neben „Benimmregeln" gibt es auch Gesetze, an die du dich halten musst, etwa in Naturschutzgebieten. Bereite dich auf deinen Trip vor, so lernst du auch etwas über die Menschen, die an deinem Reiseziel leben.

Tauchen

Beim Tauchen kann man die faszinierende Unterwasserwelt entdecken und eine Vielzahl von Meereslebewesen beobachten. Die klaren Gewässer rund um die Insel ermöglichen eine ausgezeichnete Sicht, sodass man die Schönheit und Vielfalt der Unterwasserfauna und -flora in ihrer ganzen Pracht bewundern kann – und das überall auf der Insel. Es gibt zahlreiche Tauchschulen, die natürlich auch das geeignete Equipment verleihen.

Windsurfen und Kiten

Die Buchten von Pollença und Alcúdia sind ideale Orte zum Kitesurfen aufgrund ihrer konstanten Winde und des flachen Wassers. Der Strand Platja Son Serra ist zwischen Oktober und Mai ein weiterer guter Spot zum Kitesurfen. Es gibt auch das Mallorca Wassersport-Zentrum, das Kitesurfen und Windsurfen anbietet *(mallorca-water-sport-center.com)*.

Paddeln, Kajak & Kanu

Die meist ruhigen Gewässer entlang der Küste laden zum Stand-up-Paddeln, Kajak- oder Kanufahren ein. An jedem größeren Strand gibt es zahlreiche Möglichkeiten, sich das passende Equipment zu leihen. Bei allen Wasseraktivitäten sollte darauf geachtet werden, die fragile Meeresumwelt zu respektieren und nicht zu stören. Unterwasserlebewesen und Pflanzen sind oft sehr empfindlich und tragen zum Gleichgewicht des Ökosystems der gesamten Insel bei.

Kajak, Schlauchboot, SUP an der Küste vor Santanyí – Wassersport wird auf Mallorca ganz groß geschrieben

5 PERFEKTE TAGE

*VIEL ERLEBEN IN KURZER ZEIT

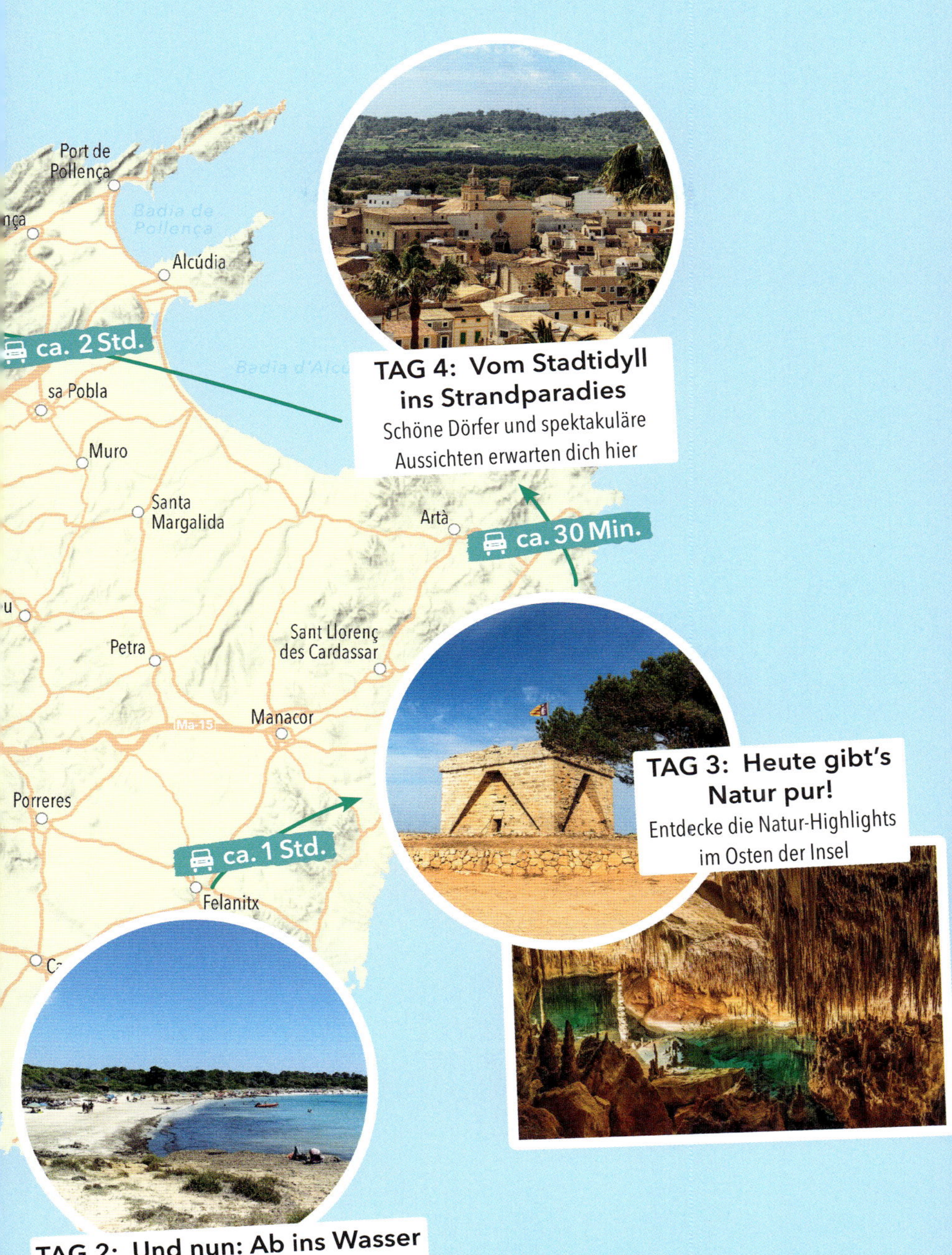

TAG 2: Und nun: Ab ins Wasser

Der schöne Naturstrand Es Trenc und andere Traumbuchten warten hier auf dich

Beliebtes Fotomotiv: das natürliche Felsentor Es Pontas zwischen der Cala Santanyí und der Cala Llombards

Du möchtest in kurzer Zeit möglichst viele Orte entdecken und Aktivitäten unternehmen, die das Flair deiner Urlaubsregion ausmachen? Dann sind „5 perfekte Tage" genau das Richtige für dich. Hier findest du die Lieblingsorte der Autorin und was sie dort am liebsten unternimmt.

TAG 1: AUFTAKT IN DER INSELHAUPTSTADT

In Palma

• **Erst mal ankommen – besonders schön kannst du das im Szeneviertel Santa Catalina.** Am besten startest du bei einem Frühstück im pulsierenden Mercat de Santa Catalina. Dieser belebte Markt ist seit über 90 Jahren ein zentraler Treffpunkt für Einheimische und Besucher. → S. 176

• **Und nun auf zum Stadtspaziergang entlang der Jugendstilroute.** Einfach mal stehen bleiben und nach oben schauen – das lohnt sich in Palma ganz besonders. Die Stadt ist eines der wichtigsten Zentren des Jugendstils – auch Art Nouveau genannt. Als Stärkung zwischendurch bieten sich Ensaimadas in der Konditorei Can Frasquet an. → S. 174

• **Zum Sonnenuntergang geht es Richtung Meer.** Die maritime Atmosphäre am Hafen von Palma ist einmalig, und wenn die Sonne hinter den Bergen der Stadt verschwindet, taucht sie die kleinen und großen Schiffe und das Meer in ein golden glitzerndes Licht. → S. 193

TAG 2: UND NUN: AB ANS WASSER!

Rund um Es Trenc im Süden

• **Einen ersten Café con leche genießen, dann das Salz der Insel kennenlernen.** So startest du gut in den Tag im Süden der Insel. Hier befindet sich neben den Salinen, wo das „weiße Gold" gewonnen wird, eine einzigartige Naturlandschaft aus Dünen und unberührten Feuchtgebieten mit einem der schönsten Strände der Insel: Es Trenc. → S. 138

• **Dann geht es ab zur nächsten Bucht, der Cala Santanyí.** Hier kannst du sonnenbaden, eine Runde mit dem SUP drehen, schnorcheln – oder das berühmte Felsentor Es Pontas bestaunen. Für Klletterbegeisterte ist Es Pontàs nicht nur ein Anblick zum Staunen, sondern auch eine einzigartige Herausforderung. → S. 152

SCHÖNER SCHLAFEN

Palma

- Mitten im lebendigen Zentrum von Palma und am Platz mit dem vielleicht eindrucksvollsten Olivenbaum der Insel liegt das Hotel Cort mit Dachterrassenpool *(www.hotelcort.com, €€€).*
- Nur 15 Autominuten von Palma entfernt befindet sich das kleine, aber feine Fincahotel Posada d'es Moli. Es ist umgeben von weiten Ländereien und den zahlreichen für Mallorca so typischen Windmühlen *(posadadesmoli.com, €€).*

Süden

- Das schöne Boutique-Hotel Honucai liegt mitten an der Hafenpromenade von Colònia de Sant Jordi. Das Highlight ist die Rooftop Bar, von der man eine tolle Aussicht auf den gesamten Hafen und das Meer hat *(hotelhonucai.com, €€€).*

Osten

- Frisches Gemüse aus dem eigenen Garten genießt man als Gast des liebevoll restaurierten Fincahotels Can Gaia aus dem 18. Jh., das auf Agrotourism spezialisiert ist *(cangaia.com, €€).*

Norden

- Eingerahmt von der einzigartigen Landschaft der Halbinsel Artà erhebt sich das Landhotel Son Cardaix der Schwestern Isabel und Joana aus dem 15. Jh. inmitten von Steineichen, Mandel- und Johannisbrotbäumen *(soncardaix.com, €€)*

Westen

- Vier einfache Casitas bietet das Landgut S'Olivar. Es liegt am Fuße des majestätischen und magischen Galatzó-Berges, zahlreiche Bergrouten sind nah *(fincaolivar.org, €€).*

Geschätzte sechs Jahrhunderte zählt der Olivenbaum an der Plaça de Cort in Palma

- **Eine besonders schöne Abendstimmung und ganz viel Ruhe** bekommst du am Ende des Tages am kleinen Kloster Santuari de la Consolació. Dieser idyllische Ort bietet nicht nur eine spirituelle Zuflucht, sondern auch einen wunderbaren Blick auf romantische Sonnenuntergänge. → S. 153

TAG 3: HEUTE GIBT'S NATUR PUR!

Im Osten

- **Warum den Tag nicht mit einem kleinen Abenteuer unter der Erde starten** und die Coves del Drac besuchen? Auf 2400 m² türmen sich hier Stalagmiten und Stalaktiten, und es gibt einen der größten unterirdischen Seen der Welt zu bestaunen. → S. 112
- **Weiter geht es über Tage, bei einem Küstenspaziergang zum Castell de la Punta de n'Amer.** Früher ein Wachturm, um Seeräuber aufzuspüren, heute ein toller Spot, um Delfine zu sichten, und ein ideales Ziel für eine Wanderung durch die schöne Natur. → S. 110
- **Wer jetzt so richtig Hunger bekommen hat,** der gönnt sich am Abend ein Dinner auf den Feldern von Terragust. Gespeist wird an einer langen gedeckten Tafel mitten in der Natur. Auf den Tisch kommt natürlich alles, was die Ernte von Terragust gerade hergibt, und es ist wirklich köstlich! → S. 121

TAG 4: VOM STADTIDYLL INS STRANDPARADIES

In Artá und im Norden

- **Artá gilt als eines der schönsten Städtchen** des Nordens und eignet sich ganz wunderbar für den Start in den Tag. Hier erwarten dich schmale Gässchen, uraltes Kopfsteinpflaster und eine alles überragende Wallfahrtskirche. → S. 74
- **Nur einen Steinwurf von der Stadt Artá** entfernt befindet sich der über 16 km^2 große Parc natural de la Península de Llevant – ein wahres Wander- und Radfahrparadies und der ideale Ort für alle, die Mallorcas ursprüngliche Natur bewundern und gern auch mal abseits des Tramuntana-Gebirges unterwegs sein möchten. → S. 76
- **Wer jetzt noch Lust auf Sand und Meer** hat, der besucht den längsten Sandstrand der Insel: die Platja de Muro. Sie erstreckt sich über rund 6 km und bietet jede Menge Freizeit- und Outdoor-Spaß für die ganze Familie. Das Meer ist hier glasklar und der Sand besonders fein. → S. 91

TAG 5: GROSSES WANDERGLÜCK ZUM SCHLUSS

Im Westen

- **Im Westen darf natürlich ein Ausflug ins Tramuntana-Gebirge nicht fehlen:** zum Puig de Galatzó. Er ist einer der höchsten Berge der Insel und bietet einen atemberaubenden Blick auf die umliegende Landschaft und das Mittelmeer. Starte rechtzeitig vor Sonnenaufgang und genieße ein spektakuläres Farbspiel am Himmel. → S. 65
- **Der letzte Tag bietet weitere Highlights wie die Gärten von Alfabia.** Wo man auch hinschaut: Wasser plätschert, Blumen sprießen, Palmenwedel wiegen sich im Wind. Die Gärten sind ein magischer Ort der Entdeckung, Schönheit und Entspannung. → S. 46
- **Nicht weit entfernt von den Gärten** liegt das schöne Städtchen Sóller – bekannt für seine Orangentäler im Umland. Von hier fährt eine historische Tram Richtung Meer zum Hafenstädtchen Port de Sóller: ein idealer Ort, um an der langen Promenade den Tag ausklingen zu lassen. → S. 40

Ganz nah an den Straßencafés vorbei bahnt sich die alte Straßenbahn ihren Weg durch Sóller

SOUVENIRS & MITBRINGSEL

Ein Stück Mallorca mit nach Hause bringen – nichts leichter als das! Die Insel bietet eine Fülle an typischen und traditionellen Produkten fernab vom typischen Souvenir-Klimbim, über die sich jeder freut:

Körbe

Vom großen Strandkorb bis zur kleinen Handtasche: Taschen aus Korbgeflecht sind ein traditionelles Produkt der Insel. Das Korbflechten hat auf Mallorca eine lange Geschichte, die bis in die Zeit der Mauren zurückreicht. In der Regel werden Palmenblätter oder Schilfgras verwendet. Auf den meisten Wochenmärkten findet sich ein Stand mit Korbtaschen. Eine besonders große Auswahl gibt es im Geschäft Can Garanya in Manacor *(cangaranya.com)*.

Stoffe

Das typische Ikat-Muster der Insel – auch bekannt als Tela de Lenguas – begegnet einem eigentlich überall. Das Muster zeichnet sich durch farbenfrohe geometrische Formen und Streifen aus, die meist in leuchtenden Farben wie Rot, Blau, Gelb und Grün gehalten sind. Historisch wurden diese Stoffe oft für Kleidung und Heimtextilien verwendet und galten als ein Zeichen von Prestige und Wohlstand. Die Weberei Teixits Vicens in Pollença ist eine Ikone dieser Kunstform und bewahrt stolz die alte Handwerkstradition der mallorquinischen Weberei. Im angrenzenden Shop gibt es eine große Auswahl *(teixitsvicens.com)*.

Eingelegte Kapern und Meerfenchel

Dass Kapern und Meerfenchel eine echte Spezialität der Insel sind, wissen viele nicht. Doch Mallorca bietet ideale Bedingungen für beide Pflanzen. In den meisten Delikatessenläden und auf Wochenmärkten kann man die gesunden Leckerbissen eingelegt kaufen. Sie passen wunderbar zu Fischgerichten.

Töpferware

Die Töpferkunst hat eine lange Tradition auf der Insel. In den Dörfern Mallorcas wurden einst Keramikgegenstände für den alltäglichen Gebrauch hergestellt. Heute hat sich die Töpferkunst weiterentwickelt und findet auch in der modernen Kunstszene Anerkennung. Ein Ort, der die wunderbare Keramik von Mallorca in all ihrer Pracht widerspiegelt, ist der Laden Terra Cuita (u. a. in Santanyí, Palma und Pollença, *ceramicaterracuita.com*)

Steinschleudern

Oft wird auf Märkten eine vielseitige Auswahl an Holzschleudern angeboten: Das Schleudern von Steinen ist eine der beliebtesten und ältesten Aktivitäten der Inselbewohner, und viele beherrschen es bis zur Perfektion. Früher wurde damit erfolgreich die Insel verteidigt. Heute gibt es einen balearischen Steinschleuder-Verband und eine Steinschleuder-WM.

DIE REGIONEN IM ÜBERBLICK

*HIER IST FÜR JEDEN WAS DABEI

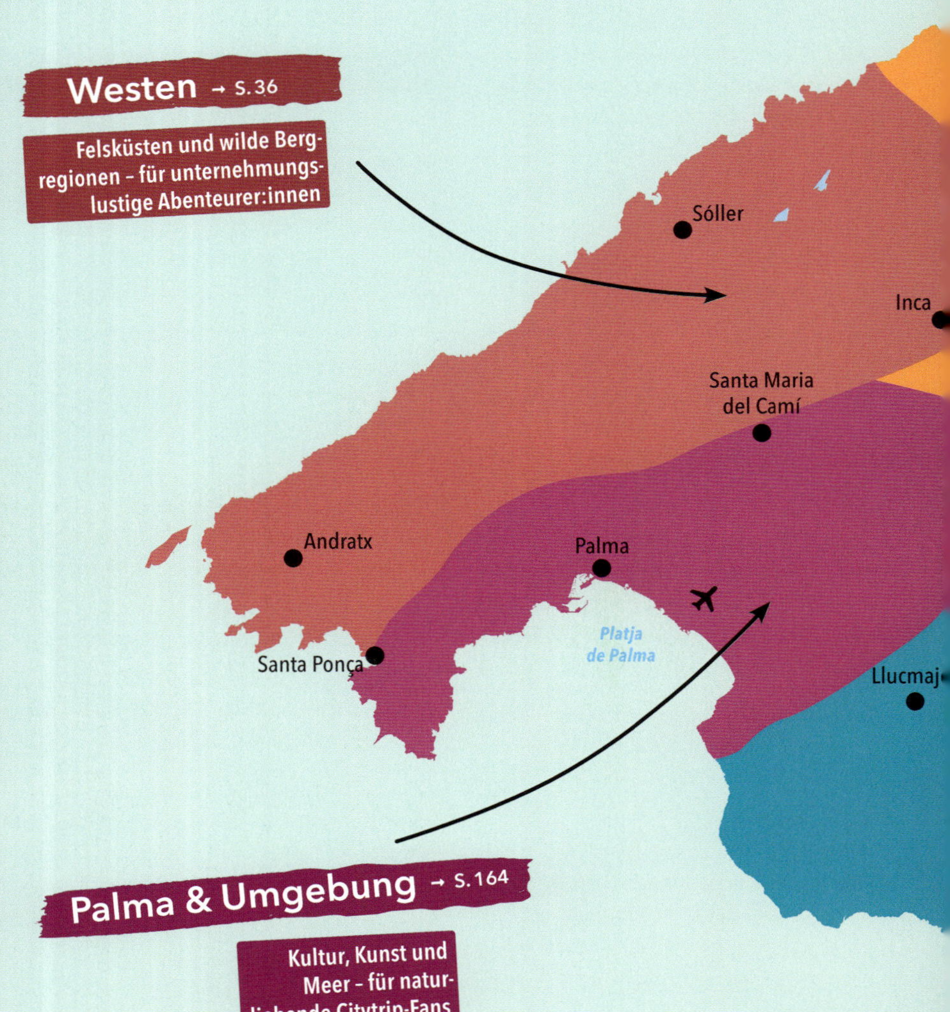

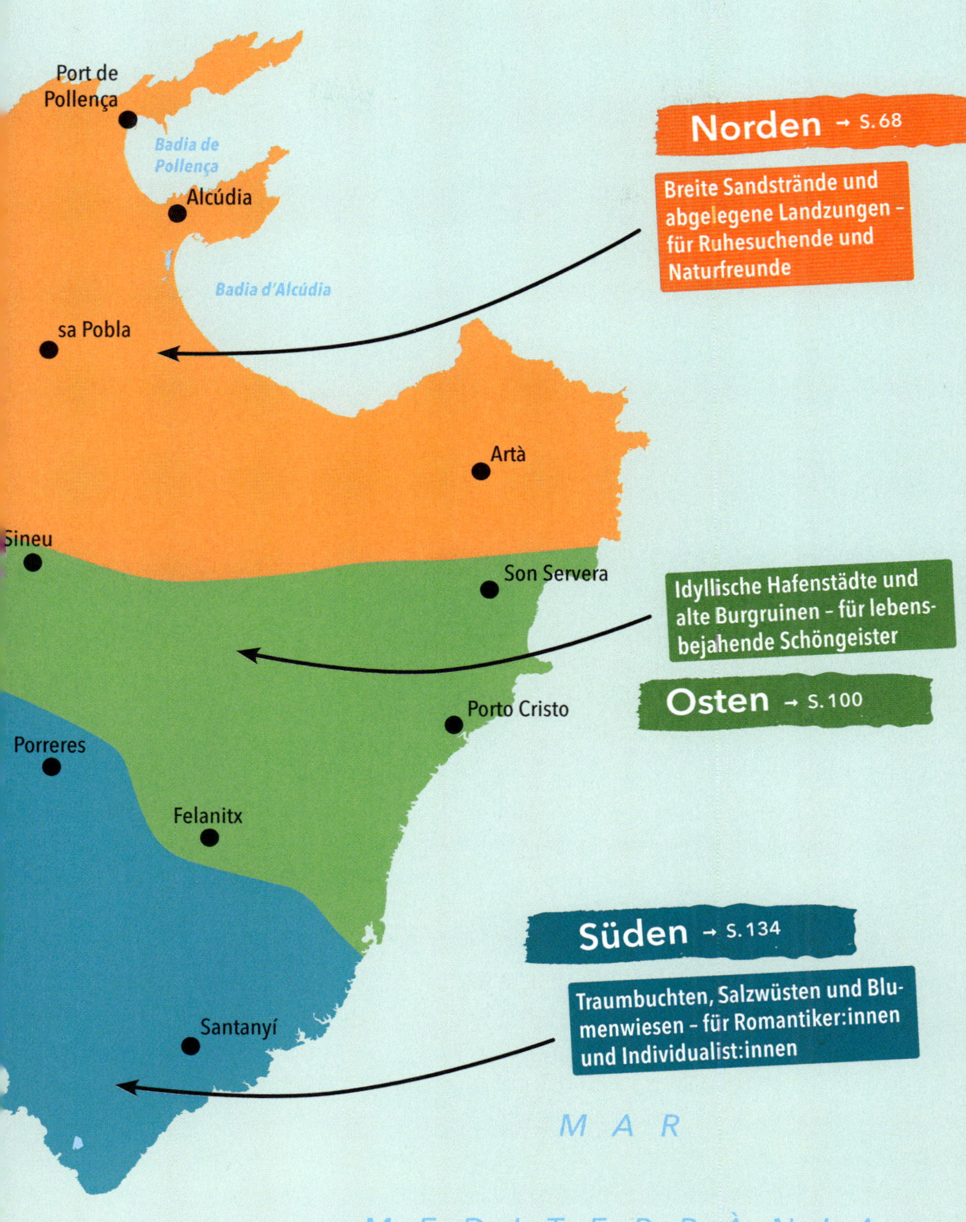

Port de Pollença
Badia de Pollença
Alcúdia
Badia d'Alcúdia
sa Pobla
Artà
Sineu
Son Servera
Porto Cristo
Porreres
Felanitx
Santanyí
MAR
MEDITERRÀNIA
Norden → S. 68
Breite Sandstrände und abgelegene Landzungen – für Ruhesuchende und Naturfreunde
Idyllische Hafenstädte und alte Burgruinen – für lebensbejahende Schöngeister
Osten → S. 100
Süden → S. 134
Traumbuchten, Salzwüsten und Blumenwiesen – für Romantiker:innen und Individualist:innen

Sóller erstreckt sich in einem gebirgigen Tal, das vom höchsten Gipfel Mallorcas dominiert wird

Westen

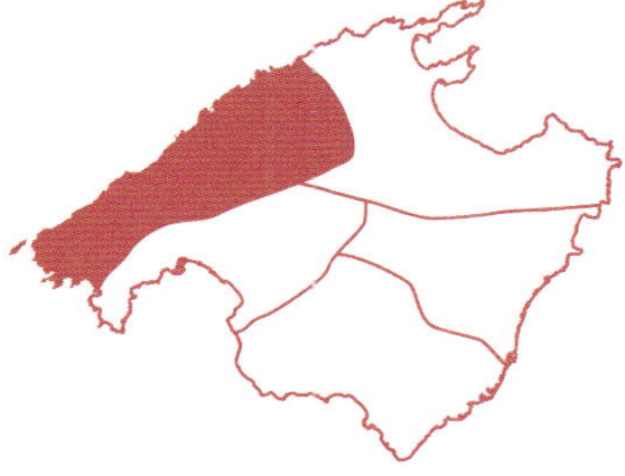

FELSKÜSTEN UND WILDE BERGREGIONEN

Im Westen zeigt sich Mallorca von seiner schroffen und wilden Seite. Die felsige Westküste mit ihren kurvenreichen Landstraßen und das majestätische Tramuntana-Gebirge verbinden den Südwesten mit dem Norden. Wer mit dem Auto unterwegs ist, sollte einen robusten Magen haben. Man passiert idyllische Bergdörfer und blickt auf dramatische Berggipfel. Immer wieder blitzt das türkisfarbene Meer durch die dichten Pinienwälder, und der Anblick lässt das Herz ein wenig schneller schlagen. Der Westen ist ein Ort für Abenteuer und Wanderauszeiten und eine perfekte Kombination aus Meer, Wind und Bergen.

AUF EINEN BLICK

*WESTEN

MARCO POLO
OUTDOOR-HIGHLIGHTS ★

★ Das Orangental erkunden
Rundwanderung von Port de Sóller mit historischer Tramfahrt → S. 40

★ Aus dem Zitrushain hinein ins Gebirge
Wanderung durch das Tal der Orangen von Sóller nach Fornalutx → S. 42

★ Ausflug mit Herzklopf-Höhepunkten
Rundwanderung vom Landgut Son Marroig zum Felsenloch Sa Foradada → S. 44

★ In einem der schönsten Gärten der Welt
Auf einem Rundweg durch die paradiesischen Gärten von Alfabia flanieren → S. 46

★ Zu Besuch bei den Drachen
Bootstour und Wanderung auf der wilden, unbewohnten Insel Dragonera → S. 48

★ Auf der legendären Ma-10 zum Kloster Lluc
Radtour zum heiligsten Ort der Insel, dem legendären Kloster Lluc → S. 50

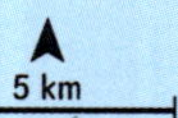

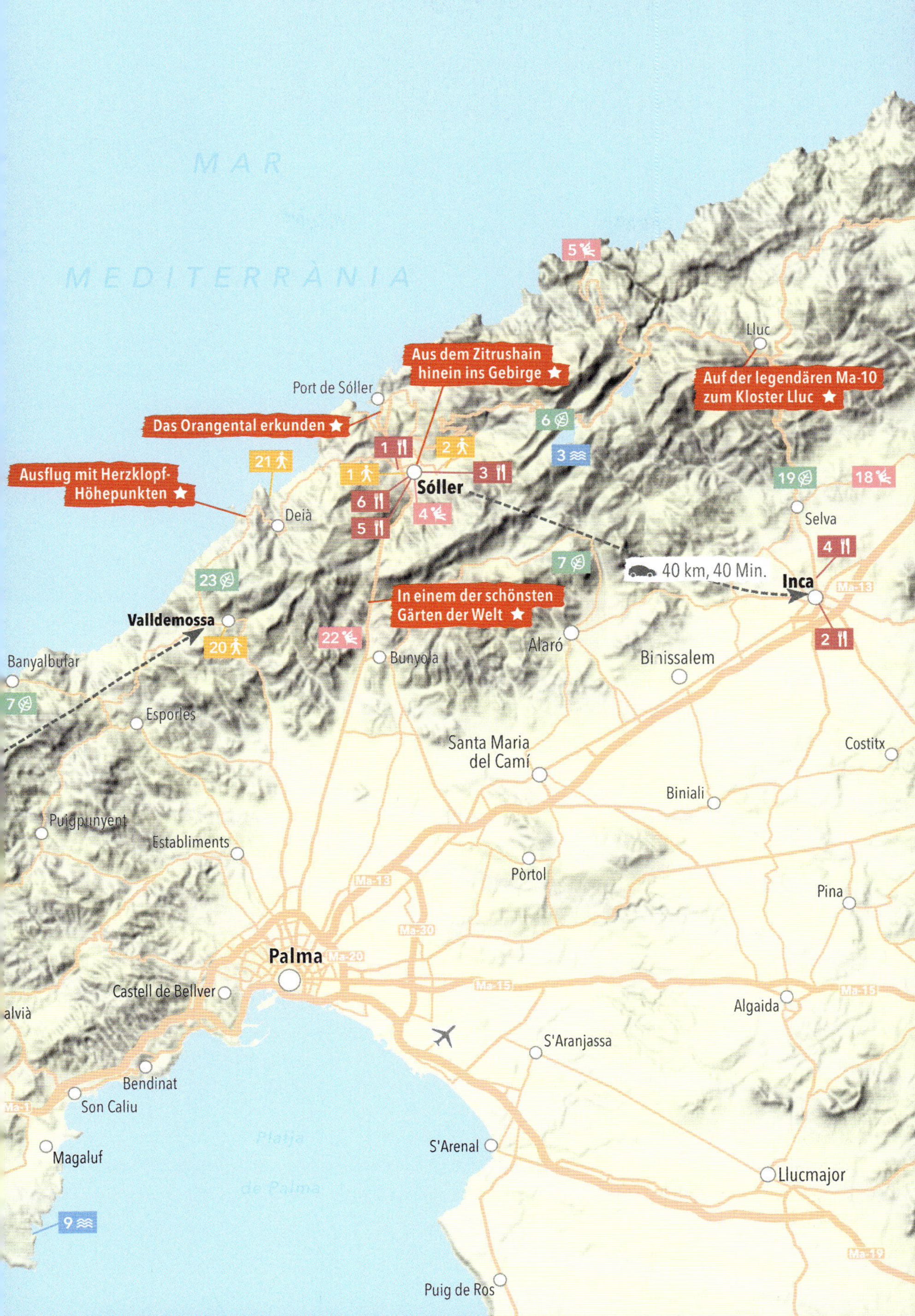

MAR
MEDITERRÀNIA
Aus dem Zitrushain hinein ins Gebirge ★
Auf der legendären Ma-10 zum Kloster Lluc ★
Das Orangental erkunden ★
Ausflug mit Herzklopf-Höhepunkten ★
In einem der schönsten Gärten der Welt ★
40 km, 40 Min.
Lluc
Port de Sóller
Sóller
Deià
Selva
Inca
Valldemossa
Banyalbufar
Bunyola
Alaró
Binissalem
Esporles
Santa Maria del Camí
Costitx
Biniali
Puigpunyent
Establiments
Pòrtol
Pina
Palma
Castell de Bellver
Algaida
S'Aranjassa
Bendinat
Son Caliu
Magaluf
S'Arenal
Llucmajor
Puig de Ros
Platja
de Palma
Ma-13
Ma-30
Ma-20
Ma-15
Ma-19

OUTDOOR-HIGHLIGHTS

*DIE BESTEN ERLEBNISSE DRAUSSEN

Das Orangental erkunden ★

Für viele das schönste Hafendorf der Insel: Port de Sóller. Das Städtchen punktet mit einer langen Promenade, dem großen Stadtstrand inklusive Hafen und der bezaubernden Bergkulisse. Und genau diese lädt regelrecht zu einer Wanderung der Extraklasse ein. Die Rückfahrt erfolgt dann mit der historischen Straßenbahn.

Erst mal geht's hoch hinaus

Die Tour beginnt am Strand Platja d'en Repic, dem schönen Stadtstrand von Port de Sóller, und führt durch ein Villenviertel immer weiter nach oben in die Berge. Der Weg ist gut ausgeschildert, denn es geht zum alten, weiß getünchten Leuchtturm Es Cap Gros. Nach etwa 30 Minuten Anstieg auf der Ma-1050 ist er erreicht. Rund 100 m über dem Meer ist der Ausblick einfach grandios. Der Leuchtturm ist nicht zugänglich, aber man kann ihn von Weitem bestaunen. Der Blick schweift weiter über die Bucht von Port de Sóller und die Gipfel des Puig de Bàlitx, des Puig Major, des Penyal des Migdia und des Puig de l'Ofre. Ach ja, und natürlich das offene Meer, das einem hier zu Füßen liegt.

Weil Naturfreunde die Gegend rund um Sóller als Startpunkt für Touren schätzen, liegt in dieser exponierten Lage das Refugi Muleta, eine Herberge speziell für Outdoor-Menschen. Hier kann man kurz verweilen und ein Getränk bestellen, bevor es weitergeht. Vom Refugi aus gelangt man auf einem gut ausgebauten Wanderweg in etwa zwei Stunden Gehzeit ins schöne Städtchen Sóller. Hier bietet es sich an, durch die kleinen Gassen zu streifen und auf dem großen Marktplatz einen Café con leche zu trinken, bevor es zurück ans Meer geht.

Auf Schienen zurück ans Meer

Von hier muss niemand mehr laufen. Denn für den Rest der Etappe nimmt man ab Sóller die historische Straßenbahn, die mehrmals pro Stunde über eine landschaftlich wunderschöne Strecke nach Port de Sóller fährt. Orangen- und Zitronenhaine ziehen an einem vorbei. Die Holzbahn wurde 1913 eröffnet. Die Wagen der Straßenbahn sind liebevoll restaurierte Originalfahrzeuge aus dem 20. Jh. und verfügen über hölzerne Sitzbänke und eine charmante Innenausstattung. Sie ist eine der letzten verbliebenen Schmalspurbahnen in Spanien und hat sich ihren ursprünglichen Charme bewahrt.

Insider-Tipp Der herrschaftliche Bahnhof von Sóller ist gleichzeitig Raum für eine Kunstausstellung mit Werken der Künstler Miró und Picasso. Der Eintritt ist frei. Die Bahn startet im Zentrum von Sóller an der Plaça d'Espanya und fährt direkt zur Strandpromenade von Port de Sóller. Der Fahrtwind im Haar und das Meer vor der Nase – schöner kann ein Wandertag nicht enden!

Die Tour im Überblick

Mittelschwere Tour von Port de Sóller nach Sóller und zurück mit der Straßenbahn, 9,5 km, ca. 3 Std. für den Weg nach Sóller plus 15 Min. Bahnfahrt

Parkplätze sind in Port de Sóller vorhanden | Abfahrtszeiten der Straßenbahn unter trendesoller.com | €

Zu jeder Zeit schön, zum Wandern besser die Nebensaison wählen

Festes Schuhwerk und Bargeld für die Bahnfahrt

39.793625, 2.696674 (Port de Sóller, Startpunkt)

DOWNLOAD GPX-Track

Viel Holz und elegantes Design: Die historische Straßenbahn verkehrt zwischen Sóller und Port de Sóller (li.). In Port de Sóller kannst du wunderbar den Tag ausklingen lassen (re.)

Aus dem Zitrushain hinein ins Gebirge ★

Die beiden Städtchen Sóller und Fornalutx sind für sich allein schon zwei echte Highlights im Westen der Insel. Wer sich nicht für einen Ort entscheiden will, der läuft einfach von einem zum anderen und erlebt ganz nebenbei eine traumhafte Wanderung durch die Natur des Orangentals.

Von Dorf zu Dorf nach Fornalutx

Der Weg beginnt im charmanten Sóller. Hier kann man sich auf dem Marktplatz an der beeindruckenden Kirche Sant Bartomeu de Sóller noch mit einem Café con leche stärken, bevor es losgeht. Durch die engen Gassen des Städtchens gelangt man aus dem Altstadtkern, immer in Richtung Berge. Insider-Tipp Der abwechslungsreiche Weg ist gut ausgeschildert, hat nur wenig Höhenunterschiede und ist daher auch mit Kindern wunderbar zu meistern. Immer wieder eröffnet sich eine spektakuläre Aussicht auf das umliegende Tal von Sóller und die majestätische Felswand des Puig de Major – den höchsten Gipfel des Tramuntana-Gebirges.

Ein weiterer Blickfang, der typisch für diese Gegend ist: Orangen- und Zitronenbäume, wohin das Auge schaut. Kommt man zur richtigen Zeit (etwa Februar bis Mai), ist man umgeben vom Duft der Orangenblüten. In den Wintermonaten kann man hingegen die saftigen Früchte kosten, die dann besonders gut schmecken. Nur bitte nicht einfach vom Wegesrand pflücken. Das ist nicht erlaubt. Lieber den Obstständen der Wochenmärkte oder den kleinen Obstläden am Straßenrand einen Besuch abstatten.

Fornalutx: klein, aber fein

Spieglein, Spieglein an der Wand, wer ist das schönste Dorf im ganzen Land? Richtig: Fornalutx.

Zwischen Sóller und Fornalutx dominieren zahlreiche Orangenhaine das Landschaftsbild (li.). Enge, verwinkelte Gassen und steil aufragende Treppen kennzeichnen Fornalutx (re.)

Die kleine, ins Tramuntana-Gebirge eingebettete Siedlung mit gerade einmal 700 Einwohnern wurde schon mehrfach zum schönsten Dorf Spaniens gekürt und ist das Ziel dieser kurzweiligen Wanderroute. Wer Lust hat, der kann hier noch ein wenig verweilen, sich durch die engen, gewundenen, kopfsteingepflasterten Gassen treiben lassen, die denkmalgeschützten Bruchsteinhäuser und Steintreppen bewundern und in einem der kleinen Cafés eine Verschnaufpause machen – und die Ruhe des Ortes genießen. Danach geht es auf dem gleichen Weg wieder zurück nach Sóller.
Anlässlich des Opferfestes Correbou, das bei Tierschützern allerdings umstritten ist und das Anfang September stattfindet, verwandelt sich das Ortszentrum von Fornalutx in einen bunten Handwerker- und Kunstmarkt.

Die Tour im Überblick

Leichte Wanderung von Sóller nach Fornalutx, ca. 4 km, ca. 2 Std. hin & zurück

Mit dem Bus bis Camp de s'Oca (Haltestellen-Nr. 61028) | Parkplätze sind in Sóller vorhanden

Zu jeder Jahreszeit schön
Festes Schuhwerk, Sonnencreme, Sonnenhut, Wasser
39.767353, 2.714519 (Startpunkt in Sóller), 39.782398, 2.740990 (Fornalutx)

✓ DOWNLOAD GPX-Track

Ausflug mit Herzklopf-Höhepunkten ★

Ein märchenhafter Pavillon, idyllisch angelegte Gärten und ein natürlicher Riesenring aus Stein – wer bei diesem Ausflug zum Landgut Son Marroig keine romantischen Gefühle bekommt, dem ist wohl nicht mehr zu helfen.

Liebesort aus Marmorstein

Andächtig thront der steinerne Pavillon von Son Marroig auf einem Felsvorsprung und offenbart einen unvergleichlich schönen Blick auf das offene Meer. Am besten stellt man sich einfach direkt in die Mitte der Aussichtsplattform dieses architektonischen Highlights, um aufs Wasser zu schauen und tief einzuatmen. Was für eine Aussicht!

Das fand übrigens auch schon der eine oder andere Prominente, darunter Fußballstars und Popsängerinnen, die sich hier das Jawort gegeben haben. Kein Wunder, dieser Ort ist Romantik pur! Das Anwesen Son Marroig, zu dem der Pavillon gehört, wurde bereits im 19. Jh. erbaut und war einst der Wohnsitz des habsburgischen Erzherzogs Ludwig Salvator von Österreich-Toskana. Er war ein großer Liebhaber der Insel und verbrachte viele Jahre damit, die Schönheit Mallorcas zu erforschen und zu dokumentieren. Heute ist Son Marroig ein Museum, das der Erhaltung und Präsentation seines Erbes gewidmet ist und einen kurzen Abstecher wert ist – ebenso wie die üppigen Gärten, die das gesamte Gelände umschließen.

Wanderung zum Naturwunder

Von Son Marroig aus startet eine kurzweilige Wanderung zum Felsenloch Sa Foradada. Auch dieser Weg wurde vom Erzherzog angelegt und diente ursprünglich als Reitpfad zu seinem Boot. Nach etwa einer Stunde (zu Fuß, nicht zu Pferde!) erreicht man ein spektakuläres Naturschauspiel aus nächster Nähe. Das Felsenloch Sa Foradada erstreckt sich über 20 m und entstand durch die Erosion des Gesteins über Tausende von Jahren hinweg. Heute bietet es einen faszinierenden Anblick, besonders wenn das Sonnenlicht durch die Öffnung strahlt und der Boden darunter beleuchtet wird. Hinter dem Loch blitzt das azurblaue Meer auf – ein spektakuläres Naturschauspiel. Aber weil die Erosion immer weitergeht, sind die Tage des Felsenlochs gezählt. Also schnell noch vorbeischauen – wer weiß, wie lange es das Loch noch gibt … **Insider-Tipp** Das Restaurant Sa Foradada gleich in der Nähe ist für seine exquisite mallorquinische Küche bekannt *(restaurantesaforadada.com)*. Am besten gelangt man mit dem Boot von Port de Sóller dorthin. Ansonsten heißt es, von Son Marroig aus laufen (2½ Std).

Die Tour im Überblick

Einfache Wanderung zwischen Sóller und Valldemosa vom Landgut Son Marroig zum Felsenloch Sa Foradada, 3,2 km, ca. 2½ Std. hin & zurück

Mit dem Bus bis Sa Foradada (Haltestellen-Nr. 18009) | Parkplätze sind am Landgut vorhanden | sonmarroig.com | € (Eintritt ins Landgut)

Zu jeder Jahreszeit schön
Festes Schuhwerk, Fernglas
39.752122, 2.629278 (Landgut Son Marroig), 39.755797, 2.622235 (Restaurant Sa Foradada)

DOWNLOAD GPX-Track

Traumhaftes Panorama von der Loggia des Herrenhauses Son Marroig (li.). Das Ziel der Wanderung: das wohl berühmteste Loch Mallorcas, die Felseninsel Sa Foradada (o.)

In einem der schönsten Gärten der Welt ★

Wo man auch hinschaut: Wasser plätschert, Blumen sprießen, Palmenwedel wiegen sich im Wind. Die Gärten von Alfabia sind ein magischer Ort der Entdeckungen, Schönheit und Entspannung. Wer ein wenig Ruhe vom Strandtrubel oder vom Berge-Erklimmen sucht, der ist hier genau richtig.

Willkommen im Gartenparadies

Der Rundgang durch die historischen Gärten beginnt am großen Eingangstor. Ein malerischer Pfad führt die breiten Treppenstufen hinauf, an deren Seiten vor vielen Jahrhunderten bereits zahlreiche Aquädukte angelegt wurden. Sie dienen noch heute der Bewässerung dieses Paradieses. Ursprünglich wurden die Gärten von den Mauren im 13. Jh. angelegt und erlebten im Lauf der Zeit verschiedene Veränderungen und Erweiterungen. Sie sind heute ein faszinierendes Beispiel für den historischen Gartenbau der Insel und verbinden maurische, spanische und mediterrane Einflüsse.

Es geht weiter, entlang schattiger Alleen, umgeben von majestätischen Palmen und hohen Zypressen. Immer wieder stößt man auf Wasserläufe und Bassins: Wasser ist das zentrale Thema dieser Gärten und macht sie zu einer erfrischenden Oase – an heißen Tagen ein echter Segen. **Insider-Tipp** Wem nach einer echten Abkühlung ist, der springt einmal in die Bewässerungsanlage des langen und wunderschön angelegten Rosentunnels.

Auf dem Weg zum Herrenhaus

Der Höhepunkt des Rundgangs ist zweifellos der große Teich mitten in der Anlage. Schattenplätze und ein kleines Café laden zum Verweilen ein. Alles ist friedlich und von einer üppigen Vegetation umgeben. Zu den weiteren Highlights gehören die duftenden Orangen- und Zitronenhaine, Laubengänge, prachtvolle Blumenbeete und ein herrlicher Aussichtspunkt mit Blick auf das Umland. Abschließend führt der Weg durch das alte Herrenhaus. In den Zimmern lassen sich antike Schätze bewundern, die von den vergangenen Zeiten Mallorcas erzählen. Auch die spanische Königin Isabella II. hat hier genächtigt und die Aussicht auf die Gärten genossen. Ihr samtrot bezogenes Bett steht nach wie vor an Ort und Stelle. Während der christlichen Reconquista wurde das Anwesen von verschiedenen Adelsfamilien übernommen und erweitert, darunter die Familie des Erzherzogs Ludwig Salvator von Österreich, der die Gärten und das Herrenhaus im 19. Jh. restaurierte und ihnen ihren heutigen Charme verlieh. Ein schöner Abschluss des Rundgangs ist der große, schattige Innenhof des Landguts. Die Gärten von Alfabia sind übrigens zu einem der schönsten Gärten der Welt gewählt worden.

Die Tour im Überblick

Erfrischender Rundgang durch die Gärten von Alfabia, gelegen zwischen Sóller und Inca, ca. 2 Std.

Carretera Palma–Sóller, km 17 | Mit dem Bus bis Jardins d'Alfàbia (Haltestellen-Nr. 10034) | Parkplätze sind vorhanden | jardinesdealfabia.com | €

Von März bis Oktober geöffnet, immer schön, besonders im Frühling
Sonnencreme, Sonnenhut, Kamera
39.716762, 2.691946 (Jardins d'Alfàbia)

DOWNLOAD GPX-Track

Jardins d'Alfàbia: maurisches Wunderwerk mit zahlreichen gewundenen Treppen (li.), erfrischenden Kanälen und Bassins (re. u.) sowie einem historischen Landgut (re. o.)

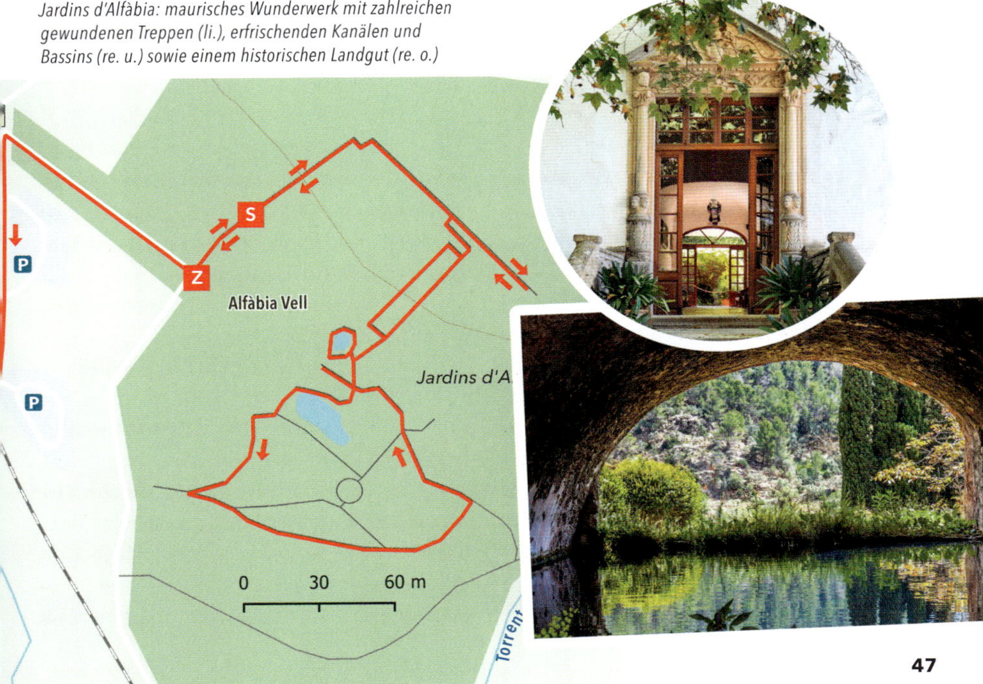

Zu Besuch bei den Drachen ★

Wie ein feuerspeiendes Ungeheuer, das im Meer ein Schläfchen hält – so sieht sie aus, die kleine, vorgelagerte Insel im Südwesten der Insel. Dragonera – zu Deutsch Drache – wird sie daher auch genannt. Und „kleine Drachen" begegnen einem beim Besuch des unbewohnten Eilands tatsächlich.

Von St. Elm hinüber zum Drachen

Die Tour beginnt in St. Elm, einem charmanten und etwas entlegenen Küstenort, der mit seinem kleinen, aber malerischen Strand Platja de Sant Elm lockt. Von dort aus geht es mit einem Boot zur Insel Dragonera. Die herrliche Überfahrt auf dem türkisblauen Meer mit kühlendem Seewind ist leider viel zu kurz. Macht aber nix, denn auch das Ziel hat so einiges zu bieten: eine atemberaubende Landschaft aus steilen Klippen, versteckten Buchten und üppiger Vegetation. Sa Dragonera wurde bereits 1995 zum Naturpark erklärt, nachdem man erfolgreich gegen ein Hotelprojekt angekämpft hatte. Seither darf daher nur ein kleiner Teil der 4,2 km langen und 900 m breiten Insel betreten werden.

Wandern durch ursprüngliche Natur

Die Wanderung führt vom Hafen Cala Lladó zum höchsten Berg der Insel, dem Na Pòpia mit seinen 350 Höhenmetern. Hinter dem Anlegesteg liegt ein Info-Häuschen, daneben ein kleiner botanischer Garten, und dahinter starten die Wanderrouten über das kleine Eiland. Erst verläuft der Weg durch brachliegende Felder und windet sich dann in Serpentinen den Berg hoch. Weil Dragonera unbewohnt ist, ist sie eine echte Oase für Flora und Fauna und beherbergt eine beeindruckende Vielfalt an Pflanzen- und Tierarten – darunter seltene Vögel wie der Eleonorenfalke, der hier sogar brütet. Aber auch Balearensturmtaucher, Samtkopf-Grasmücken oder Wanderfalken bekommt man vielleicht zu Gesicht. Insider-Tipp Und wer genau hinschaut, der entdeckt die „kleinen Drachen" der Insel. Die flinken Dragonera-Eidechsen kommen nur hier auf der Insel vor und sind so zutraulich, dass sie sich bisweilen sogar anfassen lassen. Auch die Pflanzenwelt ist opulenter als auf Mallorca, vor allem im Frühjahr. Auf der Insel gibt es nämlich kaum pflanzenfressende Tiere wie Kaninchen, Mäuse oder Ratten. Am Ziel der Wanderung, dem Gipfel Na Pòpia, findet man die Überreste eines alten Leuchtturms, von dem früher nach Piraten Ausschau gehalten wurde. Heute dienen die Ruinen vor allem zum kurzen Verschnaufen, bevor es wieder hinunter zum Bootsanleger und Richtung St. Elm geht. St. Elm ist vor allem bekannt für seine ausgezeichneten Fischrestaurants mit herrlichem Blick aufs Meer – ein idealer Ausklang nach einer langen Inselwanderung.

Die Tour im Überblick

Mittelschwere Wanderung auf der Insel Sa Dragonera nahe Andratx, 20 Min. pro Bootsfahrt, Wanderung ca. 8,4 km, 2½ Std.

Mit dem Bus bis Sant Elm 1 (Haltestellen-Nr. 5015) | Parkplätze sind in St. Elm vorhanden | crucerosmargarita.com (Fähre) | €€ (Fährfahrt)

Zu jeder Zeit schön, Wandern am besten in der Nebensaison

Sonnenhut, Getränke, Fernglas

39.578987, 2.349971 (Fähre St. Elm), 39.588311, 2.324719 (Insel Dragonera)

DOWNLOAD GPX-Track

Die gesamte unbewohnte Insel Dragonera wurde zum Naturschutzgebiet erklärt (li.). Zum Abschluss der Tour bietet sich ein Badestopp an der Platja de Sant Elm an (re.)

Auf der legendären Ma-10 zum Kloster Lluc ★

Wer auf der Suche nach dem idealen Ausgangspunkt für zahlreiche Wanderungen oder Radtouren auf Mallorca ist, der kommt an diesem Ort nicht vorbei: dem Kloster Lluc. Das spirituelle Zentrum der Insel ist gleichermaßen Pilgerstätte, Internat, Begegnungsstätte, Botanikum und mitunter auch das Ziel einer sportlichen Radtour entlang der legendären Ma-10.

Botanische Gärten und singende Kinder

Das Kloster wurde bereits im 13. Jh. gegründet und beherbergt heute eine Kapelle, ein Museum, ein Restaurant und zahlreiche Unterkünfte für Besucher sowie eine der seltenen offiziellen Campingmöglichkeiten der Insel. Ganz schön was los hier also! Outdoor-Highlights direkt auf dem großen Klostergelände sind der beeindruckend angelegte Naturalistengarten mit seinen etwa 200 mallorquinischen Pflanzenarten und der große Swimmingpool direkt daneben. Mit etwas Glück hört man von hier die Kinder des berühmten Knabenchor Blauets singen, während man planscht. Sie sind in dem im Kloster beheimateten Musikinternat zu Hause. **Insider-Tipp** Der Pool ist übrigens einer der größten im gesamten Tramuntana-Gebirge und kostenlos zugänglich. Wer einen kurzen Aufstieg direkt am Kloster machen möchte, der läuft den Kalvarienberg hinauf und genießt den Ausblick in die Berge – herrlich vor allem zum Sonnenuntergang! Auf dem Weg begegnen einem zahlreiche Sonnenuhren. Sie wurden in verschiedenen Epochen und Stilen errichtet und repräsentieren eindrucksvoll die Geschichte und Kultur der Region.

Das Kloster Lluc ist der wichtigste Wallfahrtsort der Insel (li.). Angekommen am Kloster sind 520 Höhenmeter bewältigt (re.)

Aktiv am oder auch zum Kloster

Rund um Lluc gibt es zahlreiche Wandermöglichkeiten zu den Gebirgsketten des Tramuntana, wie dem Puig de Massanella, dem Puig Tomir, dem Puig d'en Galileu und dem Puig Roig. Lieber mit dem Rad unterwegs? Eine tolle Strecke zum Kloster führt von Port de Pollença über Pollença immer entlang der berühmten Bergstraße Ma-10 nach Lluc. Dabei sind 520 Höhenmeter zu überwinden. Etwa 10 km hinter Pollença erwartet den Biker ein steiler Anstieg hinauf zum Rifugio Binifaldo. Die zweite Hälfte der Tour verläuft über die Ebene El Pla mit deutlich weniger Höhenmetern, bis man das Kloster erreicht. Wer sich erst am nächsten Tag auf den Rückweg machen will, übernachtet einfach in einem der preiswerten Zimmer, genießt ein gutes Abendessen im Restaurant und die herrlich ruhigen Abendstunden an diesem besonderen Ort.

Die Tour im Überblick

Anspruchsvolle Radtour zum Santuari de Lluc, ab Port de Pollença, 20 km, 520 hm, ca. 2 Std. für eine Strecke

Mit dem Bus bis Lluc (Haltestellen-Nr. 19011) | Parkplätze sind am Kloster vorhanden | lluc.net | € (Museum)

Zum Wandern und Radfahren am besten in der Nebensaison

Radhelm (Pflicht auf Mallorca außerhalb von Ortschaften!), Getränke, Sonnencreme, Wechselkleidung & Zahnbürste, falls man am Kloster übernachtet

39.822501, 2.884935 (Kloster Lluc)

DOWNLOAD GPX-Track

MEHR ERLEBEN

*WEITERE ABENTEUER & AUSFLÜGE

Wer tiefer in die Pflanzenwelt der Balearen eintauchen will, ist im Botanischen Garten von Sóller goldrichtig

Noch mehr entdecken im Westen: Zwischen Gebirge, Olivenhainen und Meer wartet rund um Sóller ein Paradies auf Outdoor-Freunde. Verpass auch nicht die vielen Badeorte, die sich entlang der Westküste aufreihen wie Perlen an einer Schnur. Neben viel Natur warten die historischen Städtchen Andratx und Valldemosa mit ihren engen Gassen und schönen Plätzen.

RUND UM SÓLLER

Eintauchen in eine Oase der Ruhe

1 Spaziergang durch den Jardí Botànic de Sóller, ca. 1 Std.

Wer sich eine Auszeit vom Trubel belebter Straßen und Strände gönnen möchte, ist im Botanischen Garten von Sóller goldrichtig. Der Garten wurde 1985 von Gabriel Alomar mit dem Ziel gegründet, die Artenvielfalt der mallorquinischen Pflanzen zu bewahren. Er erstreckt sich über eine Fläche von über 18 Fußballfeldern (auf die Sandalen tritt man sich hier also nicht!) und ist in verschiedene Bereiche unterteilt, die unterschiedliche Ökosysteme der Welt repräsentieren. So gibt es beispielsweise einen Abschnitt, der der Flora der Balearen gewidmet ist, und einen Bereich, der die Pflanzen der Kanaren repräsentiert. Eines der Highlights des Botanischen Gartens ist die Palmensammlung: Der Garten beherbergt über 700 verschiedene Palmenarten aus der ganzen Welt, darunter auch einige seltene und exotische Sorten. **Insider-Tipp** Im Garten kann man einen Aussichtsturm besteigen, von dem aus man einen herrlichen Blick auf die umliegende Landschaft und die Bucht von Sóller hat.

Ma-10, km 30,5, Port de Sóller | Mit dem Bus bis Ma-11 sud 1 (Haltestellen-Nr. 61011) | Parkplätze sind vorhanden | jardibotanicdesoller.org | €

Ganzjähriges Ziel, aber im Frühjahr natürlich am schönsten 39.766746, 2.708853

Orangen pflücken frisch vom Feld

2 Naturspaziergang durch Orangenhaine auf der Finca Ecovinyassa, ca. 1 Std.

Bitte einmal tieeeef einatmen! Der verführerische Duft von Orangenblüten und frischen Früchten steigt einem schon am Parkplatz in die Nase. Die Öko-Orangenfinca Ecovinyassa ist ein idyllisches

Zauberhaftes Erlebnis: ein Spaziergang durch die duftenden Orangenplantagen der Finca Ecovinyassa

Fleckchen Mallorca und auf den Anbau von Bio-Zitrusfrüchten spezialisiert. Zwischen den rund 2000 Zitrusbäumen erfährt man alles über den Anbau der beliebten Früchte am Fuße der Serra d'Alfàbia. Einmal angekommen, will man nur noch eins: Rauf aufs Feld! Das große Gelände kann man bei einem eigenständigen Spaziergang erkunden und erleben. Auf der Plantage herrscht ein angenehmes Mikroklima – selbst an heißen Tagen kann man es hier gut aushalten. **Insider-Tipp** Um Weihnachten herum ist die besonders süße und saftige Navel-Orange reif. Unbedingt probieren! Es gibt auch noch weitere typische mallorquinische Nutzpflanzen wie Granatapfel-, Feigen- und Avocadobäume und auch Kurioses, wie die runzelige Ur-Zitrone mit dem schönen Namen Buddhas Hand. Immer im Blick: die atemberaubende Erscheinung des Puig Major, der höchsten Erhebung Mallorcas. Am Ende des Spaziergangs lädt die Finca zu typisch mallorquinischem Tomatenbrot und – wie könnte es anders sein – frisch gepresstem Orangensaft ein.

Carrer de Fornalutx, Sóller | Nur mit dem Auto erreichbar, Parkplätze sind an der Finca vorhanden | ecovinyassa.com | €€ Im Winter geschl., ganzjährig schön, zum Orangenpflücken am besten im Herbst hinfahren 39.770261, 2.726409

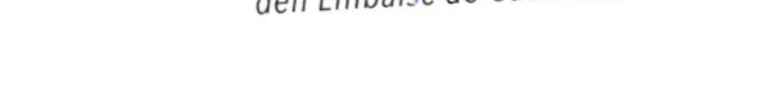

Eine schöne Wanderung führt rund um den Embalse de Cúber auf 750 m Höhe

Einmal um den Bergsee herum

3 Einfache Wanderung am Stausee der Insel, Route um den Cúber 4 km, 1 Std.

Wie durstig ist die Insel dieses Jahr? Gut ablesen lässt sich die Antwort darauf am Pegel des Stausees Embalse de Cúber und seinem benachbarten Bruder Gorg Blau. Beide künstlich angelegten Seen sind ein wichtiges Trinkwasserreservoir – aber auch ein lohnenswertes Ausflugsziel. Das Areal rund um den Cúber ist ein Stück Naturschutzgebiet. Vom kleinen Parkplatz führt ein Gatter auf einen befestigten Weg, der einmal um den türkisblauen Süßwassersee herumführt. Wer noch Puste hat, der kann sich von hier auch zum Gipfel des Puig de l'Ofre aufmachen. Hier dem Wegweiser GR 221 folgen. Nur das Reinspringen ins verlockende Nass ist nicht erlaubt. Dafür ist der abgelegene Stausee auch ein perfekter Ort zum Sternegucken.

Mit dem Bus bis Cúber 2 (Haltestellen-Nr. 19012) | Mit dem Auto oder Rennrad, Parkplätze vorhanden Der Weg um den See spendet wenig Schatten, daher nicht im Hochsommer zu empfehlen 39.783945, 2.789871

Manch einer bezeichnet den Torrent de Pareis auch als Grand Canyon von Mallorca

Der Torrent de Pareis sollte nur im Rahmen einer geführten Tour besucht werden

Weck den Miró in dir!

4 Kreativ sein unter freiem Himmel

Wer eine Pause vom Bergeerklimmen oder Planschen und Schnorcheln in den Buchten braucht, der kann Mallorca auch auf eine kreative Weise erkunden. Die Online-Plattform dada-days bietet Kurse wie Töpfern, Textilhandwerk, Fotografie und vieles mehr an. Und weil diese allesamt von einheimischen Künstlern durchgeführt werden, kommt man hier mit den Inselbewohnern wunderbar in Kontakt. Die meisten Kurse finden dabei in Sóller unter freiem Himmel statt. Ein inspirierendes Outdoor-Erlebnis der anderen Art.

Die Orte der einzelnen Kurse sind auf der Insel verteilt | dada-days.com | €€€ 39.767212, 2.715714

Felsiges Naturschauspiel

5 Actionreiche Kletterwanderung durch den Torrent de Pareis, geführte Tour, 5 km, 7 Std.

Eine 3 km lange Schlucht, eingerahmt von 200 m hohen Felsen: Der Torrent de Pareis wird auch Grand Canyon von Mallorca genannt. Nach anhaltenden Regenfällen wird er zum Sturzbach, der gefährlich anschwellen kann – in den trockenen Perioden bietet er die Möglichkeit einer Kletterwanderung. Weil die Route schwierig ist und die Felsen mitunter sehr rutschig sein können, wird empfohlen, den Torrent nur mit einer geführten Tour zu begehen. **Insider-Tipp** Nach dem Besuch des Torrent de Pareis den Film „Cloud Atlas" anschauen. Der Torrent diente als Filmkulisse des Hollywood-Blockbusters. Wer sich die Schlucht einfach nur anschauen möchte, der läuft zur Bucht Sa Calobra und genießt den Blick auf die von Felsen eingerahmte Naturschönheit.

Zu Fuß von Sa Calobra | Parkplätze in der Stadt vorhanden | Geführte Schluchtenwanderung z. B. buchbar bei guiders.de | €€€ (Tour für 4 Personen)

Rutschfestes Schuhwerk, mit dem man auch gut klettern kann 39.851158, 2.799959

Die Milchstraße am Nachthimmel – besonders gut zu bestaunen am entlegenen Stausee Cúber

Zahlreiche Stufen führen hinauf zum Castell d'Alaró – oben angekommen hat man jedoch einen Traumblick

Wenn der Himmel weint (vor Freude!)

6 Sternegucken mit Experten am Stausee Cúber

Wenig Lichtverschmutzung, dafür viel Natur: In der Serra de Tramuntana lassen sich die Sterne wunderbar bestaunen. Wer im August die Insel besucht, darf sich über einen ganzen Sternenregen freuen – nämlich wenn der Perseiden-Meteorschauer seinen Höhepunkt erreicht. Die Sternschnuppen sind auch als Tränen des Laurentius bekannt. Am Stausee Cúber organisiert die Vereinigung der Hobbyastronomen von Astromallorca *(astromallorca.org)* einen Sternenbeobachtungs-Treff.

Mit dem Bus bis Cúber 2 (Haltestellen-Nr. 19012) | Mit dem Auto oder Rennrad, Parkplätze vorhanden | astromallorca.org Sternenkarte oder App zur Sternenbeobachtung, Teleskop 39.788038, 2.789424

Gipfelglück und mächtige Mauern

7 Wanderung auf den Puig d'Alaró, mittlere Strecke, 14 km, 4 Std. (hin und zurück)

Das Castell d'Alaró befindet sich auf einem 822 m hohen Gipfel – dem Puig d'Alaró – und bietet einen atemberaubenden Panoramablick auf die umliegende Landschaft. Wer Lust hat, der kann das Kloster zu Fuß erobern: Der malerische Wanderweg (GR 221) beginnt in der kleinen Stadt Alaró und führt durch eine idyllische Landschaft mit Olivenhainen, Mandelbäumen und felsigen Abschnitten. **Insider-Tipp** Das rustikale Grillrestaurant Es Verger liegt auf halber Höhe zum Castell. Die Lammschulter gilt als die beste der Insel *(facebook.com/EsVergeralaro)*. Es dauert etwa zwei Stunden, um den Gipfel zu erreichen, aber die Aussicht und das historische Erbe sind es wert. Das Castell d'Alaró stammt aus dem 13. Jh. und wurde im Lauf der Zeit von verschiedenen Kulturen genutzt und erweitert, darunter die Mauren und die Katholiken.

Direkt zum Castell kann man auch mit dem Auto fahren, Parkplätze vorhanden | Keine Bushaltestelle am Castell In der Nebensaison schön, im Sommer sehr heiß 39.734482, 2.791869

Cova de Portals Vells: Bereits im Mittelalter wurden drei große Löcher in den Fels geschlagen, um Sandstein abzubauen

RUND UM SANTA PONÇA

Naturfreude trifft auf Geschichtsstunde

8 Spaziergang durch den Parque Arqueologico Puig de sa Morisca, ca. 1½ Std.

Der archäologische Park ist eine kleine Naturoase im sonst eher touristisch geprägten Raum Santa Ponça. Er bietet eine Vielzahl an Wanderwegen rund um den Puig de sa Morisca. Der Berg liegt etwa 93 m über dem Meeresspiegel und bietet einen herrlichen Blick auf Santa Ponça und die ganze Insel. Hier befanden sich von der Bronze- bis zur Eisenzeit ein talaiotisches Dorf sowie ein wichtiger Handelsknotenpunkt – einer der größten Funde importierter Tonwaren wurde hier entdeckt. Die Siedlung wurde später von den Mauren besetzt und war vielleicht der erste Ort, der an die Christen fiel. Ein Rundweg führt durch die wichtigsten Überreste der Siedlung.

Puig de sa Morisca, 17, Santa Ponça | Mit dem Bus bis Puig de sa Morisca (Haltestellen-Nr. 11182) | Mit dem Auto (Parkplätze vor dem Park) oder dem Rad Ganzjährig schön und Schatten spendend 39.509165, 2.483824

Höhlenmalerei und Strandbesuch

9 Schwimmen und Höhlen besichtigen in der Cova de Portals Vells

Höhlen mit historischen Felszeichnungen verleihen der Cova de Portals Vells ihren Namen. Die Höhlen haben eine lange Geschichte: Im Lauf der Jahre haben viele verschiedene Kulturen diesen Rückzugsort genutzt, darunter die prähistorischen Talayot-Kulturen, die Römer und die Mauren. Es ist auch bekannt, dass Piraten die Höhlen als Versteck entdeckten und sie als Ausgangspunkt für ihre Angriffe auf Schiffe in der Umgebung verwendeten. Heute kann man sie während eines Strandbesuchs erkunden und ein wenig in alten Zeiten schwelgen. Wer noch mehr Action mag: Die Bucht eignet sich auch bestens zum Klippenspringen (bitte vorher immer die Wassertiefe prüfen!).

Calle Vista Alegre, 2A | Nur mit dem Auto erreichbar (Parkplätze an der Platgeta de Portals Vells vorhanden) oder mit dem Rad | Es gibt ein kleines Restaurant und begrenzte Parkmöglichkeiten direkt am Strand Badeschuhe 39.472294, 2.522517

Der Mini-Archipel der Malgrats-Inseln steht unter besonderem Schutz und gilt als Top-Tauchspot

El Toro mit seiner Artenvielfalt ist einer der beliebtesten Tauchplätze Mallorcas

Kleines Insel-Hopping

10 Tauchen oder Paddeln zu den Malgrats-Inseln

Ganz gleich, ob man von der Küste auf sie blickt, oder sie unter der Meeresoberfläche besucht: Die Malgrats-Inseln sind von jedem Blickwinkel aus einfach wunderschön. **Insider-Tipp** Den besten Blick vom Land auf die Inseln hat man vom Mirador del Canó Illes Malgrats, einem etwas versteckt gelegenen Aussichtspunkt samt alter Kanone. Die zwei kleinen Inseln an der Küste von Santa Ponça sind etwa 1 km² groß und unbewohnt. Seit 2006 sind sie Natur- und Meeresreservat und stehen unter besonderem Schutz. Heute kann man die Insel mit einem Schiff umfahren, mit dem Stand-up-Paddle besuchen oder auch eine Tauchtour unternehmen. Um die Insel herum gibt es fünf attraktive Tauchspots.

Mit dem Stand-up-Paddle oder Boot | In Santa Ponça und Paguera gibt es viele verschiedene Anbieter für eine Bootstour um die Insel herum, Tauchtouren zu den Inseln u. a. unter zoeamallorca.com
Im Sommer am schönsten, wenn das Meer angenehm warm ist *39.496196, 2.448199*

Bunter Blick unter Wasser

11 Tauchen im Meeresschutzgebiet El Toro

Ideale Tauchbedingungen für Anfänger und Profis gibt es im Meeresschutzgebiet El Toro in der Nähe von Santa Ponça. Die Artenvielfalt ist hier besonders spektakulär: Neben Muränen und Skorpionfischen kann man auch Goldbarsche, Stachelmakrelen, Rote Drachenfische und Pfauenfische bestaunen. Mit etwas Glück lassen sich auch die wunderschön gemusterten Seepferdchen blicken. Besonders beliebt ist dieser Tauchspot wegen der 40 m tief abfallenden Steilwand. In ihren Löchern verstecken sich gerne Oktopusse und Meeraale.

Carrer Martín Ros García, 6, Palmanova | Mit dem Bus bis Ctra. Magaluf–Santa Ponça 1 (Haltestellen-Nr. 11073) | Öffentliche Parkplätze vorhanden | Die Tauchschule Big Blue Diving bietet u. a. geführte Tauchtouren zu El Toro an | bigbluediving.net *Tauchausrüstung, Neoprenanzug, Flossen* *39.491637, 2.479018*

Ein Abenteuer der besonderen Art: mit dem Wasserfahrrad die Küste erkunden

Feucht-fröhliche Fahrradtour

12 Mit dem Wasserfahrrad die Küste erkunden, 5 km, ca. 3 Std.

Fahrradfahren ist eine der beliebtesten Sportarten auf Mallorca. Aber zugegeben: nur für die wenigsten auch etwas im Hochsommer bei 40 °C im Schatten. Die Lösung: die Radtour einfach ins Wasser verlegen! Die Wasserräder werden wie ihre Kollegen an Land mittels Pedalen und Lenkrad gefahren und haben statt Reifen zwei große Schwimmkörper.

Bulevar de Peguera, 13, Peguera | Mit dem Bus bis Palmira 1 (Haltestellen-Nr. 11133) | Mit dem Auto oder dem Rad, Parken entlang der Seitenstraßen | Eine Tour zum Strand Calas Egos kann man z. B. in Peguera bei Ocean Bikes buchen (ocean-bikes.com) | €€€ Am schönsten im Hochsommer, wenn das Wasser angenehm zum Schwimmen ist Badeschuhe und UV-Shirt nicht vergessen, eventuell auch Taucherbrille und Schnorchel dabeihaben. Einen wasserfesten Rucksack kann man beim Anbieter ausleihen 39.53793, 2.44638

An der paradiesischen Naturbucht

13 Schwimmen und Schnorcheln am Caló d'en Monjo

Diese nahezu unberührte Bucht ist umgeben von dichtem Wald inmitten eines Landschaftsschutzgebiets. Von der Cala Fornells sind es ca. 15 Gehminuten auf dem Carrer de Cala Fornells durch die schöne Küstenlandschaft. Dieser Ort fühlt sich abgelegen und besonders an – selbst in der Hochsaison. Wer nicht nur im klaren Wasser baden will und beim Schnorcheln die reiche Meeresflora und -fauna bestaunen möchte, kann rechter Hand hinter der Landspitze auch Höhlen erkunden. Zur Linken liegt ein weiterer kleiner Strand mit Bootshaus und Bootsrampe. Die Bäume am Strand spenden angenehmen Schatten. Badehose vergessen? Kein Problem: Dieser Ort ist bei FKK-Fans beliebt.

Nur mit dem Auto oder dem Rad erreichbar, Parkplätze an der Cala Fornells bzw. hinter dem Hotel Cala Fornells Im Hochsommer hält man sich am liebsten im Meer auf 39.530774, 2.430631

Am Fuße des Puig de Galatzó liegt die Finca Galatzó mit einem schönen Garten

Die Ruta de Pedra en Sec ist insgesamt 150 km lang, es lassen sich aber auch Teilabschnitte erwandern

RUND UM ANDRATX

Auf uralten Pfaden

14 **Anspruchsvolle Wanderung zum Gipfel des Puig de Galatzó, 16 km, 4 Std. (hin und zurück), sowie Besichtigung der Finca Galatzó**

Die Finca Galatzó ist ein altes Anwesen auf Mallorca, das sich inmitten der Berglandschaft der Serra de Tramuntana befindet. Es ist umgeben von einer atemberaubenden Naturlandschaft aus Oliven- und Mandelbäumen sowie Weinfeldern. **Insider-Tipp** Man kann an der Finca auch in einem Refugi (Wanderherberge) übernachten. Es ist das größte und modernste der Insel *(caminsdepedra.conselldemallorca.cat/de/-/refugi-galatzo-1-2)*. Eine der besten Möglichkeiten, die Schönheit der Finca und der umliegenden Natur zu erleben, ist eine Wanderung entlang des Galatzó-Weges. Er beginnt an der Finca und führt entlang sanfter Hügel durch Wälder und über Felder, die im Frühjahr mit Wildblumen gesäumt sind. Während der Tour gibt es viele Gelegenheiten, um die einheimische Tierwelt zu beobachten, darunter Vögel wie Eulen und Falken sowie wilde Ziegen und Schafe.

Alternativ kann man von hier auch eine anspruchsvollere Wanderung zum Gipfel des Puig de Galatzó unternehmen. Mit seinen 1027 m ist er einer der Hauptgipfel des Tramuntana-Gebirges. Auf dem Weg zeugen einige historische Überreste, wie z. B. alte Öfen, die früher zur Herstellung von Holzkohle verwendet wurden, noch vom früheren Leben auf der Finca. Sie hat eine lange Geschichte, die bis ins 13. Jh. zurückreicht. An der Finca selbst kann man den wunderschön angelegten Garten besichtigen und im Inneren eine alte Ölpresse bestaunen, die aufwendig restauriert worden ist.

Ctra. Es Capdellà–Galilea, km 2,2, Calvià | Nur mit dem Auto oder dem Rad erreichbar, Parkplätze vorhanden | Im Frühjahr am schönsten, wenn es nicht zu heiß ist und die Natur aufblüht | Wer übernachtet, braucht Schlafsack und Wechselwäsche | 39.607333, 2.470389

Immer die Mauer entlang

15 **Anspruchsvolle Fernwanderung auf der Ruta de Pedra en Sec, gesamter Weg 150 km, 4–5 Tage**

Einmal quer durch das gesamte Tramuntana-Gebirge wandern? Das geht! Auf der Ruta de Pedra en Sec, auch Trockenmauerweg oder kurz GR 221 genannt. Dabei handelt es sich um einen rund 150 km langen Fernwanderweg, der in acht Etap-

Cala en Basset, schön zum Baden und Wandern. Vom Torre oberhalb der Bucht schaut man auf Sa Dragonera

pen von Port d'Andratx nach Pollença durch den gesamten Gebirgszug im Westen der Insel führt. Es gibt unterschiedliche Schwierigkeitsgrade, sodass sowohl erfahrene Wanderer als auch Anfänger die „Ruta" genießen können. Eine der beliebtesten Strecken führt von Esporles nach Banyalbufar und ist knapp 11 km lang. Wer die ganze Ruta de Pedra en Sec erwandern möchte, der sollte mindestens eine Woche Zeit einplanen. Auf der Strecke gibt es einige Refugis – die mallorquinischen Wanderhütten. Da diese stets sehr beliebt sind, ist es ratsam, im Voraus einen Platz zu buchen.

Infos zu den einzelnen Routen gibt es auch unter caminsdepedra.conselldemallorca.cat/es/ruta-piedra-seca-gr-221 | seu.conselldemallorca.net | €€ (Übernachtung im Refugi) Am besten in der Nebensaison, wenn es nicht zu heiß ist Wanderschuhe, Wanderrucksack, Schlafsack, Wechselkleidung 39.688579, 2.589512

Ein Schlammbad nehmen

16 Heilpackung an der Cala en Basset

Bei der Cala en Basset handelt es sich um eine versteckt gelegene Felsenbucht, die einige Kilometer nordöstlich von St. Elm liegt. Die Naturbucht ist von Klippen und Wäldern umgeben und daher nur über einen Trampelpfad zugänglich. Neben sommerlichen Aktivitäten am und im Wasser bietet die Cala en Basset ein Natur-Wellness-Highlight: In der Bucht gibt es rote Tonerdeablagerungen, die mit Wasser zu einer natürlichen Schlammmaske vermischt werden können. Diese trägt man auf die Haut auf und lässt die Maske in der Sonne trocknen. Danach kann der mineralhaltige Schlamm mit dem klaren Wasser der Bucht abgespült werden.

Nur mit dem Auto oder dem Rad erreichbar, den Rest des Weges dann zu Fuß, Parken am Feldweg möglich Im Sommer zum Baden im Meer am schönsten 39.596009, 2.354563

Ein wunderbares Ziel für den Sonnenuntergang: die Torre des Verger bei Banyalbufar

Auf entspannte Art über die Insel cruisen – ein E-Scooter macht's möglich

Was für eine Aussicht!

17 Am alten Wachturm Torre des Verger

Die Torre des Verger – auch Talaia de ses Animes genannt – erhebt sich auf einem Felsvorsprung und wurde im Mittelalter ursprünglich als Verteidigungsanlage gebaut. Sie bot den Bewohnern des umliegenden Dorfes Schutz vor Piratenangriffen. **Insider-Tipp** Heute ist der Turm ein sehr gut erhaltenes historisches Wahrzeichen und ein beliebtes Ausflugsziel – vor allem am frühen Abend und zum Sonnenuntergang. Wenn die Sonne in den Abendstunden langsam hinter dem Horizont verschwindet, verwandelt sich der Himmel in eine leuchtende Palette von Farben, die sich in den ruhigen Gewässern des Meeres widerspiegeln. Tipp: Im Inneren befindet sich eine Treppe, über die man die Plattform des 8 m hohen Turms erreichen kann. Von hier lassen sich das offene Meer und die umliegenden Berge noch besser bestaunen.

Ma-10, Banyalbufar | Mit dem Bus bis Torre des Verger (Haltestellen-Nr. 7004) | Mit dem Auto oder dem Rad, Parkplätze vorhanden Sonnenbrille (bitte nicht direkt in die Sonne schauen) 39.684069, 2.500222

RUND UM INCA

Eine Natur-Tour ohne Schwitzen

18 Mit dem E-Roller unterwegs im Tramuntana-Gebirge

Mallorca ein ganzes Stück näherkommen, ganz ohne Wandern oder Radfahren? Das geht auch mit dem E-Scooter. Mit den kleinen, flinken Rollern mit Elektroantrieb lassen sich die schmalen Inselwege gut abfahren, und man kann zwischendurch schnell mal anhalten, um die Vegetation oder die Aussicht zu genießen – und es macht auch noch jede Menge Spaß! Es gibt geführte Touren, die mit einem Paella-Essen oder einem Wine-Tasting verbunden werden können – und natürlich auch die Möglichkeit, auf eigene Entdeckungsreise zu gehen.

Mit dem Bus bis Moscari (Haltestellen-Nr. 58012) | Mit dem Auto oder dem Rad, Parken entlang der Seitenstraßen | letsmeetmallorca.com | €€€ | Eine reflektierende Sicherheitsweste ist auf Mallorca Pflicht beim E-Roller-Fahren Zu jeder Jahreszeit schön, im Sommer Sonnencreme nicht vergessen 39.76495, 2.93275

In der Ölmühle Sa Tafona de Caimari kann man bei der Produktion des „grünen Goldes" hautnah dabei sein

Das beschauliche Bergdorf Valldemossa wartet mit einem schönen Park auf

Auf zum grünen Gold

19 Oliven ernten in der Mühle von Sa Tafona de Caimari

Olivenöl pressen ist eines der ältesten Handwerke der Insel. Die Olivenölmühle Sa Tafona de Caimari ist mit ihren 15 Jahren zwar ein Jungspund und mit modernster Technik versehen – doch sie liegt inmitten von jahrhundertealten Olivenbaumhainen. Zwischen Oktober und Januar kann man live dabei sein, wie aus den Oliven der Umgebung köstliches Öl wird – und selbst auf den Feldern bei der Ernte mit anpacken. Und danach? Wird gekostet – selbstverständlich. **Insider-Tipp** Wer auf Mallorca einen Olivenbaum sein Eigen nennen möchte, der kann eine Patenschaft für einen Baum übernehmen! *(patenschaft-mallorca.de).*

Ctra. Inca-LlucLluc, km 6, Caimari | Mit dem Bus bis Caimari 1 (Haltestellen-Nr. 58004) | Mit dem Auto, Parkplätze am Gelände reichlich vorhanden | satafonadecaimari.com | Preis für eine Führung auf Anfrage 39.76643, 2.90173

RUND UM VALLDEMOSSA

Lustwandeln auf berühmten Spuren

20 Rundgang durch das Städtchen Valldemossa, 4 km, ca. 2 Std.

Sind dir Frédéric Chopin und George Sand ein Begriff? Dann sollte das Dorf Valldemossa unbedingt auf deiner Reiseroute liegen. Nicht nur, weil hier das berühmteste Buch der Insel „Ein Winter auf Mallorca" entstanden ist. Valldemossa lockt auch mit seinen verwinkelten Gassen, bepflanzten Terrakottatöpfen und pittoresken Fassaden. Highlight des Ortes: die angrenzende Parkanlage Jardins Rei Joan Carles. Wer hier durchschreitet, der fühlt sich selbst wie ein Künstler.

Mit dem Bus bis Valldemossa 2 (Haltestellen-Nr. 63001) | Mit dem Auto oder dem Rad, öffentlicher Parkplatz vor der Stadt (39.711681, 2.622107) 39.712795, 2.623877

Die Küstenabschnitte rund um die Cala Deià sind besonders spektakulär – ideal für eine Wanderung

Meerblick all day long

21 Mittelschwere Küstenwanderung ab der Cala Deià, mittlere Strecke, 4,7 km, 3 Std.

Die Cala Deià ist eine malerische Naturbucht an der Nordwestküste Mallorcas, die von steilen Klippen und Pinienwäldern umgeben ist. Eine Wanderung entlang der Küste bietet atemberaubende Ausblicke auf das kristallklare Wasser des Mittelmeers und die dramatische Landschaft der Serra de Tramuntana. Die Wanderung beginnt ab dem Parkplatz vor der Bucht. Rechter Hand zieht sich ein Pfad hoch, der oberhalb der Cala durch Olivenhaine und Zitronenplantagen verläuft und bald an Höhe gewinnt. Dann führt der Weg entlang der Küste weiter, vorbei an versteckten Buchten. Der Duft von wilden Kräutern und Pinien und die Stille der Natur hier sind absolut wohltuend. Beim Bergdorf Llucalcari gönnst du dir am besten eine kleine Pause, bevor es auf der Ma-10 wieder zurück zum Ausgangspunkt, der Cala Deià, geht. In der Bucht kann man die heißgelaufenen Bergwanderfüße wunderbar im Mittelmeer abkühlen und den Tag mit einem Abendessen in einem der beliebten Beach-Restaurants ausklingen lassen.

Nur mit dem Auto oder dem Rad erreichbar, öffentlicher Parkplatz an der Bucht Im Sommer schön zum Baden, im Frühjahr und Herbst zum Wandern 39.761521, 2.640808

Kletterpartie mit Aussicht

22 Klettern in Sa Gubia

Sa Gubia ist das größte Klettergebiet auf der Insel und umfasst mehr als 500 Routen, die auf verschiedene Schwierigkeitsgrade verteilt sind. Die Westwand von Sa Gubia gilt als eine der beeindruckendsten Wände Europas für den Klettersport. An ihrem höchsten Punkt ist sie etwa 100 m hoch und mit einigen großartigen Felsformationen bedeckt. Die meisten Routen sind zwischen 20 und 30 m lang und bieten spektakuläre Ausblicke auf die umliegende Landschaft. Die Felsen in Sa Gubia bestehen hauptsächlich aus Kalkstein, was für eine ausgezeichnete Reibung sorgt und das Klettern erleichtert. Die meisten Trails sind gut ausgestattet

Klettern in Sa Gubia – nur nicht ablenken lassen von der spektakulären Aussicht über die halbe Insel

Die Ermita de la Trinitat wird immer noch von Mönchen bewohnt und bewirtschaftet

und mit Bohrhaken und Ankerpunkten versehen. Von leichten Einsteigerrouten über alpine Mehrseillängen bis hin zu anspruchsvollen Routen mit hohen Schwierigkeitsgraden: Hier findet jeder Kletterer seine perfekte Route!

Nur mit dem Auto oder dem Rad erreichbar, Parken am Feldweg möglich Das Klettergebiet Sa Gubia ist in der Regel das ganze Jahr über zugänglich, aber die beste Zeit zum Klettern ist zwischen September und Mai, wenn das Wetter angenehm ist. Im Sommer kann es sehr heiß werden Kletterausrüstung, Getränke, Sonnencreme 39.708921, 2.678834

Ein idyllischer Rückzugsort

23 Tiere beobachten und Wandern rund um die Ermita de la Trinitat, ca. 3 km, 1½ Std.

In dieser abgeschiedenen Einsiedelei leben tatsächlich noch eine Handvoll Mönche. Ist ja auch ein wunderschönes Plätzchen, diese Ermita de la Trinitat – vor allem für Ruhesuchende. Viele der Räume sind daher privat. Frei zugänglich ist hingegen der liebevoll angelegte Garten samt großer Aussichtsterrasse auf das offene Meer und die Steilküste der Serra de Tramuntana. Von hier lassen sich mit ein wenig Glück die seltenen und intensiv geschützten Mönchsgeier beobachten, die im Gebirge ihr Zuhause haben und sich von der Thermik, die hier vom Meer aus hochsteigt, in die Lüfte emporheben lassen. Ein toller Anblick! Die Wanderung verläuft dann vom Kloster durch den angrenzenden Wald zum Mirador de Son Gallard und zurück.

Insider-Tipp Das Kloster ist auch ein perfekter Ausgangspunkt für eine Wanderung zum Aussichtspunkt Mirador de ses Puntes.

Carrer Ermita Joan Mir, 5, Valldemossa | Mit dem Bus bis Ermita de la Trinitat 1 (Haltestellen-Nr. 63003) | Mit dem Auto oder Rad, Parkplätze am Kloster Ganzjährig schön. Der Weg um das Kloster bietet recht viel Schatten, daher auch im Sommer gut machbar Fernglas zur Mönchsgeier-Sichtung 39.729560, 2.610045

DER SCHÖNSTE SONNENAUFGANG

Gipfelglück im Tramuntana-Gebirge

24 Auf dem Puig de Galatzó, 4,1 km, 500 hm, 1 Std.

Der Puig de Galatzó ist mit einer Höhe von 1027 m einer der höchsten Berge der Insel und bietet einen atemberaubenden Blick auf die umliegende Landschaft und das Mittelmeer. Der Gipfel des Puig de Galatzó ist relativ leicht über verschiedene Wanderwege zu erreichen. Der kürzeste Weg zum Gipfel führt über Puigpunyent. Von dort geht es zur Font des Pi, wo man das Auto abstellen kann und zu Fuß in ca. einer Stunde oben ist – pünktlich zum täglichen Sonnenschauspiel!

Mit dem Auto oder dem Rad zur Font des Pi, dort gibt es Parkmöglichkeiten *Ganzjährig schön, in den Morgenstunden auch im Hochsommer* *Sonnenbrille* *39.634233, 2.483419*

LOKALE SPEZIALITÄTEN

*UND WO DU SIE PROBIEREN KANNST

Coca de Patata, ein Kartoffel-Hefe-Gebäck, ist eine typische Süßspeise aus Valldemossa

Orangen, Mandeln und Oliven gedeihen im fruchtbaren Tal von Sóller und werden zu vielfältigen süßen und herzhaften Speisen verarbeitet. Welche Genüsse du dir im Westen nicht entgehen lassen solltest und wo du sie probieren kannst, erfährst du hier.

Orangen- und Mandeleis

1 Helado de naranja, Helado de almendra

Die schönste Art, Orangen aus Sóller in den Sommermonaten zu kosten? Für manch einen in Form von Eis. Und weil es auf der Insel Unmengen an Orangen und Mandeln gibt, liegt es nahe, daraus köstliches Speiseeis oder Sorbet zu machen – erfrischender geht Orange nicht.

ⓘ *Die kleine Eisfabrik* **Sa Fàbrica de Gelats** *stellt neben der Copa Orange Sóller über 40 köstliche Sorten nach traditioneller Methode und möglichst mit Zutaten aus der Umgebung her | Carrer Cristófol Quintana, Av. de Cristòfol Colom, 1, Sóller | €*

Süße Brötchen aus Kartoffeln

2 Coca de Patata

Die Coca de Patata, zu deutsch Kartoffelkuchen, ist ein luftiges, süßes Brötchen. Es wird vor allem in der Gegend um Valldemossa gegessen und verkauft.

ⓘ *Bekannt für seine Coca de Patatas ist die Bäckerei* **Ca' Molinas**. *Seit einem Jahrhundert sind der Holzofen, die Lehmziegel und die Knetmaschinen unverändert geblieben. Im Innenhof findet man meist ein schönes Plätzchen, ansonsten einfach auf die Hand | Via Blanquerna, 15, Valldemossa | €*

Nussig-leckerer Mandelkuchen

3 Gató de Almendra

Saftig und mit einem Hauch Puderzucker – so wird der perfekte Mandelkuchen auf Mallorca serviert. Zu den Zutaten gehören Eier, fein gemahlene Mandeln, geriebene Zitronenschale, Vanille und eine Prise Salz – aber kein Mehl! Ein Café solo dazu, und der Tag kann nur noch schön werden!

ℹ *Einen der besten Mandelkuchen serviert das* **Café Scholl** *in Sóller | Carrer de la Victòria, 11, Sóller | restaurante-cafe-bistro-scholl.eatbu.com | €*

Honig der Extraklasse

4 Mel ecològica de Mallorca

Honig-Fan? Dann jetzt gut zuhören: Denn auf Mallorca gibt es eine der besten Honigsorten Europas. Sie ist preisgekrönt in Geschmack, Geruch und Textur. Die Honigerzeuger Martí Mascaró und Pilar Puig haben bei dem italienischen Wettbewerb Biol Miel jeweils eine Goldmedaille gewonnen. Ihre Bienenstöcke stehen auf verschiedenen öffentlichen Landgütern, darunter auch auf den Anwesen Son Real und Galatzó.

ℹ *Zu kaufen gibt es den Honig hier:* **melcaramel.com**. *In kleinen Gruppen finden auch Verkostungen statt | Carrer de Miquel Àngel, 28, Inca | €€*

Hier findest du alles

6 Fet a Sóller

Eis, Olivenöl, Spirituosen und vor allem Orangen und Zitronen: Fet a Sóller hat sich einen Namen im Vertrieb von mallorquinischen Delikatessen und insbesondere von Produkten aus dem Tal von Sóller gemacht. Da ist für jeden was dabei!

ℹ *Neben dem Onlineshop gibt es auch zwei Läden in Sóller und Port de Sóller | fetasoller.com | €€*

Gemüse aus dem Ofen

5 Tumbet

Ob als Vorspeise, Hauptspeise oder auch Beilage zu Fisch: Tumbet gibt es auf jeder traditionellen Speisekarte. Das vegetarische Gericht besteht aus Aubergine, Zucchini, Paprika, Tomate und Kartoffeln. Klassischerweise wird das Gemüse nach und nach in der Pfanne in viel Fett ausgebacken und dann noch einmal im Ofen gegart.

ℹ *Tumbet gibt es in fast jedem Restaurant. Im Westen serviert* **Sa Butiguerta** *ein sehr gutes Tumbet | Av. des Born, 7, Sóller | €*

Familienfreundliches Bade- und Wassersportparadies: der fast 3,5 km lange Sandstrand Platja de Alcúdia

Norden

BREITE SANDSTRÄNDE UND ABGELEGENE LANDZUNGEN

Der Norden der Insel bietet von allem etwas: entlegene Naturschutzgebiete und trubelige Touristenhochburgen, versteckte Buchten zum Schnorcheln und kilometerlange Sandstrände für aktive Wassersportler. Der Mix macht's eben, und damit ist der Norden ideal für alle, die sowohl das lebendige als auch das ruhigere Mallorca zu schätzen wissen. Besonders beliebt bei Familien mit Kindern ist die Bucht von Alcúdia, die zu den größten der Insel gehört. Aber auch die historischen Dörfer mit ihrem traditionellen Charme locken in den Norden – wie etwa Pollença oder Alcùdia. Sie dienen als wundervolle Ziele einer ausgedehnten Radtour, die hier im Norden besonders viel Freude macht.

AUF EINEN BLICK

*NORDEN

MARCO POLO OUTDOOR-HIGHLIGHTS ★

★ Wanderung zum roten Felsen
Zu Fuß von der Ermita de la Victòria zu den roten Felsen → S. 72

★ Auf dem Pilgerweg zur Wallfahrtskirche
Von Artás Altstadt zur Wallfahrtskirche Sant Salvador pilgern → S. 74

★ Aktiv & entspannt im Naturschutzgebiet
Wandertraum im Parc natural de la Península de Llevant → S. 76

★ Zur kristallklaren Traumbucht
Leichte Küstenwanderung ab der Cala Na Clara → S. 78

★ Auf in die Sümpfe zur Vogelschau!
Rundweg zu Fuß oder mit dem Rad durch das Sumpfgebiet Albufera → S. 80

★ Ein Weg mit reicher Geschichte
Anspruchsvolle Tour auf den Gipfel des Puig d'en Galileu → S. 82

OUTDOOR-HIGHLIGHTS

*DIE BESTEN ERLEBNISSE DRAUSSEN

Wanderung zum roten Felsen ★

Abgelegen und idyllisch liegt sie da: die alte Einsiedelei Ermita de la Victòria. Das ehemalige Kloster ist gleichermaßen Hotel wie auch Ausgangspunkt für wunderschöne Wanderungen durch die einmalige Naturlandschaft der unberührten Halbinsel.

Vom Kloster La Victòria zum Felsen

La Victòria, ein historisches und ehemaliges Kloster, erhebt sich eingebettet in ein atemberaubendes Naturschutzgebiet. In dieser privilegierten Lage wurde es einst von mutigen Mönchen errichtet, die sich hier zurückgezogen haben, um in Frieden und Abgeschiedenheit ihren Glauben zu leben. **Insider-Tipp** Direkt an der Einsiedelei gibt es neben dem Kiosk auch ein sehr gutes Restaurant mit typischer mallorquinischer Küche und einer großen Terrasse mit herrlichem Blick auf die Küste *(miradordelavictoria.com).*

Das Naturschutzgebiet rund um das Kloster La Victòria bietet zahlreiche Wanderwege und Aussichtspunkte, die zu abenteuerlichen Erkundungstouren einladen. Wer im ehemaligen Kloster La Victòria übernachtet hat und früh los will, der kann sich noch vor dem Frühstück auf den Weg zu einer kurzweiligen, aber idyllischen Tour zu den Roten Felsen aufmachen. Sie startet am breiten Schotterweg, der sich hinter dem Parkplatz der Einsiedelei nach oben schlängelt. Augen auf beim Wandern: Der Weg zum Felsen ist nicht explizit ausgeschildert, aber gut zu finden. Als schmaler Pfad führt er vom breiten Hauptweg links ab. Zu erkennen ist er an hölzernen Wegweisern, die hier in zwei weitere Richtungen zeigen, und dem Holzgeländer.

Der schmale, steinige Pfad führt immer weiter bergauf. Wer kurz verschnauft, der tut das mit einer einmaligen Aussicht auf die Bucht von Pollença und die gesamte Halbinsel von Alcúdia. Der Weg ist sehr abwechslungsreich und führt durch

Wer die letzten Stufen zur Penya des Migdia bewältigen will, sollte schon schwindelfrei sein (li.). Die Ermita de la Victòria ist umgeben von idyllischer, unberührter Berglandschaft (re.)

die dicht bewaldete Natur. Menschen begegnet man hier kaum – dafür hin und wieder einer wilden Bergziege. Also nicht erschrecken, wenn jemand plötzlich aus dem Busch springt!

Augen zu und durch!

Am Ende der Tour wartet noch ein kleines Highlight: eine schmale Felsspalte am Ende des Weges zum Mirador Penya des Migdia. Wer sich traut, hier hindurchzuschlüpfen, wird mit einer Aussicht belohnt, die einem das Herz erweicht: Der Blick auf die gesamte Südspitze mit dem Cap Formentor inklusive Sicht auf das tiefblaue, offene Meer lässt hier jeden einmal tieeeef einatmen. Von hier geht es wieder zurück zum Kloster mit seinen schönen Terrassen. Im Café der Klosteranlage kann man die Tour genussvoll abschließen – etwa mit einem Café con leche und einem Stück Mandelkuchen.

Die Tour im Überblick

Anspruchsvolle Wanderung zu den Felswänden Penya des Migdia bei Alcúdia, nicht komplett ausgeschildert, 8 km hin und zurück, ca. 2 Std.

Mit dem Auto über die Landstraße Camí Vell de la Victòria, Parkplätze sind an der Einsiedelei jede Menge vorhanden

Wer wandern möchte, ist im Winter und Frühjahr am besten dran
Wanderschuhe, Wasser und Sonnencreme, ein Fernglas für die Mönchsgeier
39.873542, 3.171370 (Kloster La Victòria), 39.879866, 3.182668 (Penya Migdia)

✓ DOWNLOAD GPX-Track

Auf dem Pilgerweg zur Wallfahrtskirche ★

Schmale Gässchen, uraltes Kopfsteinpflaster und eine alles überragende Wallfahrtskirche: Artá gilt als eines der schönsten Städtchen des Nordens und eignet sich ganz wunderbar für Urlaubstage, an denen man Shopping mit Kultur und Aktivität verbinden möchte. Denn ein bisschen Sport – also ziemlich viele Treppenstufen steigen – ist auch noch drin.

Spaziergang durch Artá

Sie ist nicht zu übersehen und zieht einen einfach magisch an – die Wallfahrtskirche Sant Salvador, die auf einem burgähnlichen Gelände auf dem Kalvarienberg hoch über der Stadt Artá thront. Das Gotteshaus samt Festung stammt aus dem 14. Jh. und beeindruckt mit seiner gotischen Architektur und einer wechselvollen Geschichte. Die Kirche ist ein typisches Beispiel mittelalterlicher Verteidigungsarchitektur der Balearen – mit gut erhaltenen, massiven Steinmauern, Türmen und Bastionen. In der Festung werden des Öfteren kulturelle Veranstaltungen und Konzerte abgehalten, die den historischen Ort mit Leben erfüllen.

Wer hinauf zur Kirche pilgern möchte, der sollte den Weg zu Fuß durch das schmucke Dörfchen Artá wählen. Die Fußgängerstraße Carrer de Ciutat führt fast ohne Umwege hoch zum Santuari und ist damit ein toller Startpunkt für die Tour – und ideal für eine Kaffeepause nach dem Besuch der Festung. Zahlreiche Cafés und kleine Boutiquen laden entlang der zentralen Straße zum Verweilen und Einkaufen ein. **Insider-Tipp** Jeden Dienstag findet von 9 Uhr bis 14 Uhr der besuchenswerte Wochenmarkt statt (auch im Winter!). Von traditionellem Kunsthandwerk wie Tonwaren und Körben bis hin zu mallorquinischen Oliven, frischem Gemüse, Wurstwaren, Nüssen, Süßigkeiten und

Spielzeug gibt es hier alles, was das Herz (und der Magen) begehrt. Doch zunächst geht es weiter, immer weiter, hoch zur Kirche.

Hoch zu Berge thront die Kirche

Der Weg hinauf ist gut ausgeschildert und führt über die Plaça de Espanya vorbei an einem hübschen Rathausgebäude. Zwischenziel ist die Kirche Transfiguratió del Senyor. Ein kurzer Blick ins Innere des Gotteshauses lohnt sich! Anschließend geht es zur von Zypressen gesäumten Treppe, die hinauf zum Santuari de Sant Salvador führt. Von den Festungsmauern und den erhabenen Zinnen hast du eine sagenhafte Rundumsicht auf Artá und die hügelige Landschaft. An klaren Tagen kannst du bis zum Meer blicken.

Die Tour im Überblick

Pilgerweg durch Artá zur Wallfahrtskirche Santuari de Sant Salvador, 1,5–2 Std. hin und zurück

Mit dem Bus 481 (ab Betlem) und 411 (Cala Rajada über Manacor bis nach Palma) bis nach Artá | Mit dem Auto, Parkplätze finden sich in ausreichender Zahl am Stadtrand

Artá ist zu jeder Jahreszeit einen Ausflug wert. Es empfiehlt sich aber, nicht in der hochsommerlichen Mittagshitze den Kalvarienberg hochzulaufen

Sonnenhut und Sonnenschutz

39.689717, 3.348399 (Parkplatz), 39.696311, 3.353745 (Wallfahrtskirche Sant Salvador)

DOWNLOAD GPX-Track

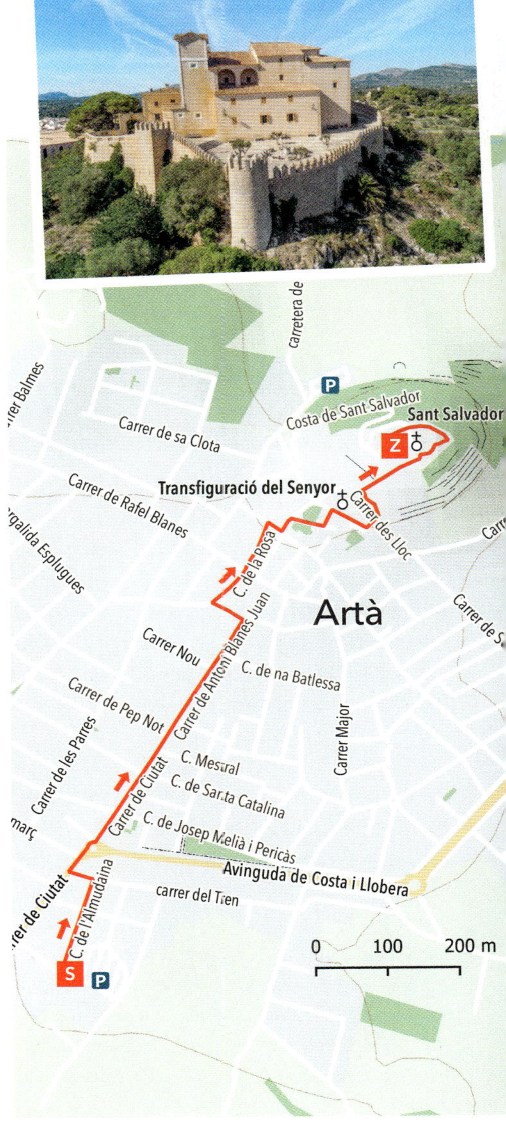

Einen Spaziergang durch den alten Ortskern von Artà solltest du auf keinen Fall verpassen (li). Das Ziel des Pilgerwegs: Santuari de Sant Salvador hoch oben auf dem Hügel (o.)

Aktiv & entspannt im Naturschutzgebiet ★

Nur einen Steinwurf von der Stadt Artá entfernt erstreckt sich der über 16 km² große Parc natural de la Península de Llevant. Ein wahres Paradies und der ideale Ort für alle, die Mallorcas Natur bewundern und gern auch mal abseits des Tramuntana-Gebirges unterwegs sein möchten.

Ein Ort für die Natur

Das Naturschutzgebiet auf der Halbinsel Llevant ist mit seinen weiten Ebenen, den sanften Berghängen und unberührten Buchten der ideale Ort für eine entspannte Wanderung. Der Park wurde im Jahr 2001 eingerichtet, um die einzigartige mediterrane Flora und Fauna zu schützen. Die Vegetation hier ist sehr vielfältig und umfasst u. a. Pinienwälder, Steineichenwälder, mediterrane Macchia und Grasland. Eine der charakteristischsten Pflanzen hier ist die endemische *Sarcocapnos balearica*, auch bekannt als Nieswurz der Balearen, die nur auf Mallorca vorkommt. Auch zahlreiche Tierarten finden hier einen geschützten Lebensraum, darunter seltene Vögel wie der Eleonorenfalke und die Mittelmeermöwe, aber auch Säugetiere wie Mufflons, Füchse, Wildkaninchen und Dachse – viel Natur also, die es zu entdecken lohnt. Neben den wilden Tieren begegnet man hier aber auch jeder Menge Schafe. Sie tragen zur Landschaftspflege bei, indem sie das Gras und die Vegetation in Schach halten, was wiederum das Wachstum von bestimmten Pflanzenarten fördert. Am Parkplatz gibt es ein Besucherzentrum inklusive Toiletten. Hier kann man sich ebenfalls über die verschiedenen Wanderrouten und das Gebiet informieren.

Jede Menge Glückspfade

13 verschiedene Wege zum Wandern, Radeln und Reiten warten im Parc natural de Llevant darauf, er-

obert zu werden. Eine entspannte und landschaftlich abwechslungsreiche Strecke bietet der Pfad vom Parkplatz zum Coll des Verger. Beschriftet ist dieser auf der Karte am Eingang des Parkplatzes mit den Nummern 1, 4 und 3. Der Blick vom Pass auf das Gebiet plus das dahinterliegende Meer: einfach unbezahlbar. Wer sich davon losreißen kann, der geht linker Hand durch ein schmales Holztor und läuft auf Weg Nr. 1 bergauf den schmalen Pfad bis Es Verger und dann links auf Weg Nr. 4 zum Coll de na Pastora hinauf und weiter bis Campament des Soldats. Über einen Schlenker nach Norden geht es anschließend über den Camí dels Presos und den Camí vell (Nr. 3) auf gut ausgebauten Wegen durch die vielfältige Natur wieder zurück Richtung Parkplatz. Nur ein paar verfallene Ruinen zeugen von der menschlichen Geschichte auf diesem Gebiet. Der Rest ist Natur pur!

Die Tour im Überblick

Unterwegs im frei zugänglichen Parc natural de Llevant in der Nähe von Artá. Die beschriebene mittelschwere Wanderung ist etwa 7 km lang

Anfahrt am besten mit dem Auto, es gibt einen großen Parkplatz am Eingang des Parks

Im Winter und Frühling, wenn es nicht so heiß ist

Festes Schuhwerk, Proviant und genug zu trinken (es gibt keine Einkehrmöglichkeit), Fernglas zum Vögelbeobachten

39.737130, 3.335166

DOWNLOAD GPX-Track

Die Abgeschiedenheit des Naturparks auf der Halbinsel Llevant verspricht einsame Wanderungen in einer ursprünglich gebliebenen mallorquinischen Natur (li. und re.)

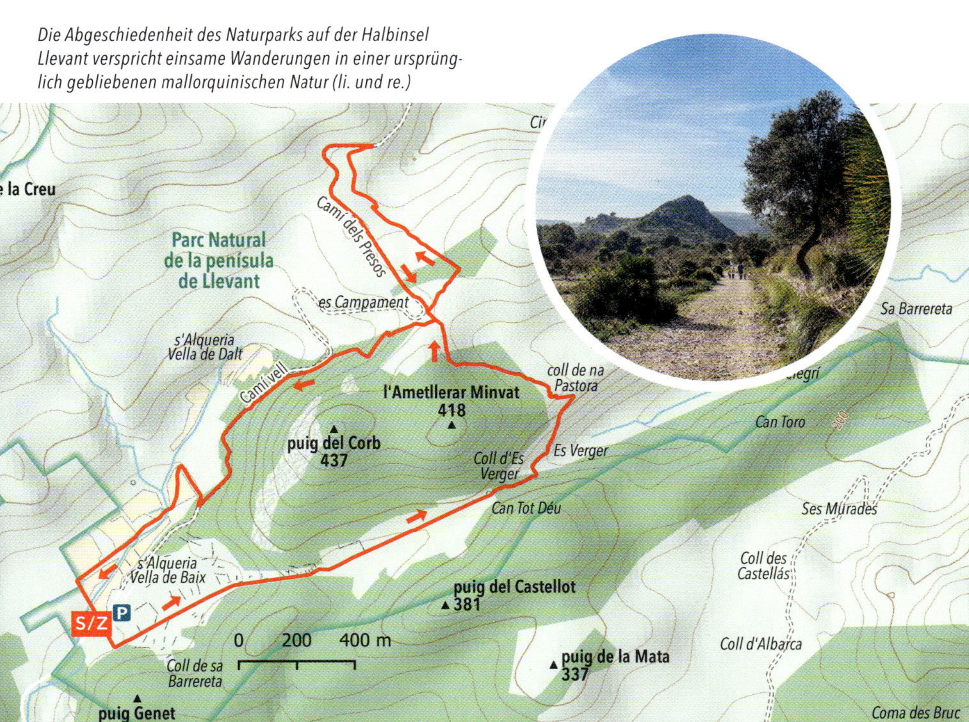

Zur kristallklaren Traumbucht ★

Heller, fast weißer Sand und glasklares Wasser – die Cala Na Clara macht ihrem Namen alle Ehre. Die kleine, aber feine Bucht ist nur über einen steilen, felsigen Hang zu erreichen und liegt inmitten unberührter Natur. Die „klare Bucht" ist aber nicht nur ein wundervolles Badeziel, sondern auch der perfekte Ausgangspunkt für eine kurze, aber idyllische Küstenwanderung.

Erst geht es runter zur Bucht

Die Cala Na Clara liegt etwas versteckt unterhalb einer Steilküste, und wer zu ihr hinabsteigen möchte, sollte ein gewisses Maß an Trittsicherheit mitbringen. Am besten sucht man sich am Ende des Ortes Betlem einen Parkplatz und folgt dem ausgeschilderten Waldweg Richtung Es Caló & Na Clara. Natürlich kann man auch wunderbar mit dem Rad bis zur Bucht fahren. Nach wenigen Hundert Metern gabelt sich der steinige Weg. Rechts geht es weiter zum Strand Es Caló. Dieser ist auch mit dem Rad befahrbar. Links entlang führt ein schmaler Trampelpfad durch die üppige Vegetation in Richtung Cala Na Clara. Rasch wird der Weg steiniger und unwegsamer. Freie Hände, um sich hier und da an einer Wurzel festzuhalten, sind in jedem Fall ratsam. Doch die Mühe lohnt sich: Die Cala na Clara blitzt und funkelt mit ihrem türkisfarbenen Wasser und dem hellen, fast schon karibisch anmutenden Sand – eine echte Perle, diese kleine Traumbucht.

Beim Küstenspaziergang eröffnen sich Traumblicke

Keine Lust auf Kraxeln? Dann lohnt sich der Ausflug trotzdem. Denn schon der Ausblick auf die Bucht und das offene Meer von oben ist absolut fantastisch. Wer nun Lust auf einen schönen Spaziergang entlang dieses wunderschönen

Küstenabschnitts hat, folgt dem bereits beschriebenen Wander- und Radweg oberhalb der Bucht in Richtung Es Caló. Diese Strecke ist sehr gut ausgebaut und ohne größeren Anstieg auch für weniger trittsichere Wanderer ohne Probleme zu meistern. Ideal also für einen entspannten Spaziergang durch die bezaubernde Natur. Und die ist hier einfach atemberaubend: Durch das intensive Grün der Stechpalmen blitzt immer wieder der Ozean in seinen schillernden Blau- und Grüntönen auf. Man kann sich einfach nicht satt sehen!

Insider-Tipp Der Weg zur Bucht Es Caló ist auch ein beliebter Weg für Trekking-Radfahrer.

Die Platja Es Caló ist eine ebenfalls sehr schöne Felsenbucht. Hier kann man sich entweder in die Fluten werfen, eine Runde schnorcheln, baden oder für ein Picknick verweilen – bevor es wieder auf den Rückweg Richtung Betlem geht.

Die Tour im Überblick

Entspannter Küstenspaziergang entlang der Cala Na Clara bis zur Punta d'es Caló bei Artá, ca. 6 km, ohne Badestopp ca. 1 Std. hin und zurück

Man parkt am Rand von Betlem und marschiert von hier ca. 300 m entlang bis zur Bucht

Im Sommer zum Baden, im Frühling zum Wandern

Festes Schuhwerk (auch wenn man nur zur Bucht geht)

39.758696, 3.325775 (Küstenweg ab Cala Na Clara)

DOWNLOAD GPX-Track

Ein gut ausgebauter Weg führt von der Cala Na Clara zur Punta d'es Caló (li.). Pinien säumen den Weg (re. o.). Die traumhafte Cala Na Clara im Morgenlicht (re. u.)

Auf in die Sümpfe zur Vogelschau! ★

Wer Tiere gerne in ihrer natürlichen Umgebung beobachtet, der ist im größten Feuchtgebiet der Insel genau richtig. Hier sagen sich Sumpfschildkröte, Fischreiher und Büffel Gute Nacht, während der warme Wind durch das Schilf streift. Eine wahre Oase der Ruhe und ein toller Spot für Ornithologen.

Ausnahmsweise Sumpf statt Strand

Ein ziemlich ungewohnter Anblick: Statt von Palmen oder Olivenbäumen ist das Naturschutzgebiet Albufera vor allem von Sumpfpflanzen wie Schilf und Pappeln geprägt. Und statt türkisfarbener Badebuchten schlängelt sich hier ein breiter Salzwasserarm durch das Gebiet, in dem man sich viele Stunden aufhalten kann. Wer nicht genug bekommen kann von diesem besonderen Fleck Natur, der kann einmal durch den kompletten Park wandern oder auch mit dem Rad oder dem E-Bike das Gebiet erkunden. Der Weg startet am Eingang des Parc natural de s'Albufera und führt schnurstracks zum neuen Besucherzentrum inkl. kleinem Museum, Getränkeautomat und Toiletten. Wer sein Fernglas nicht dabeihat, der leiht sich hier eins und kann auf den vielen Informationstafeln erkunden, wer einem gleich vor die Linse kommen wird. Und das ist jede Menge, denn das 16,5 km^2 große Feuchtgebiet ist ein wichtiger Lebensraum für Zugvögel und dient ihnen als wertvoller Rastplatz auf ihrer Reise gen Süden bzw. Norden. Mit seinen ruhigen Gewässern und malerischen Aussichten ist Albufera ein Ort der natürlichen Schönheit und Erholung.

An den Beobachtungsposten

Insider-Tipp Weiter geht es auf den gut ausgebauten und ebenerdigen Wegen, bis man zu den hölzernen Beobachtungshäuschen gelangt. Von hier kann man das elegante Verhalten von Wasservö-

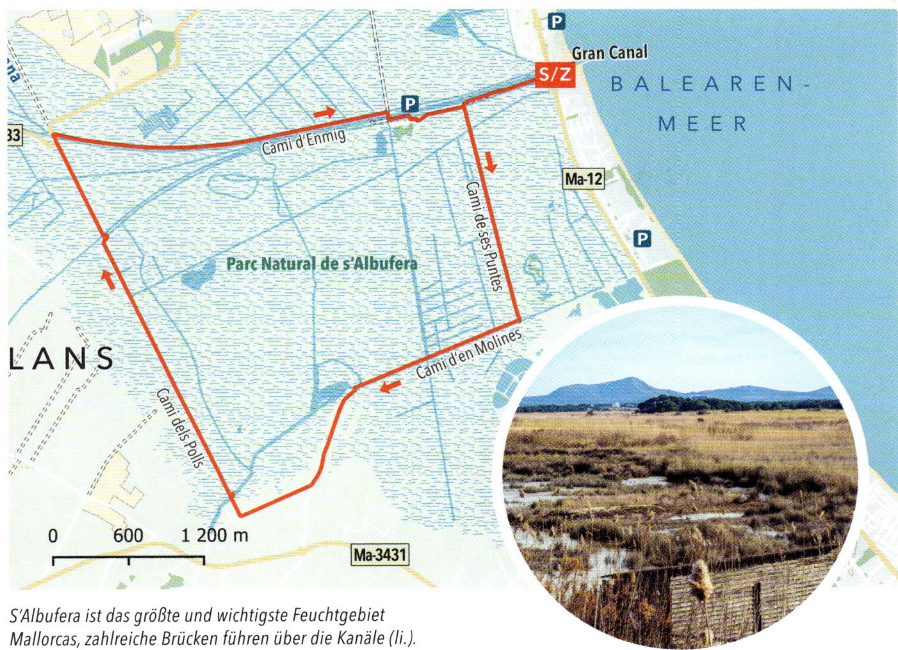

S'Albufera ist das größte und wichtigste Feuchtgebiet Mallorcas, zahlreiche Brücken führen über die Kanäle (li.). Beobachtungsstände verleihen Deckung (re.)

geln in perfekter Deckung beobachten, denn man schaut nur durch einen kleinen Schlitz im Holz auf die Umgebung – und ist somit von außen nicht zu erkennen. Das Beobachten der Vögel hat wirklich eine beruhigende Wirkung – selbst auf Nicht-Ornithologen. Das Naturschutzgebiet Albufera bietet seinen Besuchern gleich drei dieser einzigartigen Hütten, von denen man Flora und Fauna bestens betrachten kann. Gleichzeitig erhält man allerlei Informationen, was hier alles so kreucht, fleucht, schwimmt und fliegt. Man kann von hier wieder zurück zum Ausgang gehen oder das Gebiet bei einem längeren Rundgang weiter entdecken. Auf der Strecke passiert man zahlreiche weitere Aussichtsmöglichkeiten, wie die Plataforma de s'Amarador und den Mirador de sa Roca, bis es schließlich entlang des Camí d'Enmig wieder zurück zum Ausgangspunkt der Wanderung geht.

Die Tour im Überblick

Auf den Pfaden des Naturschutzgebiets S'Albufera bei Alcúdia, ca. 13 km, 3½ Std.

Mit dem Bus bis S'Albufera (Haltestellen-Nr. 39006) | Parkplätze sind vorhanden

Im Winter und Frühling, da die Natur hier im Hochsommer wenig Schatten spendet

Festes Schuhwerk, Getränke und Proviant, Fernglas, Mückenschutz

39.801562, 3.119286 (Eingang S'Albufera)

DOWNLOAD GPX-Track

Ein Weg mit reicher Geschichte ★

Einmal über das gesamte Tramuntana-Gebirge blicken – bei dieser Tages-Wanderung ist genau das das Ziel! Bevor es aber so weit ist, müssen erst ein paar Höhenmeter bezwungen werden. Trittsicherheit und gute Kondition sollten also mit im Gepäck sein, wenn es auf den Gipfel des 1180 m hohen Puig d'en Galileu geht.

Vom Kloster Lluc geht's los

Ein guter Ausgangspunkt für die Wanderung ist das Kloster Lluc. Von dort aus führt der Weg über eine anspruchsvolle Passage mit einigen steilen Anstiegen und engen Kurven durch dichte Wälder und entlang idyllisch plätschernder Bergbäche. Heute ist diese Strecke eine der beliebtesten Wanderrouten im Gebirgszug der Serra de Tramuntana, doch er blickt auf eine lange Geschichte zurück. Früher war der steinige Pfad die einzige Möglichkeit, um vom Wallfahrtsort Santuari de Lluc nach Sóller zu gelangen oder auch, mit dem Karren Kohle für die Wintermonate zu holen.

Wie anstrengend dieses Unterfangen seinerzeit gewesen sein muss, wird einem spätestens beim 700-m-Anstieg mit seinen ziemlich großen Steigungen bewusst. Zum Glück müssen heute weder Kohlen geschleppt noch andere Güter auf die andere Seite des Gebirges gebracht werden – und die Wanderung lässt sich ganz unbeschwert genießen. Zunächst ist die Natur noch geprägt vom satten Grün der Kiefern und Eichen. Doch je höher es hinaufgeht, desto karger und steiniger präsentiert sich die Landschaft und desto weiter reicht die Sicht. Gute Trittsicherheit und festes Schuhwerk sind hier definitiv von Vorteil.

Atemberaubender Ausblick über die Gipfel des schroffen Tramuntana-Gebirges (li.). Der Aufstieg auf den Puig d'en Galileu erfordert allerdings einiges an Kondition (re.)

Auf dem Dach der Insel

Endlich oben angekommen, kann man den phänomenalen Panoramablick aus einer Höhe von 1195 m genießen. Bei guten Wetterverhältnissen erkennt man fast das gesamte Gebirge: Haupt- und Nebengipfel des Puig de Massanella, westlich sind die Gipfel Puig Major, Penyal Migdia, Morro d'en Pelut und die Serra de Na Rius auszumachen. Zwischen den Bergen blitzen die Stauseen Gorg Blau und Cúber knallblau auf. Aber auch der Blick ganz nach oben lohnt sich: **Insider-Tipp** Der Puig d'en Galileu ist auch ein großartiger Ort für Vogelbeobachtung. Denn hier ziehen die seltenen und streng geschützten Mönchsgeier ihre Kreise. Aber nicht zu lange von der Schönheit des Ortes aufhalten lassen – der Rückweg steht noch bevor!

Die Tour im Überblick

Anspruchsvolle Wanderung zum Gipfel des Puig d'en Galileu im Tramuntana-Gebirge bei Lluc, die Strecke ist ausgeschildert, 12 km, ca. 6 Std.

Anfahrt mit dem Auto, es gibt einen großen Parkplatz am Kloster

Im Winter und im Frühjahr

Wasser, Jacke, Wanderstöcke und Trekkingschuhe

39.820596, 2.884565 (Start)

DOWNLOAD GPX-Track

MEHR ERLEBEN

*WEITERE ABENTEUER & AUSFLÜGE

Exakt 365 Treppenstufen sind auf dem Pilgerweg hinauf zu Pollenças Kalvarienberg zu bewältigen.

Noch mehr entdecken im Norden: Hier erlebst du idyllisches Hafen-Flair in Port de Pollença, kannst in Alcúdia und Artà durch alte Gassen schlendern und am längsten Strand der Insel, der Platja de Muro, chillen, kiten oder SUPen. Dazwischen warten eine ganze Menge weiterer Abenteuer auf dich.

RUND UM POLLENÇA

Schritt für Schritt den Kalvarienberg hinauf

1 **Einfacher Wander- und Pilgerweg in Pollença, 1½ Std., ca. 2 km**

365 Treppenstufen geht es den Kalvarienberg in der charmanten Stadt Pollença hinauf. Für Einheimische, Besucher und Pilger ist der Weg zur Kapelle, die oben auf dem Berg wartet, ein wichtiges Ritual. Für die Mühen des Treppensteigens wird man auch tatsächlich direkt belohnt – ganz gleich ob als Pilger oder einfacher Besucher: Denn am Ende erwartet jeden Treppenerklimmer die atemberaubende Aussicht auf die umliegende Landschaft und ein Panoramablick auf Pollença und die umliegenden Berge und Täler. Alten Überlieferungen zufolge gehörte der Berg einst den Tempelrittern.

Insider-Tipp Wer es richtig machen will, muss sich viel Zeit nehmen, denn der ursprüngliche Sinn dieser Stufen bestand darin, beim Aufstieg das alte Jahr – Tag für Tag – Revue passieren zu lassen. Der Abstieg wiederum bietet dann Platz für jede Menge Wünsche im neuen Jahr.

Wer einmal in Pilgerstimmung ist, der kann auch noch zur alten römischen Brücke Pont Romà de Pollença laufen. Sie stammt aus dem 5. Jh. und wurde zum Unesco-Weltkulturerbe erklärt.

Mit dem Bus bis Pollença 1 (Haltestellen-Nr. 42001) | Mit dem Auto oder dem Rad, Parkplätze sind in der Stadt vorhanden Ganzjährig schön, die Mittagshitze im Hochsommer beim Aufstieg lieber meiden 39.880519, 3.011954

Am Ende des Wegs durch das Bóquer-Tal darf man sich zur Abkühlung in die erfrischenden Fluten stürzen

Seltenes Spektakel: Nach starken Regenfällen schwellen die Fonts Ufanes zu einem reißenden Fluss an

Malerische Tour mit Badestopp

2 🚶 Einfache Wanderung durchs Bóquer-Tal, ca. 4 km, 1½ Std.

Diese leichte Wanderung durch das bei Vogelfreunden beliebte Vall de Bóquer eignet sich wunderbar für einen entspannten Vormittag. Gerahmt von herrlichen Felswänden verläuft der Weg durch die grüne Landschaft auf gut ausgebauten Pfaden. Geprägt ist die Vegetation von wildem Rosmarin, Zwergpalmen, Dissgras und Mastix-Sträuchern. Das Ziel der Tour ist die schöne Badebucht Cala Bóquer. Wer nach dem Fußmarsch eine Abkühlung braucht, der hüpft einfach ins klare Wasser. Nur bitte auf Quallen achtgeben, die finden diese Bucht nämlich leider auch sehr attraktiv.

ℹ Startpunkt am Camí Boquer, Port de Pollença | Nur mit dem Auto erreichbar, es gibt einen großen Parkplatz, der Weg ist ab dem Parkplatz ausgeschildert ⏲ Im Frühjahr und Winter besonders schön als Wanderung, im Sommer zum Baden ideal 📍 39.913163, 3.083937

Flüchtiges Naturschauspiel

3 🚶 Waldspaziergang zu den Fonts Ufanes in Campanet, ca. 2,5 km, mind. 1 Std.

Das Landgut der Finca Es Gabellí bei Campanet ist immer einen Spaziergang wert, und nach starken Regenfällen kannst du hier ein ganz besonderes Naturschauspiel erleben. Dann entspringen inmitten eines Eichenwaldes wie aus dem Nichts sprudelnde Quellen und lassen ein Bächlein zu einem reißenden Fluss anschwellen. Das Ereignis ist selten und flüchtig, die Bedingungen müssen stimmen: viel Regen in einem kurzen Zeitraum, das lässt die unterirdischen Wasserläufe überlaufen. Nach zwei bis drei Tagen ist das Schauspiel meist wieder vorbei. In trockenen Jahren sprudeln die Quellen etwa drei-, in regenreichen bis zu fünf- oder sechsmal. Von der mittelalterlichen Kirche Sant Miquel de Campanet führt ein markierter Weg in etwa 20 Minuten in den Wald, mit etwas Glück hörst du das Sprudeln und Rauschen dann schon. Ganz in der Nähe der Fonts Ufanes liegen die besuchenswerten Campanet-Tropfsteinhöhlen *(covesdecampanet.com)*.

ℹ Camí de na Poontons, Campanet | Nur mit dem Auto oder dem Rad erreichbar, Parken entlang der Feldwege möglich ⏲ Ganzjährig ein schönes Ziel, aber vor allem nach Regenfällen ein besonderes Erlebnis 📍 39.794350, 2.964664

Ein Traum für viele Rennradfahrer: auf Serpentinen zum schroffen Cap Formentor, dem nördlichsten Punkt der Insel

Glückstour mit Meeresbrise

4 Leichte Rad- und E-Rad-Tour nach Port de Pollença, ca. 15 km einfach, 1 Std.

Lust auf eine entspannte Radtour entlang der Küste mit einem idyllischen Hafen als Ziel? Zweifellos eine der malerischsten Routen im Norden führt von Mallorcas längstem Sandstrand Platja de Muro an der gut erhaltenen Stadtmauer von Alcúdia vorbei und dann weiter auf einem gut ausgebauten Radweg entlang der großen Bucht von Pollença bis zur Hafenstadt Port Pollença – Dauerblick aufs Meer inklusive. Angekommen kann man sich mit einem Eis im Grand Café 1919 belohnen, von einem der alten steinernen Stege die Füße ins Wasser baumeln lassen und wunderbar Boote beim Ein- und Ausfahren aus dem Hafen beobachten.

Start an der Platja de Muro (alternativ ab Alcúdia) | Parken entlang der Seitenstraßen möglich Ganzjährig schön, im Sommer kann es sehr heiß werden 39.909139, 3.082297

Berg- und Talfahrt im Naturschutzgebiet

5 Anspruchsvolle Rennradtour zum Cap Formentor, 28,2 km, ca. 2 Std.

Hoch, runter, hoch, runter – die 18 km lange Zufahrtstraße Ma-22-10 durch das größte Naturschutzgebiet der Insel hat es in sich und ist nichts für schwache Nerven oder unsportliche Waden. Gleichzeitig ist der Weg zum nördlichsten Aussichtspunkt samt Leuchtturm Cap Formentor die wahrscheinlich schönste Rennradstrecke des Nordens. Die Route führt von Alcúdia über Port de Pollença zum Nordkap und wieder zurück. **Insider-Tipp** In der Hochsaison wird die Straße für den Autoverkehr größtenteils gesperrt, und nur öffentliche Busse dürfen hier fahren. Bahn frei also für alle Rennradler!

Anfahrt mit Rad oder Auto, Parken auf öffentlichen Parkplätzen in Alcúdia Im Frühjahr ist die beste Zeit zum Radfahren, die Strecke bietet wenig Schatten im Sommer 39.962151, 3.212369

Cala Carbó: etwas unbequemer Kieselstrand, aber türkis leuchtendes, sehr klares Wasser

Platja de Formentor: feiner Sandstrand, umgeben von üppigen Pinienwäldern

Sonnenverwöhntes Kleinod

6 Schwimmen, Schorcheln oder Wandern an der Cala Carbó bei Cala Sant Vicenç

Die Cala Carbó ist eine kleine, aber feine Kieselstrand-Bucht mit viel ursprünglichem Charme und liegt etwas außerhalb des Fischerdorfs Cala Sant Vicenç. Das türkisfarbene Wasser an der felsigen Bucht lädt zum Schwimmen und Schnorcheln und der Strand zum Sonnenbaden ein. Am rechten Ende der Bucht befinden sich mehrere Felspromenaden, auf denen das Handtuch bequemer in der Sonne liegen kann als auf den Kieselsteinen. **Insider-Tipp** Für alle, die nicht nur baden möchten: Von der Bucht aus entlang des Wanderwegs Camino Can Botana lässt es sich wunderbar durch die Küstenlandschaft streifen. Wichtig zu wissen: Es gibt an der Bucht keine Infrastruktur wie Restaurants oder Duschen. Das hat aber auch Vorteile, denn daher ist sie in den Hochsommermonaten vergleichsweise weniger gut besucht.

Mit dem Bus bis Cala Sant Vicenç, Temporal (Haltestellen-Nr. 42010) | Mit dem Auto oder Rad nach Cala Sant Vicenç, dort parken und den Camino Can Botana zur Bucht laufen Im Sommer zum Baden, im Frühjahr, Herbst und Winter ideal zum Wandern 39.919419, 3.060330

Bootsfahrt ins Paradies

7 Schwimmen, schnorcheln und Boot fahren an der Platja de Formentor

Feiner Sand, große Palmen, klares Wasser! Der Naturstrand Formentor kommt der Karibik schon ziemlich nahe und ist definitiv einen Ausflug wert. Der Strand kann von Land aus angesteuert werden, vom kostenpflichtigen Parkplatz über einen schönen Weg durch den schattigen Kiefernwald. Man kann der Platja aber auch vom Wasser aus einen Besuch abstatten. Ausflugsboote fahren mehrmals täglich von Port de Pollença zu der breiten Bucht. Einmal angekommen, gibt es die Qual der Wahl zwischen Schwimmen, Schnorcheln, Beachvolleyball oder einfach Chillen am Strand. Etwa einen Kilometer vom Strand entfernt erstreckt sich die kleine, unbewohnte Insel Illa de Formentor. Ein tolles Ziel für Stand-up-Paddler oder Kanu-Fahrer, die sich selbst auf den Weg machen wollen.

Mit dem Auto oder mit dem Rad, Parkplätze gibt es an der Bucht | Infos zu Preisen und Abfahrtszeiten unter nofrills-excursions.com Im Hochsommer zum Baden 39.928325, 3.138648

Einfach die Yoga-Matte gegen ein SUP eintauschen und die Asanas auf dem Wasser ausprobieren

Vom Puig de Maria, dem Hausberg Pollenças, eröffnet sich ein tolles Panorama

Yoga auf dem Wasser

8 SUP-Yoga in Port de Pollença

Mit dem Board rauszupaddeln macht auf Mallorca einfach besonders viel Spaß – denn das Wasser ist in den meisten Buchten glasklar und vor allem in den Sommermonaten so angenehm warm, dass es geradezu eine Freude ist, wenn man vom Board ins Wasser fällt. Wer neue Herausforderungen sucht, der kann diese idealen Wasserverhältnisse nutzen und SUP-Yoga ausprobieren. Diese Disziplin kombiniert die entspannenden und stärkenden Eigenschaften von Yoga mit dem aufregenden Gefühl, auf dem Wasser zu sein. Im Gegensatz zum traditionellen Yoga auf einer Matte erfordert SUP-Yoga mehr Gleichgewichtssinn und eine erhöhte Aufmerksamkeit auf die Körperhaltung. Unter dem mallorquinischen Himmel auf dem Mittelmeer macht das besonders viel Spaß! Einzelstunden und Kurse gibt es z. B. bei Parambayoga in Pollença.

Mit dem Bus bis Port de Pollença centre (Haltestellen-Nr. 42051) | Mit dem Auto oder dem Rad, Parken entlang der Seitenstraße | parampara yoga.com | €€€ (Drop-in-Stunde) Im Hochsommer ist „ins Wasser fallen" besonders angenehm 39.907911, 3.079679

Herrlicher Rundumblick

9 Aufstieg auf den Puig de Maria, 330 m

Der Puig de María ist ein kleiner Berg in der Nähe von Pollença. **Insider-Tipp** Von hier aus hat man einen tollen Blick auf das Meer und den Nachthimmel. Denn man befindet sich weit entfernt von der städtischen Umgebung und somit von Lichtverschmutzung. Um den Gipfel zu erreichen, gibt es mehrere Routen, die von Pollença aus starten. Der einfachste Weg ist der asphaltierte Fahrweg, der durch eine schöne Landschaft führt und etwa 30 Minuten zu Fuß dauert. Der Anstieg zum Puig de María beginnt bei Kilometer 51,9 der Landstraße Ma-2200, in der Nähe des Ortseingangs von Pollença (Camí d'es Puig, 39.872643, 3.016967). Es gibt aber auch anspruchsvollere Wanderwege, die längere Zeit in Anspruch nehmen und durch steilere Passagen führen. Diese sind aber bei Dunkelheit für Sternegucker nicht zu empfehlen!

Wer nach dem Sonnenuntergang zu müde ist für den Abstieg, der bleibt einfach und übernachtet in

Gesäumt von Alcúdias mittelalterlichen Stadtmauern ragt die Kirche Sant Jaume empor

Alcúdia ist eine lebendige historische Stadt, in der die Geschichte noch sehr greifbar ist

der einfachen Ermita de Nostra Senyora del Puig de Maria (Tel. +34 971 18 41 32).

Puig de Maria, Pollença, Start ab km 51,9 der Landstraße Ma-2200 | Parken in Pollença Ganzjährig einen Besuch wert, im Winter sind die Cafés häufig geschlossen 39.869409, 3.022294

RUND UM ALCÚDIA

Oh wie schön ist Alcúdia!

10 City-Walk durch Alcúdia, 2 km, 2 Std.

Genau so stellt man sich Mallorca vor: kleine verwinkelte Gassen, verwunschene Häuser mit Fensterläden und ein buntes Treiben auf den Plätzen. Alcúdia bietet all das und ist ideal für einen City-Ausflug. Am besten startet man an der mittelalterlichen Stadtmauer, die die Altstadt eingrenzt. Das Zentrum von Alcúdia ist besonders sehenswert und bietet eine Fülle von architektonischen Schätzen. Von hier kann man etwa zur romanischen Kirche Sant Jaume laufen. Weiter geht es zum gotischen Rathaus und anschließend zur Kirche von Sant Anna. Es ist ein Vergnügen, durch die engen Gassen zu schlendern und die historischen Bauten und Plätze zu bewundern. Am Sonntag ist Wochenmarkt!

Mit dem Bus bis Pol·lèntia (Haltestellen-Nr. 3033) | Es gibt viele große Parkplätze außerhalb der alten Stadtmauer Ganzjährig schön 39.853236, 3.124135

Kultur- und Natur-Schatzkiste

11 Wandern, Radfahren oder Reiten auf dem Gelände der Finca Publica Son Real, 4–6 km, 2–3 Std.

Die Finca aus dem 19. Jh. war früher ein wichtiger landwirtschaftlicher Hof. Heute kann man das Anwesen, zu dem ein Museum (Eintritt), große Felder und natürliche Strände gehören, auf eigene Faust erkunden. Outdoor-Fans kommen hier voll auf ihre Kosten, denn es gibt zahlreiche Wander-, Rad- und Reitwege. Die Routen sind zwischen 4 und 6 km lang, können aber auch miteinander kombiniert werden. Alle haben aber eines gemeinsam: Sie führen zum Meer! Wenn man an der Küste weiter entlangläuft, passiert man die archäologische Stätte Necròpolis de Son Real. Hier wurden bei Ausgrabungen 109 gut erhaltene Gräber geborgen, die aus dem 7. bis 4. Jh. v. Chr. stammen.

Diseminado Son Real, 124, Santa Margalida | Mit dem Auto, Parkplätze direkt am Gelände | de.balearsnatura.com/parque_natural/finca-publica-de-son-real | Nur das Museum ist kostenpflichtig (€) Ganzjährig schön, im Sommer kann man auch baden gehen 39.736890, 3.180782

Die großzügige Terrasse der Ermita de Bonany lädt zur Entspannung nach einer Fahrradtour ein

Kunst unter freiem Himmel

12 Kunst-Walk durch die riesige Parklandschaft des Museu sa Bassa Blanca, ca. 3–4 Std.

Das Museum möchte Natur und Architektur in harmonischer Koexistenz eng miteinander verknüpfen. Was genau damit gemeint ist, wird schnell klar, sobald man das große Gelände betritt: Neben den zeitgenössischen Ausstellungen im Inneren der eindrucksvollen Gebäude gibt es auch herrlich duftende Rosengärten und liebevoll angelegte Park- und Grünanlagen – allesamt voll bepackt mit außergewöhnlichen Skulpturen verschiedener Epochen und Künstler. Hier kann man stundenlang herumlaufen und ständig etwas Neues entdecken! Ein weiteres Highlight ist die Umgebung des Museums, denn es liegt inmitten einer atemberaubenden Landschaft aus Pinienwäldern, Olivenhainen und Feldern.

Camino del Collbaix, Alcúdia | Nur mit dem Auto erreichbar, großer Parkplatz direkt am Museum | msbb.org | € (Skulpturenpark und Rosengarten)
Ganzjährig schön 39.843562, 3.178861

Radtour mit tollem Weitblick

13 Anspruchsvolle Rennradtour zur Ermita de Bonany, ab Petra 30 Min., 4,6 km, beliebt ist auch die Strecke ab Alcúdia, ca. 35 km, 4 Std.

Santuari de la Mare de Déu de Bonany – so lautet der offizielle und etwas sehr lange Name dieser schönen Kirche, die sich auf einer Anhöhe inmitten eines Naturschutzgebietes befindet. Die Lage des klösterlichen Anwesens ist traumhaft: absolut ruhig und von schattigem Kiefernwald geprägt. Daher ist die Kirche auch ein beliebtes Ziel für Rennradler, die den Anstieg der Anhöhe und die geteerte Straße, die hinaufführt, für eine mittelschwere Tour nutzen. Auf der Terrasse der Anlage gibt es einen schattigen Picknickplatz, der sich ideal für eine Erholungspause eignet. Vorsicht: Die schattigen Eichen sind leider auch Nistplatz für die nicht ganz ungefährlichen Prozessionsspinnerraupen.

Carrer Pare Miquel Torrens, Petra | Ab Petra, Parkmöglichkeiten in der Stadt | Radsaison ist im Frühjahr und Winter 39.594796, 3.087270

Springende Delfine im Morgenlicht erleben? Das geht in der Bucht von Alcúdia

Mit Flipper den Tag begrüßen

14 Sonnenaufgangs-Bootstour in der Bucht von Alcúdia, ca. 2 Std.

Warum nicht in den neuen Tag gehen und etwas Unvergessliches erleben? Ab Alcúdia starten Bootstouren aufs offene Meer – gen Sonnenaufgang. Mit ein wenig Glück begegnen einem Delfine, denn die wunderschönen Tiere haben hier in der Bucht ihren natürlichen Lebensraum und sind vor allem in den Morgenstunden anzutreffen. Buchen lässt sich die Tour bei Alcúdia Sea Explorer. An Bord sind gerade einmal zwölf Personen. Die Bootsfahrt verläuft entlang der majestätischen Klippen des Cap Formentor in der Serra de Tramuntana, die von der Unesco zum Weltkulturerbe erklärt wurde. Auf dem Rückweg geht es am idyllischen Strand von Es Coll Baix entlang. Wer möchte, kann hier in das kristallklare Wasser springen – ein toller Start in den Tag.

Insider-Tipp Auf Mallorca gibt es viele Möglichkeiten, Delfine in ihrer natürlichen Umgebung zu beobachten. Neben Alcúdia hat man große Chancen in den Gewässern vor Port de Pollença, Cala Rajada oder in Santa Ponça sowie bei Sa Dragonera.

Kiosk neben dem Restaurant El Yate, Passeig Marítim, 1, Port d'Alcúdia | Mit dem Bus bis Port d'Alcúdia 1 (Haltestellen-Nr. 3054) | Parken entlang der Seitenstraßen | €€€ (Bootstour) 39.841184, 3.133562

Die Platja de Muro mit ihrem feinsandigen weißen Strand ist besonders familienfreundlich

Endlos langes Strandvergnügen

15 Wasseraktivitäten an der Platja de Muro

Die Platja de Muro ist mit 6 km Mallorcas längster Sandstrand und bietet damit natürlich auch jede Menge Freizeit- und Outdoor-Spaß für die ganze Familie. Das Meer ist hier glasklar und der Sand besonders fein – genau so stellt man sich Mallorca vor! Hier kann man zahlreichen Wassersportarten nachgehen, wie Jetski, Kajakfahren, Windsurfen und natürlich auch Stand-up-Paddeln. Wer bei so viel sportlicher Aktivität Hunger bekommt, der besucht einen der hippen Beach Clubs am Strand wie z. B. Ponderosa Beach oder Numa Beach.

Mit dem Bus bis Ses Fotges 1 (Haltestellen-Nr. 39020) | Mit dem Auto, es gibt viele Parkmöglichkeiten entlang des Strandes Besonders schön im Sommer 39.809419, 3.118188

Die Bucht von Alcúdia bietet kaum Wellengang, flache Strände und optimale Windbedingungen

Höhepunkt der beschaulichen Platja d'Alcanada ist die vorgelagerte Insel

Auf zum Mini-Inselabenteuer

16 Schwimmen und Paddeln an der Platja d'Alcanada

Der Strand von Alcanada ist ein echtes Idyll ohne große Bettenburgen und erstreckt sich am Ausgang der Stadt Alcanada. Was den Strand neben dem breiten Sandabschnitt und dem klaren Wasser so besonders macht: die winzige Insel Illa d'Alcanada. Sie liegt mitten im Meer vor der Bucht. **Insider-Tipp** Wem es also beim Sonnenbaden zu langweilig wird, der erreicht nach wenigen Schwimmzügen die Isla d'Alcanada, um das Eiland mit seinem Leuchtturm zu erkunden. Wer möchte, kann auch mit dem SUP rüber zur Insel paddeln und hier ein wenig Robinson Crusoe spielen.

Mit dem Bus bis Platja d'Alcanada (Haltestellen-Nr. 3066) | Mit dem Auto oder Rad, Parkplätze sind vorhanden Im Hochsommer zum Baden besonders schön 39.837387, 3.168569

Vom Winde verweht

17 Kitesurfen in der Bucht von Alcúdia

Die Bucht von Alcúdia gehört zu den größten der Insel und hier finden Kitesurfer ideale Bedingungen, um sich vom Wind ziehen zu lassen – ganz gleich ob Anfänger oder Fortgeschrittene. Die ruhigen, flachen Bereiche der riesigen Bucht sind bestens geeignet für Neulinge, um sich mit dem Surfen samt Lenkdrachen vertraut zu machen. Aber auch Profis kommen hier auf ihre Kosten, denn die Bucht bietet je nach Wetterverhältnissen starke Winde und Wellen für jede Menge Spaß auf dem Brett. Die beste Zeit zum Kitesurfen ist von Oktober bis Januar. Während dieser Monate sind die Bedingungen in der Regel ideal, da das Wetter warm und sonnig ist und es oft eine konstante Brise gibt. An der Bucht gibt es zahlreiche Kiteschulen sowie diverse Möglichkeiten, Equipment auszuleihen.

Mit dem Bus bis S'Albufera 1 (Haltestellen-Nr. 39006) | Zahlreiche Parkplätze entlang der Bucht | Deutschsprachige Kurse gibt es z. B. unter watersportsmallorca.com | Schnupperkurse €€€ Kitesurfing-Monate sind zwischen April und Oktober. Im Winter sind die Winde meist zu stark Kite, Neopren, Reparaturset 39.800022, 3.119238

Am Hafen von Colònia de Sant Pere ist vor allem „Yacht-watching" angesagt

RUND UM ARTÀ

Es lockt ein himmlisches Ziel

18 Mittelschwere Wanderung zum Kloster Ermita de Betlem, 6 km, ca. 4 Std. (hin und zurück)

Inmitten der Bergkette Serres de Llevant liegt das kleine Kloster Betlem. Spektakulärer als das 200 Jahre alte Gebäude samt Kapelle ist die pure Natur, die es umgibt und die sich wunderbar für idyllische Wanderungen eignet. Ausgangspunkt für die ausgeschilderte Route ist der Kilometerstein 7,5 in Betlem bei Colònia de Sant Pere. Für alle, die nicht viel Zeit haben, gibt es auch einen kurzen Weg vom Eingangstor des Klosters zur Quelle Font de s'Ermita.

Lloc Poligon 5, 48, Artà | Zum Kloster selbst mit dem Auto, dem Rennrad oder per Wanderung, Parkplätze vor dem Eingangstor | Wanderung ab Colònia de Sant Pere mit dem Bus möglich, Bus bis Colònia de Sant Pere (Haltestellen-Nr. 6003) Wandern im Frühjahr oder Winter Proviant, es gibt keine Einkehrmöglichkeit am Kloster 39.73730, 3.3113

Die maritime Kulisse genießen

19 Hafenspaziergang in Colònia de Sant Pere, 2,2 km, 30 Min.

Klein, aber fein – dieser Spruch trifft den beschaulichen Fischerort Colònia de Sant Pere einfach perfekt. Klassische Sehenswürdigkeiten sucht man hier vergebens. Macht aber nix, denn was diesen Ort besuchenswert macht, ist vor allem sein schmucker Yachthafen. Wer an der steinernen Mole entlangflaniert, der entdeckt im Hafenbecken die traditionellen Llaüts, elegante Holz-Segelschiffe und schnittige Motorboote. Abgerundet wird die traumhafte Kulisse durch die andächtigen Höhenzüge des östlichen Küstengebirges von Mallorca – die Serres de Llevant. Wer mag, der läuft von hier in Richtung Nordosten die Küste des kleinen Städtchens entlang bis zum breiten Felsstrand Caló dels Ermitans.

Mit dem Bus bis Colònia de Sant Pere (Haltestellen-Nr. 6003) | Parkmöglichkeiten am Hafen Ganzjährig schön 39.737827, 3.272491

Vom weithin sichtbaren mittelalterlichen Castell de Capdepera bietet sich ein wunderbarer Ausblick auf das Umland

Für kleine und große Höhlenforscher

20 Höhlentour durch die Coves d'Artà, ca. 1½ Std.

Zehn Meter unter der Erde herrscht eine konstant angenehme Temperatur von 18 °C – an heißen Tagen eine Wohltat. Zu bestaunen gibt es im Höhlenlabyrinth bunt angeleuchtete Formationen aus Kalkstein, Stalaktiten und Stalagmiten sowie Felsmalereien aus der Bronzezeit. Letztere zeigen, wie die Menschen vor Tausenden von Jahren auf der Insel lebten. Die Höhlen können nur mit einer Führung begangen werden, die Besichtigung dauert 35 bis 40 Minuten. Allerdings sind hier nicht nur die Höhlen das Ausflugsziel, auch die Aussicht aufs offene Meer am großen Felseingang ist atemberaubend und schon allein die Anfahrt wert. **Insider-Tipp** Unweit der Coves d'Artà bei Canyamel liegen auch die weniger bekannten Coves Petites. Der Eintritt ist frei, es gibt keine Führung.

Ctra. de las Coves, Canyamel | Es gibt einen großen Parkplatz vor dem Höhleneingang | cuevasdearta.com | €€ Ganzjährig schön 39.656478, 3.451131

RUND UM CALA RAJADA

Imposanter Zeitzeuge

21 Einfache Wanderung zum und rund um das Castell de Capdepera, ca. 1,5 km, 1 Std.

Das Castell ist eine erstaunlich gut erhaltene Burg aus dem 14. Jh. und eine kleine Rarität. Der Weg zur Befestigungsanlage führt durch die Gässchen von Capdepera auf die Anhöhe Puig de Capdepera. Hier thront das Castell in 159 m Höhe. Die Aussicht von hier auf die Stadt, das Umland und das Meer: überragend. Wer will, kann (für einen kleinen Eintritt) die Innenhöfe und Terrassen der Burganlage besichtigen. **Insider-Tipp** Im alten Haus des Gouverneurs auf der Anlage befindet sich heute ein kleines Museum über die Kunst des Palmenflechtens. Es gibt auch den schmalen Pfad durch das dichte Grün rund um die hohen Mauern. Er führt einmal komplett um die Anlage herum.

Carrer Castell, Capdepera | Mit dem Bus bis Capdepera centre (Haltestellen-Nr. 14033) | Mit dem Auto, dem Rad oder von Capdepera zu Fuß, öffentlicher Parkplatz an der Plaça des Sitjar | capdeperacastell.com | € Ganzjährig schön, v. a. am Nachmittag 39.704307, 3.433409

Beim Aufstieg auf den Puig de s'Àguila geht es durch schattige Mischwälder aus Kiefern und Steineichen

Cala Mesquida: Wer Abwechslung zum Strandalltag sucht, begibt sich auf eine Wanderung durch die Dünen

Kleiner Berg, großes Wanderglück

22 Anspruchsvolle Wanderung zum Puig de s'Àguila, ca. 1 Std. (Hinweg), ca. 3,8 km

Schon vom Naturstrand Cala Agulla ist der Puig de s'Àguila mit seinen 234 m Höhe über dem Meer gut zu sehen. Die feinsandige Bucht ist auch gleichzeitig Ausgangspunkt für eine sportliche Wanderung auf den Gipfel des Berges. Die Route führt zunächst durch den schattigen Kiefernwald, weiter geht es anschließend auf den steinigen Gebirgspass Coll de Marina. Das Panorama auf Cala Mesquida, Capdepera, die Gegend von Llevant und das offene Meer hast du bei dieser Tour direkt mitgebucht und es entschädigt für die ein oder andere steinig-steile Passage. Genau wie die Rundumsicht vom Gipfel. Kurz mal kneifen, bitte!

Nur mit dem Auto oder dem Rad erreichbar, Parkplätze an der Calla Agulla *Im Frühjahr und Winter besonders schön. Im Sommer kann es zu heiß werden, der Weg bietet wenig Schatten*

39.732351, 3.437584

Strandspaziergang in den Dünen

23 Wasserspaß und Dünenspaziergang an der Cala Mesquida

Ein Ort, an dem man die Natur genießen und wunderbar planschen kann? Cala Mesquida! Die 300 m lange Bucht ist von schroffen Klippen, mediterranen Kräutern und Blumen umgeben. Weitere Highlights: kristallklares Wasser, ein weißer Sandstrand und sanfte Wellen zum Surfen oder Paddeln. Zudem hat man einen grandiosen Blick auf das Meer – ob beim Schwimmen oder beim Strandspaziergang durch die Dünen. Wer Hunger oder Durst hat, muss nicht zwingend zum Mitgebrachten greifen, am Strand gibt es eine kleine Auswahl an Restaurants und Cafés. Cala Mesquida ist außerdem ein wunderbarer Ausgangspunkt, um durch den Naturpark Parc de Llevant zu wandern oder zu radeln. Infos zu den Routen im Park: *parcnaturaldellevant.blogspot.com/p/deutsch.html*. Östlich der Cala liegt ein alter, beeindruckender Steinbunker aus dem Franko-Regime: Búnker Cala Mesquida.

Mit dem Auto oder dem Rad, Parkplätze sind im Städtchen Cala Mesquida vorhanden

Ganzjährig schön. Im Frühjahr und Winter hat man den Strand manchmal komplett für sich allein

39.744790, 3.433844

Ein Ausritt direkt am Strand entlang? Dieses besondere Gefühl der Freiheit kann an der Cala Agulla Realität werden

Das Glück dieser Erde

24 Ausritt zur Cala Agulla, Dauer 1–2 ½ Std.

Für Pferdefreunde liegt dieses Glück in der Naturbucht Cala Agulla. Der Strand und die sandigen Waldwege rund um die Cala eignen sich wunderbar zum Reiten. Der Reitstall Hípico Cala Rajada hat einen Ausflug zur Traumbucht im Angebot. Der geführte Ausritt passiert den dichten, würzig-duftenden Pinienwald von Cala Rajada, dann geht es hinter dem Strand Cala Agulla und entlang der Cala Moltó zwischen den bewaldeten Bergen Puig de s'Àguila und Talaia de Son Jaumell Richtung Cala Mesquida. Der Wechsel zwischen Strand und Wald macht den Ausritt zum besonderen Naturerlebnis. Mückenschutz nicht vergessen, der wirkt mit etwas Glück auch gegen Pferdebremsen.

Can Patilla, Ctra. Polígono, 10, Parcela 139, Capdepera | Nur mit dem Auto oder dem Rad erreichbar, großer Parkplatz direkt an der Bucht | hipicocalaratjada.com In der Hochsaison ist der Strand sehr belebt, daher besonders schön im Frühjahr und Herbst 39.720954, 3.454836

Richtig heiße Luft

25 Heißluftballon-Fahrt ab Cala Rajada, 1 Std.

Mallorca aus der Vogelperspektive kennenlernen, ohne viel Aktion und Lärm? Das geht am besten in einem Heißluftballon – ein magisches und unvergessliches Erlebnis. Denn sobald der Ballon die richtige Höhe erreicht hat, wird es angenehm still – bis auf das kurze Geräusch des Brenners. Und dann entscheidet vor allem der Wind, wohin die Reise geht. Auch Kinder oder ältere Menschen können problemlos teilnehmen. Am schönsten sind die Flüge am Nachmittag, denn dann ist das Licht am schönsten, und mit etwas Glück wird man noch mit einem spektakulären Sonnenuntergang verwöhnt. Der Flug dauert etwa eine Stunde.

Apartado de Correos, 64, Cala Rajada | Parken entlang der Seitenstraße | Ballonfahrt ab Cala Rajada u. a. bei IB Ballooning (ballooningmallorca.net) | €€€ Im Februar, März und April, wenn die Insel aufblüht In der Luft kann es kalt werden, Daunenjacke und Schal mitbringen, Höhenangst zu Hause lassen 39.716333, 3.462265

DER SCHÖNSTE SONNENUNTERGANG

Unendlicher Weitblick

26 Abends am Mirador d'es Colomer bei Port de Pollença

Wer den Sonnenuntergang im Norden der Insel maximal spektakulär erleben möchte, sollte den Mirador d'es Colomer besuchen. Die Aussichtsplattform liegt 300 m über dem Meer auf einem Hügel. Vom Parkplatz der Plattform aus führt ein befestigter Weg nach oben. Er ist nicht besonders steil, auch ungeübte Wanderer oder Kinder können ihn problemlos bewältigen. Trotzdem: vorsichtig auf dem Rückweg und Taschenlampe nicht vergessen!

Pollença | Mit dem Bus bis Mirador del Colomer 2 (Haltestellen-Nr. 42036) | Mit dem Auto oder Rennrad, Parken entlang der Seitenstraße *Ganzjährig schön* *Taschenlampe, Mückenspray* *39.929375, 3.110552*

LOKALE SPEZIALITÄTEN
*UND WO DU SIE PROBIEREN KANNST

Die Sopa Mallorquina, einst ein typisches Bauerngericht, ist ein dickflüssiger Gemüseeintopf mit Broteinlage

Im Norden mag man es besonders herzhaft, und hier geht es auch gern mal ans Eingemachte. Welche Genüsse du dir im Norden nicht entgehen lassen solltest und wo du sie probieren kannst, erfährst du hier.

Fest statt flüssig

1 Sopa Mallorquina

Keine Suppe, sondern kleine dünne Brotscheiben, die leicht angetrocknet werden. Sie werden mit Öl beträufelt, dann mit Gemüse der Saison wie Wirsing oder Blumenkohl belegt und in der *greixonera*, dem traditionellen Tontopf der Balearen, zubereitet. Oft kommt noch Schweineschmalz hinzu.

Günstige, traditionelle Küche gibt es auf Mallorca in den sogenannten Cellers. In Pollença bietet der **Celler La Parra** *seinen Gästen authentische Inselküche | Carrer de Joan XXIII, 84, Pollença | cellerlaparra.com | €*

Für Küche und Bad

2 Naturreines Mandelöl

Mandelbäume gibt es bekanntlich reichlich auf der Insel. Es liegt also nahe, dass es auch exzellentes Mandelöl zu kaufen gibt. Das Öl ist nicht nur besonders mild und bekömmlich, sondern eignet sich auch zur Hautpflege.

100 % mallorquinisches Mandelöl gibt es z. B. im Laden **Sol y tierra** *in Pollença. Neben Mandel- und Olivenöl findet man hier auch Spirituosen aus kleinen Manufakturdestillerien Mallorcas | Carrer Calvari 11, Pollença | solytierra.eu | €€*

Fleischeslust

3 Frito Mallorquin

Typisch Mallorca und definitiv nur etwas für Fleischliebhaber: Innereien vom Lamm, Schwein, Geflügel und Kaninchen werden in kleine Würfel geschnitten und gebraten. Dazu kommen bereits gebratene Kartoffeln, rote Paprikaschoten, Frühlingszwiebeln und dicke Bohnen. Das Gericht ist eine Institution auf der Insel und ist in vielen verschiedenen Varianten erhältlich.

ℹ *Frito Mallorquin findet sich auf jeder Karte eines typisch mallorquinischen Restaurants. Beispielsweise in Artá im* **Ca'n Jaume** | *Carrer de Cristòfol Ferrer Pons, 13, Artà | Tel. +34 971 83 65 37 | €*

Dunkle Seele

4 Arroz negro

Das Reisgericht ist verwandt mit Paella, wird aber mit Tintenfisch und Gambas auf schwarz gefärbtem Reis serviert. Daher wird es auch manchmal Arroz brut, also „schmutziger Reis" genannt.

ℹ *Früher ein Arme-Leute-Essen, wird Arroz negro heute gern mit Meeresfrüchten serviert, z. B. im Lokal* **La Terraza Alcanada** *in Alcúdia | Plaça Pompeu Fabra, N 7, Alcúdia | laterrazaalcanada.com | €€*

Hier findest du alles

6 Forn Can Rafel

Von herzhaft bis süß – in der Bäckerei Forn Can Rafel in Buger findet jeder etwas für sein Kulinarikherz. Neben preisgekrönten Ensaimadas und sehr gutem Brot (nicht selbstverständlich auf der Insel) auch Coca mit Gemüse und Kartoffelkuchen.

ℹ *Carrer Major, 14, Buger | forncanrafel.es | €*

Wachmacher

5 Café con leche

Zu einem kleinen schwarzen Kaffee wird die doppelte Menge heißer Milch gegossen. Oft gießt der Kellner die leicht aufgeschäumte Milch direkt am Tisch ein. Die Mallorquiner trinken ihren „con leche" übrigens nur am Vormittag – niemals am Nachmittag!

ℹ **Café Parisien** *in Artá bietet nicht nur einen vorzüglichen Café con leche, sondern auch ein tolles Ambiente in einem verwunschenen Patio-Hof mitten in Artá | Carrer de Ciutat, 18, Artà | Tel. +34 971 83 54 40 | €€*

Die Via Verde ist ein knapp 30 km langer Rad- und Wanderweg auf einer stillgelegten Eisenbahntrasse

Osten

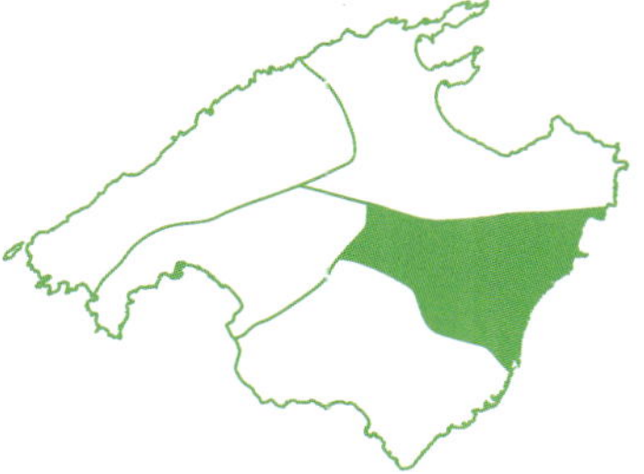

IDYLLISCHE HAFENSTÄDTE UND ALTE BURGRUINEN

Trotz bebauter Küsten und touristischer Orte ist der Osten der Insel ein wundervoller Ort für Outdoor-Abenteuer aller Art. Vor allem das große Naturschutzgebiet Llevant, das fast die gesamte Nordspitze des Ostens bedeckt, ist die Reise wert. Hinzu kommen viele kleine, wilde und oftmals versteckte Buchten, die man nur mit einem längeren Fußmarsch (oder mit dem Boot) erreichen kann. Und man kann in andere Welten abtauchen: in magische Tropfsteinhöhlen an Land und fast unerreichbare Meereshöhlen am Wasser. Oder man radelt ganz ohne lästigen Autoverkehr von Manacor nach Artá, auf der Via Verde – einer ehemaligen Bahntrasse.

AUF EINEN BLICK
*OSTEN
Muro
Colònia de Sant Pere
Santa Margalida
Artà
20
Maria de la Salut
21
Sineu
13 km, 15 Min.
Port Vel
Son Servera
Sant Llorenç des Cardassar
Petra
15
18
16
Cala Bona
Radfahrglück auf grünen Wegen
2
1
Son Carrió
10
7
Vilafranca de Bonany
Ma-15
Hinauf zum Kastell mitten im Naturschutzgebiet
Manacor
13 km, 15 Min.
In die Cova des Coloms schwimmen
In der Höhle des Drachen
Porto Cristo
11
9
Porreres
12
5
15 km, 20 Min.
Drei Buchten auf einen Schlag
8
13
3
Felanitx
Cales de Mallorca
14
Die ganze Insel auf einen Blick
22
5
Campos
Ausflug in Mallorcas Mittelalter
3
2
4
Portocolom
Calonge
6
6
1
Cala d'Or

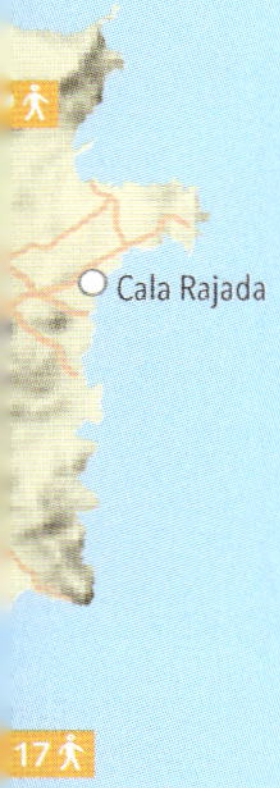
MAR
MEDITERRÀNIA
Cala Rajada
17

MARCO POLO
OUTDOOR-HIGHLIGHTS ★

★ Drei Buchten auf einen Schlag
Natur-Walk zu versteckten Buchten → S. 104

★ Die ganze Insel auf einen Blick
Anspruchsvolle Wanderung zum Kloster Sant Salvador → S. 106

★ Radfahrglück auf grünen Wegen
Entspannte Radtour auf einer stillgelegten Bahntrasse → S. 108

★ Hinauf zum Kastell mitten im Naturschutzgebiet
Küstenwanderung zum Castell de la Punta de n'Amer → S. 110

★ In der Höhle des Drachen
Zu Besuch in den Tropfsteinhöhlen Coves del Drac → S. 112

★ Ausflug in Mallorcas Mittelalter
Historischer Rundgang auf den Ruinen des Castell de Santueri → S. 114

★ In die Cova des Coloms schwimmen
Actiongeladener Ausflug in die Unterwasserhöhlen Cova des Coloms → S. 116

Drei Buchten auf einen Schlag ★

Wie eine Perlenkette reihen sich die Buchten Cala Virgili, Cala Pilota und Cala Magranar. Sie liegen versteckt in einem Naturschutzgebiet und lassen sich daher am besten zu Fuß erobern.

Von Bucht zu Bucht wandern

Das recht unbekannte Naturschutzgebiet von besonderem Interesse entlang der drei Buchten ist kaum ausgeschildert. Daher begibt man sich auf ein kleines Abenteuer, möchte man diese gut versteckten Strände erkunden. Auf dem Weg nach Porto Cristo und zu den Cales de Mallorca parkt man sein Auto am besten auf einem kleinen, etwas unscheinbaren Parkplatz linker Hand. Von hier führt ein sandiger Pfad in die Natur Richtung Küste. Der Weg ist gut ausgebaut und ebenerdig, sodass man ihn auch mit Kindern oder dem Rad gut bewältigen kann. Das Naturschutzgebiet befindet sich in privatem Besitz, daher die Wege bitte nicht verlassen und in der Natur herumstreunen. Nach etwa 1,5 km Fußweg durch die Kiefernwälder erreicht man dann die verschiedenen Wegabzweigungen, die zu den einzelnen Naturbuchten Cala Virgili, Cala Pilota und Cala Magranar führen.

Herrlich unberührte Natur

Die drei isoliert gelegenen Strände sind eingebettet in eine unberührte Küstenlandschaft, soweit das Auge reicht. In der Cala Virgili befindet sich auf der einen Seite der Bucht eine verlassene Fischerhütte, auf der anderen eine versteckte Höhle. Die Cala Pilota verdankt ihren Namen den vielen Seegras-Knäueln, die hier regelmäßig stranden –

Der kleine, mit Sand und Kies bedeckte Strand Cala Virgili, Badeschuhe sind zu empfehlen (li.). Hier geht's weiter zu den beiden nördlichen Buchten (re.)

diese werden auch Pilotes de Mar genannt. Cala Magranar ist die breiteste der Buchten und von besonders hohen Klippen gesäumt. Es gibt also eine ganze Menge zu entdecken. Alle drei Buchten eignen sich dank des kristallklaren Wassers ideal zum Schwimmen und Schnorcheln. Da es sich um absolute Naturbuchten handelt, gibt es hier allerdings weder Infrastruktur noch Aufsicht durch Rettungsschwimmer. Wichtig: etwaigen Müll unbedingt wieder mitnehmen!

Insider-Tipp Auch die nahe gelegene Bucht Cala Bota und die prähistorischen Ausgrabungen Conjunt prehistòric de s'Hospitalet Vell auf dem Weg zum Naturschutzgebiet sind einen Besuch wert. Zudem ist diese Gegend rund um die Cala Bota für Kletterbegeisterte interessant!

Die Tour im Überblick

Mittelschwere Wanderung zu den Buchten Cala Virgili, Cala Pilota und Cala Magranar bei Portocolom, ca. 5,6 km, 2–3 Std.

Anfahrt mit dem Auto, kleiner Parkplatz an der Carrer de Cales de Mallorca

Zum Baden im Sommer, zum Wandern immer sehr schön, aber wenig Schatten

Badesachen, Sonnenschutz, Wasser und Snacks (es gibt keine Infrastruktur)

39.48296, 3.28643

DOWNLOAD GPX-Track

Die ganze Insel auf einen Blick ★

Sant Salvador: ein verstecktes Juwel abseits des geschäftigen Treibens der Touristengebiete. Das malerische Kloster erhebt sich majestätisch auf dem Gipfel des gleichnamigen Berges und bietet Besuchern einen Ausblick, der einmalig auf der Insel ist.

Aufstieg zum Kloster Sant Salvador

Die Route zum Kloster ist eine Erfahrung für sich. Die kurvenreiche Straße, die den Berg hinaufführt, ist von malerischen Landschaften und duftenden Pinienwäldern gesäumt. Der Aufstieg ist anspruchsvoll, zum Teil muss man kraxeln. Doch die Mühe lohnt sich. Denn das Ziel ist das sehr gut erhaltene Santuari de Sant Salvador. Der Ursprung des Klosters reicht bis ins 14. Jh. zurück, als es von König Jaume II. in Auftrag gegeben wurde. Errichtet wurde es um die Zeit der Pest, als man glaubte, dass die Höhe die Krankheit in Schach halten könne. Im Lauf der Jahrhunderte wurde Sant Salvador mehrmals renoviert und erweitert, aber seine ursprüngliche Schönheit und Bedeutung blieben erhalten. Die Klosterkirche ist ein architektonisches Meisterwerk mit prächtigen Altären und kunstvollen Fresken, die die Besucher in vergangene Zeiten zurückversetzen. Wer den Weg nicht laufen möchte, kann übrigens auch mit dem Auto direkt zum Kloster fahren. Eine 5 km lange kurvenreiche Straße führt hoch zum Gipfel.

Eine 360-Grad-Drehung, bitte

Das Kloster Sant Salvador liegt etwa 510 m über dem Meeresspiegel und ist wohl der einzige Punkt auf Mallorca, von dem man einen kompletten Rundblick über die gesamte Insel hat. Man kann die Küste im Osten und im Süden überblicken, während im Westen die majestätischen Berge der

Serra de Tramuntana in der Ferne aufragen. Bei klaren Wetterverhältnissen kann man sogar über das Gebirge bis hin zur Westküste schauen und die Silhouette der Nachbarinseln Menorca und Cabrera am Horizont erkennen. Ein sagenhaftes und einzigartiges Panorama, das den Aufstieg mehr als wert ist. Nicht zu übersehen ist auch die beeindruckende, 7 m hohe Christusstatue aus Kupfer, die hier am Berg auf einem 30 m hohen Podest steht. **Insider-Tipp** Verschieb den Rückweg auf den nächsten Tag, dann kannst du einen grandiosen Sonnenauf- und -untergang erleben! Im Kloster gibt es eine Übernachtungsmöglichkeit in der Sant Salvador Hostatgeria *(cancalcohotels.com)*.
Als weiteres Highlight ragt noch das gigantische Steinkreuz Creu d'es Picot auf dem 478 m hohen Nebenberg Puig des Milá in den Himmel, das 1957 errichtet wurde und vom Kloster aus in etwa 15 Minuten Fußweg zu erreichen ist.

Die Tour im Überblick

Anspruchsvolle Rundwanderung zum Kloster Sant Salvador bei Felanitx, 6,3 km, 3 Std.

Es gibt einen Parkplatz am Einstieg der Wanderung. Man kann auch mit dem Auto zum Kloster fahren und die Gegend zu Fuß erkunden. Dort gibt es einen großen Parkplatz auf dem Gelände

Im Hochsommer zur Mittagszeit nicht zu empfehlen

Festes Schuhwerk, Getränke, Sonnenschutz, Fernglas. Bei Regen nicht empfohlen, die Wege können rutschig sein

39.45568, 3.18581 (Kloster)

DOWNLOAD GPX-Track

Auf dem Gipfelplateau von Sant Salvador ragt ein Monument des Christus Pantokrator empor (li.). Auch vom Creu d'es Picot ist die Aussicht atemberaubend (re.)

Radfahrglück auf grünen Wegen ★

Eine 1977 stillgelegte alte Eisenbahntrasse von Manacor nach Artá wurde erst vor wenigen Jahren zu einem Rad- und Wanderweg namens Via Verde umgebaut und verläuft über eine Strecke von knapp 30 km. Begleitend wurden rund 4800 Bäume, darunter Pinien und Eichen, sowie über 15 000 Sträucher gepflanzt – ein tolles Eco-Projekt und genau das Richtige für aktive Outdoor-Fans.

Los geht's in Manacor

Wer die Route mit dem Rad erfahren will, der beginnt am besten in Manacor. Hier gibt es am Startpunkt jede Menge Verleihstationen, die auch E-Räder im Sortiment haben. Da es kaum Höhenmeter zu bewältigen gibt, ist diese Tour auch für entspannte Radler sehr gut geeignet. Es geht vorbei an wunderschönen Landschaften, Orangen- und Mandelbaumplantagen. Wer im Februar hier ist, wird die berühmte Mandelblüte in voller Pracht erleben können. Die Via Verde ist gut ausgeschildert und bietet zahlreiche Rast- und Picknickplätze entlang der Strecke. Die mit Tausenden von Bäumen, Sträuchern und Wildblumen bepflanzte Umgebung lädt dazu ein, die sanften Hügel, die friedlichen Täler, die kleinen Städte und Dörfer sowie den weiten Blick aufs Meer zu genießen.

Radeln in einer autofreien Zone

Weil der Weg auf einer alten Bahnstrecke angelegt wurde, kommen sich Auto- und Radfahrer kaum in die Quere. Eine wahre Wohltat, mal nicht auf den schnellen Verkehr um einen herum achten zu müssen und einfach nur die Landschaft genießen zu können. Vorbei geht es an den Dörfern Sant Llorenç, Son Carrió und Son Servera. Wer die

Die Via Verde entlang einer ehemaligen Eisenbahntrasse verspricht entspanntes Radeln ohne Autoverkehr (li.). Am Startpunkt in Manacor vielleicht noch ein Frühstück (re.)?

Route ein wenig verkürzen möchte, kann natürlich erst an einem dieser Dörfer einsteigen.

Ziel ist das wunderschöne Örtchen Artá. Dort direkt zurückzufahren wäre schade. **Insider-Tipp** Artá ist immer einen Aufenthalt wert, vor allem an Markttagen (immer am Sonntagvormittag). Wichtig: Die Via Verde ist nicht asphaltiert, sondern zum größten Teil sandig und mitunter sogar etwas steinig. Für Rennradler und sehr dünn bereifte Räder ist die Via Verde daher eher nicht zu empfehlen. Wer nicht mit dem Rad unterwegs ist, der kann die Via Verde auch zu Fuß als Spaziergänger oder Jogger bestreiten. Auch Reiter nutzen den autofreien Weg immer wieder gerne. Die Via Verde wird auch als Greenway Mallorca bezeichnet und gehört zu einem Netz von mehr als 100 Greenways in ganz Spanien *(viasverdes.com)*.

Die Tour im Überblick

Mittelschwere Radtour auf der Via Verde von Manacor nach Artá, 29 km, ca. 2 Std. (einfache Strecke)

Mit dem Bus bis Av. Parc 1 (Haltestellen-Nr. 33080) | Großer Parkplatz direkt am Einstieg der Via Verde

In der Nebensaison sehr schön, wenn die Insel blüht und es noch nicht zu heiß ist. Zur Mandelblüte sehr besonders
Fahrrad, sportliche Kleidung, Sonnenschutz, Getränke, Snacks
39.61004, 3.28646

DOWNLOAD GPX-Track

Hinauf zum Kastell mitten im Naturschutzgebiet ★

Früher ein Wachturm, um Seeräuber frühestmöglich zu entdecken, heute ein toller Spot, um mit etwas Glück Delfine zu sichten, und ein ideales Ziel für eine Wanderung durch die Natur: das alte Castell de sa Punta de n'Amer.

Touristenhochburg ade

Die quaderförmige Festung aus dem 17. Jh. liegt auf der gleichnamigen Landzunge zwischen den Städten Cala Millor und Sa Coma an der Ostküste der Insel. Die 200 m² große Landzunge ist seit 1991 ein privates Naturschutzgebiet und damit eine echte Naturoase in dieser sonst eher vom Tourismus geprägten Gegend. Ein schöner Startpunkt für eine Wanderung ist der breite Strand von Cala Millor. Von hier aus sieht man bereits die grüne, unbebaute Landschaft, die einen regelrecht zum Wandern einlädt. Hier sind u. a. noch Reste der ursprünglichen Dünenlandschaft zu sehen, die einst einen Großteil des Bereichs um die nördliche Badia de Son Servera bei Cala Millor umfasste. Man lässt also die Bettenburgen hinter sich und läuft auf den gut ausgebauten Wegen in Richtung Castell. Die Strecke ist so gut ausgebaut, dass man sie auch mit einem Trekkingrad gut befahren kann. Es wird allerdings darum gebeten, unbedingt auf den Wegen zu bleiben, um die Natur nicht zu belasten.

Tierisch gute Aussichten

Nach etwa 30 Minuten Fußmarsch bzw. 10 Minuten Radfahren erreicht man das Castell de la Punta de n'Amer. Über die kleine Zugbrücke zu gehen und reinzuschauen lohnt sich. Im Inneren befindet sich eine kleine Sammlung von alten Messern und Pistolen, die hier gefunden wurden. Zudem gibt es Info-Tafeln, die mehr zur Geschichte dieses historischen Ortes erzählen. Über eine enge, steile Wendeltreppe gelangt man auf das Dach des Gebäudes. Hier oben steht noch eine historische Kanone. Schließlich diente die Festung in früherer Zeit dem Schutz vor Piraten. Von hier hat man außerdem einen fantastischen Blick auf das offene Meer. **Insider-Tipp** Mit etwas Glück (und einem guten Fernglas) kann man auch Delfine beobachten, die sich vor allem am frühen Morgen gerne hier tummeln. Im Sommer stehen dafür die Chancen am besten, denn die Meeressäuger mögen das warme Wasser im Juli und August. Wer kein Glück hat, der findet vielleicht Freude an den anderen Tieren auf der Landzunge, darunter freilaufende Hühner und Pferde und natürlich Meeresvögel. Vom Castell bietet es sich an, den Küstenabschnitt der Landzunge noch weiter bis zur Platja de sa Coma entlangzulaufen. Von hier geht es dann entweder auf gleichem Weg zurück, oder man nimmt die Abkürzung über den Carrer dels Baladres im Landesinneren.

Die Tour im Überblick

Mittelschwere Wanderung zur Punta de n'Amer bei Portocristo, ca. 7 km (für den Rundweg), zu Fuß ca. 1½ Std., mit dem Rad etwa 30–45 Min.

Mit dem Bus bis Cala Nau (Haltestellen-Nr. 51013) | Parkplätze bei den Hotels Iberostar Cala Millor

Zu jeder Zeit schön, der Weg bietet allerdings wenig Schatten

Festes Schuhwerk, Sonnenschutz, Fernglas, Fotokamera mit Objektiv, am Castell gibt es ein nettes Café

39.58174, 3.40374

✓ DOWNLOAD GPX-Track

Über eine kleine Zugbrücke betritt man das Castell de sa Punta de n'Amer (li.). Schroffe Felsen und mediterrane Macchia prägen die Landschaft rund um die Festung (re.)

In der Höhle des Drachen ★

Viele Tausend Tropfsteinhöhlen soll es auf Mallorca geben – längst sind nicht alle entdeckt. Und nur ganz wenige von ihnen sind für Besucher geöffnet, darunter das weitläufige System der Drachenhöhlen. Zum Glück, denn sie bieten einen unvergesslichen Einblick in eine faszinierende Welt.

Eine unterirdische Schönheit

Ist das angenehm hier – das wird sicher der ein oder andere Besucher als Erstes denken, wenn er die Höhlen durch den großen Eingang betritt. Vor allem im Hochsommer, denn in den Tropfsteinhöhlen Coves del Drac beträgt die Temperatur immer konstant 18 °C – eine willkommene Abkühlung. Natürlich ist das längst nicht alles, was diese Höhlen zu bieten haben. Auf 2400 m² – das ist der Bereich, der für Besucher zugänglich ist, in Wirklichkeit ist die Höhle noch deutlich größer – türmen sich Stalagmiten und Stalaktiten. Von gigantischen Säulen bis hin zu filigranen Kristallstrukturen gibt es eine Vielzahl von faszinierenden Formationen zu bewundern. Über gut ausgebaute Wege und Treppen wird man durch diese surreal wirkende Welt geführt. Die Höhlen wurden bereits in prähistorischer Zeit von Menschen bewohnt, und archäologische Funde zeugen von ihrer langen Vergangenheit. Der Legende nach lebt in der Höhle ein Drachen, der die Schätze von Piraten bewacht, die sie dort einst versteckten. Daher ihr Name: Höhle des Drachen. 1338 wurde dieser Ort bereits schriftlich erwähnt. Richtig erforscht wurde sie hingegen erstmals im 19. Jh. von Erzherzog Ludwig Salvator.

Musik begleitet das Naturspektakel

Die Tour führt tief in das Höhlensystem hinein, und man erfährt allerlei Interessantes über diese Paral-

lelwelt tief unter der Erdoberfläche. Das Highlight der Coves del Drac ist der Martelsee, einer der größten unterirdischen Seen der Welt. Wissenschaftlich untersucht wurde er 1896 von dem Franzosen Édouard Alfred Martel, der als Namensgeber diente. Das beeindruckende Gewässer ist 177 m lang, bis zu 9 m tief, erstreckt sich über eine Fläche von etwa 1200 m² und bietet ein magisches Schauspiel. Bei einer Bootsfahrt über den konstant 20 °C warmen See können Besucher das kristallklare Wasser bewundern. Um diesen Ort noch fantastischer wirken zu lassen, werden die Höhlenwände dabei unter musikalischer Begleitung farbig beleuchtet. Ein wahres Spektakel, das diesen Ausflug unter die Erde zum unvergesslichen Erlebnis macht.
Direkt neben den Höhlen gibt es einen neuen, sehr schön gestalteten Dino-Park – ein ideales Ziel für kleine Inselbesucher *(dinosaurland.es)*.

Die Tour im Überblick

Ausflug in die Coves del Drac bei Porto Cristo, ca. 2 Std.

Ctra. de les Coves, Porto Cristo | Mit dem Bus bis Drac 1 (Haltestellen-Nr. 33018) | Großer öffentlicher Parkplatz direkt an der Höhle | cuevasdeldrach.com | Nur mit Führung begehbar, Tickets am besten online auf der Website kaufen | €€

Zu jeder Jahreszeit schön, da man unter der Erde ist und die Temperatur immer konstant bleibt (17–20 °C)

Festes Schuhwerk, Kamera ohne Blitz

39.53641, 3.33078

DOWNLOAD GPX-Track

Umgeben von stimmungsvoll beleuchteten Stalagmiten und Stalaktiten erleben Besucher ein Konzert an Europas größtem unterirdischem See (li. und re.)

Ausflug in Mallorcas Mittelalter ★

Auf dem Gipfel des Puig de Santueri thront seit vielen Jahrhunderten das Castell de Santueri. Obwohl die Felsenburg seit dem 18. Jh. zur Ruine verfiel, lohnt ein Besuch auf jeden Fall. Denn dieser geschichtsträchtige Ort lädt zu einem Rundgang mit phänomenaler Aussicht ein.

Eine mächtige Festungsruine

Von außen könnte man fast denken, das Castell de Santueri wäre noch völlig erhalten. Erhaben stehen die Burgmauern samt Türmen am Fels und bieten einen beeindruckenden Anblick. Die Festung liegt auf einer Höhe von 423 m über dem Meeresspiegel und wurde wahrscheinlich schon lange vor dem Mittelalter genutzt. Ausgrabungen weisen auf römische und byzantinische Belagerungen hin. Ab dem 15. Jh. diente sie vor allem als Wachstation und Schutz gegen Piraterie. Heute befindet sich die Felsenburg im Privatbesitz der Familie Vidal und wurde 1949 zum Kulturerbe erklärt. Man kann die Burg mit dem Auto direkt anfahren oder sie bei einer etwa dreistündigen Wanderung vom Fuß des Berges aus erobern. Direkt am Parkplatz gibt es einen Eingangsbereich, an dem man gegen ein kleines Eintrittsgeld das Gelände der ehemaligen Festung betreten darf.

Hier gibt's viel zu entdecken

Wer die Burgmauern durchschreitet, sieht schnell: Der Großteil der Burganlage ist inzwischen eine Ruine. Macht aber nichts, denn das gesamte Gelände der Burg ist ein toller Ort für einen spannenden Rundgang, bei dem es viel zu entdecken gibt. Wer das Handy dabeihat, sollte unbedingt die sehr gut gemachte und mehrsprachige Rundführung per QR-Code nutzen. Sie führt von Punkt zu Punkt über das gesamte Areal und bietet jede

Menge interessante Informationen über die Burg und die einzelnen Stationen. Während einer Belagerung diente das Castell auch als Zufluchtsort. Die Bewohner konnten hier weitgehend autark leben, dank mehrerer Wasserspeicher, einer Mühle, eines Brunnens, einer Bäckerei und einer Kapelle. Ein Hochplateau innerhalb der Burgmauern wurde sogar landwirtschaftlich genutzt. Die Karte samt QR-Code gibt es am Eingang zur Burg. Aber auch weniger geschichtsinteressierte Menschen werden begeistert sein. Stichwort: Ausblick! Was früher nützlich war (Piraten in Sicht!), ist heute vor allem eines: atemberaubend. Viele Besucher zieht es daher auch zu den Stunden rund um den Sonnenuntergang auf die Burg. Denn der ist von hier oben einfach wunderschön zu erleben.

Insider-Tipp Hinter dem Castell befindet sich ein beliebter Startplatz für Paraglider. Sie nutzen die günstige Thermik des Berges und die Luft, die vom Meer kommt.

Die Tour im Überblick

Mittelschwere Wanderung zum Castell de Santueri, ca. 3 km, 1 Std. für eine Strecke

Camí des Castell, Felanitx | Mit dem Auto erreichbar, es gibt einen Parkplatz direkt an der Burg | santueri.org | €

Im Hochsommer kann es schnell zu heiß werden, da es wenig Schatten gibt. Besser die Mittagszeit meiden

Festes Schuhwerk, Handy mit App zum QR-Code-Scannen, Bargeld

39.43175, 3.18713

✓ DOWNLOAD GPX-Track

Mächtige Mauern umgeben die Felsenburg auf dem Puig de Santueri, einem scheinbar uneinnehmbaren Plateau (li.). Viele Bereiche sind inzwischen jedoch verfallen (o.)

In die Cova des Coloms schwimmen ★

Die Cova des Coloms ist eine der wenigen Meereshöhlen auf Mallorca, in die man hineinschwimmen kann. Sie liegt an der Küste von Cala Romantica zwischen den Buchten Cala Varques und Cala Falcó. Sie ist zwar relativ gut zu erreichen, ein wenig Nervenkitzel gehört bei einem Besuch trotzdem dazu!

Nur vom Wasser aus zugänglich

Wer zur Cova des Coloms möchte, der wird dabei auf jeden Fall nass. Denn dieser einzigartigen Höhle kann man sich ausschließlich vom Wasser aus nähern. Bedeutet als Erstes: rein in die Fluten und schwimmen. Das ist bei dem kristallklaren Wasser der Bucht allerdings ein Hochgenuss und vor allem im Sommer eine willkommene Abkühlung. Trotzdem sollte man besser einen Neoprenanzug tragen, denn in der Höhle kann es schnell kalt werden. Nach etwa 300 m Schwimmen erreicht man durch ein riesiges Felsentor den Eingang zur Höhle, der etwas versteckt an den schroffen Felswänden liegt. Diese Stelle lässt sich nur bei ruhigem Seegang gut passieren. Jetzt heißt es: Abschied nehmen vom Tageslicht. Beim Eintauchen in die dunklen Gewässer der Höhle eröffnet sich eine Welt voller Wunder. Die riesigen Stalaktiten und Stalagmiten, die sich über Tausende von Jahren gebildet haben, erzeugen eine surreale Atmosphäre. Einige sind dünn wie Spaghetti, andere bis zu 4 m groß. Im größten Höhlensaal hängen Sinterfahnen, die bis zu 10 m lang sind – einfach atemberaubend. Trotzdem: Luft holen nicht vergessen! Zum Glück liegt die Höhle oberhalb des Meeresspiegels. Zwingend tauchen muss man daher nicht.

Eine versteckte Welt

Wer diese Höhlentour mit einem Guide zusammen macht – was absolut zu empfehlen ist –, der

Wer die Cova des Coloms erkunden möchte, muss sich ihr vom Wasser aus nähern. Dann aber erwartet den Besucher eine fantastische unterirdische Welt (li., re. o., re. u.)

kann sich laufend, kletternd und schwimmend von dem erfahrenen Führer durch die labyrinthartige Struktur zum Herzstück dieses Höhlenabenteuers führen lassen: eine Art unterirdischer See aus türkisblauem Meerwasser, umgeben von anmutigen Felsstrukturen. Hier fühlt man sich wie in einer anderen, verborgenen Welt. Das kristallklare Wasser ermöglicht eine ausgezeichnete Sicht, trotzdem sollte man nicht zur Klaustrophobie neigen, wenn man diese Tour genießen möchte. **Insider-Tipp** Besonders Mutige können von einer Höhlenformation aus 6 oder 8 m ins Wasser springen. Nach dem Adrenalinkick geht es auf gleichem Weg wieder zurück. Und wer noch ein wenig Zeit und Lust hat, kann das klare Wasser um die Bucht herum noch für einen kleinen Schnorchelausflug nutzen. Übrigens: Ganz in der Nähe der Höhle liegt der sehr schöne Naturstrand Cala Varques.

Die Tour im Überblick

Sea Caving in der Cova des Coloms bei Sant Llorenç, ca. 3½ Std.

Die Anfahrt erfolgt über die gebuchte Tour | Geführte Tour z. B. über skualo.com | Für Kinder unter 12 Jahren nicht geeignet, man muss gut schwimmen können | €€€

Im Hochsommer, wenn das Meer angenehm zum Baden ist

Badekleidung, am besten Neoprenanzüge, Helm, Neoprenstiefel, Badeschuhe, Sonnenschutzmittel, eventuell Schnorchelausrüstung

39.577956, 3.398396 (Cova des Coloms)

DOWNLOAD GPX-Track

MEHR ERLEBEN

*WEITERE ABENTEUER & AUSFLÜGE

Wer der kleinen Cala Mitjana einen Besuch abstatten möchte, muss sich auf einen Fußmarsch von 30 Minuten einstellen

Noch mehr entdecken im Osten: Hier kannst du die letzen geheimen Strände bei Portocolom besuchen und bei Porto Cristo von Bucht zu Bucht wandern. Wer will, hilft im Landesinneren auf der Finca Aubocassa bei der Olivenernte. Und dann sind da auch noch die geheimnisvollen Tropfsteinhöhlen von Porto Cristo.

RUND UM FELANITX

Der letzte Geheimstrand

1 Spaziergang zur Cala Mitjana bei Felantix, ca. 1 km, 30 Min.

Die Cala Mitjana: ein verstecktes Strandjuwel an der Ostküste der Insel und ein Muss für alle Fans von entlegenen Naturbuchten mit kristallklarem Wasser. Die Bucht erreicht man nicht mit dem Auto, sondern nur über einen privaten Fußweg durch die Natur. Dadurch ist dieser Ort selbst in der Hauptsaison nicht völlig überlaufen. Am besten parkt man sein Auto an der Cala Sa Nau und macht sich von hier auf den unbefestigten Pfaden entlang der Küste auf zum Ziel. Die Bucht lädt zum Schwimmen, Schnorcheln und auch zum Erkunden der umliegenden und schön bepflanzten Umgebung ein. Vorsicht Verwechslungsgefahr: Es gibt auch noch eine Cala Mitjana an der Nordostküste.

Nur zu Fuß erreichbar | Parkplatz an der Cala Sa Nau *Zum Baden im Sommer am schönsten* *Badesachen, Sonnenschirm, Mückenschutz, Taucherbrille. Getränke und Snacks unbedingt selbst mitbringen, es gibt keinen Rettungsschwimmer und kein Café* *39.388993, 3.246986*

An der Seegrasbucht

2 Spaziergang zur Bucht S'Algar, 550 m, 10 Min.

Fußläufig nur wenige Minuten vom pittoresken Fischerhafen Portocolom entfernt liegt die Bucht S'Algar. Der Strand ist häufig mit einer Decke aus Posidonia bedeckt. Das Seegras ist eine bedeutende Pflanze des Ökosystems der Insel und für das kristallklare Wasser in den Buchten verantwortlich. Die Naturbucht liegt eingebettet in ein unbebautes Naturgebiet. Der felsige Küstenabschnitt lässt

Der Leuchtturm von Portocolom wurde 1861 errichtet und weist bis heute Schiffen den Weg

sich nach einem Bad im Wasser wunderbar zu Fuß erkunden. Wer außerhalb der Hauptsaison kommt, wird feststellen, dass dieser abgeschiedene und ruhige Ort bei Wildcampern beliebt ist.

Mit dem Auto oder dem Rad, es gibt einen Parkplatz am Hafen von Portocolom. Von hier sind es ca. 10 Min. zu Fuß zur Bucht *Im Sommer besonders schön, wenn man baden gehen kann* *Badesachen, Mückenschutz, Getränke und Proviant (es gibt keine Infrastruktur am Strand)* *39.42870, 3.27249*

Zwischen Hafen und Strand

3 Einfacher Natur-Walk ab dem Hafen von Portocolom, 2 km, 30 Min.

Idyllischer geht es kaum: Portocolom ist der größte Naturhafen von Mallorca und dank seiner kleinen Boote und der farbenfrohen Fischerhäuser ringsum ein pittoresker und sehenswerter Ort im Osten der Insel. Entlang des Hafens wurde vor Kurzem ein schöner Spazierweg aus Holzplanken angelegt, der durch die Natur führt und den Hafen mit der Küste verbindet – die Via Verde Carrer del Far. **Insider-Tipp** Ein tolles Ziel liegt hier sozusagen direkt auf dem Weg: die Strandbar S'Arenal Portocolom (nicht zu verwechseln mit dem gleichnamigen Ort S'Arenal bei Palma). Hier kann man

Der ursprüngliche Charme des Fischerhafens von Portocolom hat sich bis heute erhalten

hervorragenden frischen Fisch direkt am Strand genießen *(grupomarport.com/es-dolç).*

Mit dem Rad oder dem Auto, Parkplätze gibt es direkt am Hafen *Zu jeder Jahreszeit ein schöner Spaziergang, das Beach-Restaurant hat nur in der Hauptsaison geöffnet* *Bequeme Schuhe, Badekleidung, Mücken- und Sonnenschutz* *39.427868, 3.267442 (Startpunkt)*

Gestreifter Blickfang

4 Einfache Wanderung rund um den Leuchtturm Far de Portocolom, 2 Std., 3 km

Der Leuchtturm ist ein tolles Wahrzeichen im Osten der Insel und thront am Ende der wunderschönen Bucht von Portocolom. Der Leuchtturm wurde 1861 erbaut und dient seither als wichtiger Orientierungspunkt für Schiffe, die in den Hafen von Portocolom einfahren. Sein Leuchtfeuer ist mittlerweile automatisiert, und es wohnt auch kein Leuchtturmwärter mehr drin. Leider kann man den Leuchtturm selbst nicht besichtigen. Macht aber nix! Denn die Klippen rund um den Turm sind ein grün bewachsenes Naturgebiet und ideal zum Wandern und Spazierengehen.

Die Cala Sa Nau liegt in einer Felsenbucht und bietet mit der Mariengrotte einen exzellenten Tauchspot

Ctra. Far Pc, 1, Felanitx | Mit dem Auto oder dem Rad, Parkmöglichkeiten in der Straße direkt am Leuchtturm Zu jeder Jahreszeit schön Sonnenschutz, Mückenschutz, bequeme Schuhe 39.414389, 3.270861

Einen aktiven Strandtag erleben

5 Baden und Kanufahren in der Cala Murada

In der gleichnamigen Ortschaft liegt die Bucht Cala Murada. Sie überzeugt durch ihr kristallklares Wasser, den gepflegten Sandstrand sowie die inseltypische Fauna und Flora an einem kleinen Wildbach unmittelbar hinter der Bucht. Der angebundene Ferienort bietet eine gute Infrastruktur, und wer will, kann sich Kanus oder SUPs ausleihen, um die Schönheit der Bucht vom Wasser aus zu entdecken. Tipp: Diese Gegend ist besonders beliebt bei Golfern und es gibt eine Vielzahl an sehr schönen Golfanlagen, auch für Anfänger.

Mit dem Bus bis Platja de Cala Murada (Haltestellen-Nr. 33075) | An der Bucht gibt es einen großen Parkplatz sowie ein schönes Restaurant Im Sommer zum Baden am schönsten. In der Nebensaison kann man von der Bucht aus entlang der Küste sehr schön spazieren gehen (rechter Hand, Richtung Süden) Badesachen, UV-Shirt und wasserdichte Handyhülle (für Kanu- oder SUP-Tour) 39.45142, 3.27712

Heilige Grotte

6 Tauchen in der Cala Sa Nau

Türkisblaues Wasser, feiner weißer Strand, eine naturbelassene Landschaft – die Cala Sa Nau bietet so einiges. Und der Besuch lohnt sich auch für alle, die gerne unter der Meeresoberfläche sind. Denn die Cala ist bekannt als legendärer Schnorchel- und Tauchspot. Eines der Highlights ist die Mariengrotte. Die Höhle liegt an der südlichen Seite der Bucht und ist gut betauchbar. Imposant ist der Blick auf die an der Decke der Höhle hängenden Tropfsteine, die einst durch Verkarstung des Kalksteins entstanden sind. Diverse Tauchschulen wie Indigodivemondrago bieten auch geführte Tauchgänge zur Höhle an *(de.indigodivemondrago.com)*.

Mit dem Auto oder Rad, es gibt einen Parkplatz an der Bucht | Die Tour zur Grotte ist nur für erfahre-

Bei den Bio-Landwirten von Terragust ist man herzlich eingeladen, selbst anzupacken …

Anschließend wird ein Vier-Gänge-Menü mitten auf dem Feld aufgeboten

ne Taucher geeignet ◷ Die Tauch-Center haben vor allem in der Hauptsaison geöffnet. In der Nebensaison sollte man das Tauchequipment selbst mitbringen ⚲ 39.39242, 3.24857

RUND UM MANACOR

Dinner auf dem Feld

7 🚶 Walk und Menü bei Bio-Landwirten

Ökologische Landwirtschaft spielt auch auf Mallorca eine immer größere Rolle. Wer ganz nah dabei sein will, der besucht die Anbaufelder von Terragust, einer Kooperative verschiedener Bio-Landwirte. **Insider-Tipp** In den Gewächshäusern kann man Erdbeeren und Tomaten selbst pflücken. Im Shop gibt es Bio-Obst und -Gemüse zu kaufen, außerdem befindet sich ein ausgezeichnetes Restaurant auf dem Gelände. Die Tour startet mit einem lehrreichen Bummel über die Felder, je nach Saison und Verfügbarkeit der Früchte verlaufen diese unterschiedlich. Man hört aber nicht nur zu und lernt alles über den Anbau, vielmehr darf man auch selber anpacken. Anschließend geht es zum Vier-Gänge-Menü – mitten auf dem Feld. Gespeist wird an einer langen, gedeckten Tafel mitten in der Natur. Auf den Tisch kommt natürlich alles, was die Ernte von Terragust hergibt, und es ist köstlich! Während der Wintersaison findet keine Tour statt.

ⓘ Ma-15, Ausfahrt 44, Es Caparó, Petra | Nur mit dem Auto erreichbar, Parken am Feldrand | Infos und Buchung unter terragust.com | €€€ ◷ Im Frühling finden die Dinner mittags statt, im Sommer am Abend ⚙ Festes Schuhwerk, Sonnenhut und einen Beutel für die gepflückten Früchte gibt es von Terragust ⚲ 39.577061, 3.145606 (Startpunkt)

Strandperle

8 🚶 Walk zum Traumstrand Cala Varques, 2,4 km, ca. 35 Min.

Cala Varques ist ein idyllischer Strand, der Naturliebhaber und Abenteurer gleichermaßen begeistert. Das Idyll lässt sich nur zu Fuß oder natürlich vom Wasser aus mit dem Boot erreichen. Das ist ein Grund, warum es an der Cala Varques selbst in der Hochsaison keineswegs überfüllt ist. Der Strand belohnt diejenigen, die die Wanderung auf sich genommen haben, mit einer atemberaubenden Kulisse aus weißen Sandbuchten, kristallklarem Wasser und einer friedlichen Atmosphäre. **Insider-Tipp** Wer gern nackt in die Fluten springt: Es gibt an der Cala Varques auch einen FKK-Bereich.

Die Olivenbauern nutzen die sonnigen Tage im Herbst, um ihre Ernte zu den Ölmühlen zu bringen

Das Hinterland besteht aus kleineren Pinienwäldern, Sträuchern und landwirtschaftlich genutzten Flächen. Häuser oder Hotels – Fehlanzeige! Um zum Strand zu kommen, parkt man auf dem dafür vorgesehenen Parkplatz an der Ma-4014 (39.512771, 3.278166). Von hier geht es kurz an der großen Landstraße entlang und dann linker Hand in einen kleinen, ausgeschilderten Feldweg.
Nur zu Fuß erreichbar | Parken entlang der Feldwege möglich Ganzjährig schön, im Hochsommer kann der Walk sehr heiß werden Neben Badesachen auch Verpflegung, es gibt keine Infrastruktur am Strand 39.498901, 3.297345

Rüttel und schüttel mich!

9 Spaziergang über das Olivenfeld von Albocàsser, ca. 1½ Std.

Albocàsser bei Manacor ist ein großes Anwesen, das bereits in Dokumenten des 12. Jhs. erwähnt wurde und heute inselweit berühmt ist für sein besonders hochwertiges Olivenöl. Man kann das Gelände ganzjährig besuchen und an einer Tour über die Olivenfelder teilnehmen, die mit einer Verkostung von Olivenöl endet. Besonders spannend wird es dabei Ende des Jahres. Von Ende Oktober bis ungefähr Weihnachten steht nämlich auf Mallorca die Olivenernte an. In Albocàsser herrscht die Philosophie, dass keine Olive den Boden berühren, aber auch nicht gepflückt werden darf. Als Besucher kann man live dabei sein, wie die Oliven mithilfe eines Schirm- und Vibrationssystems von den uralten Bäumen gerüttelt werden. Die geernteten Oliven werden sofort in die Olivenmühle gebracht, wo sie gewaschen und entblättert werden und alle Zweige und Abfälle entfernt werden. Dann beginnt der Pressvorgang.

Insider-Tipp Nur fünf Autominuten von der Oliven-Finca entfernt befindet sich der Skulptu-

Das Landgut Els Calderers gewährt interessante Einblicke in das Leben des 18. Jhs

renpark Son Muda. Das Gartenparadies ist nach Terminvereinbarung zugänglich *(sonmuda.com).*

Camí de Son Fangós, Manacor | Nur mit dem Auto erreichbar, Parkplatz an der Finca | Infos und Buchung über aubocassa.com | €€ Im Herbst besonders interessant, dann werden die Oliven geerntet Festes Schuhwerk, Sonnenschutz, im Herbst eine leichte Regenjacke oder Daunenweste, Mückenschutz (auch im Winter) 39.52738, 3.147971

Zu Gast auf einem traditionsreichen Landgut

10 Besichtigung des Landguts Els Calderers, 2 Std.

Neugierig, wie das Leben auf Mallorca in früherer Zeit ausgesehen hat? Dann herzlich willkommen auf dem Landgut Els Calderers! Das herrschaftliche Anwesen liegt in der Nähe von Sant Joan, seine Geschichte reicht bis ins Jahr 1285 zurück. Es erstreckt sich über mehrere Hektar und umfasst u. a. einen Obst- und Rosengarten, einen japanischen Garten, Ställe (in denen immer noch Tiere leben, etwa das berühmte schwarze Iberische Schwein) und eine Kapelle. Hier kann man herumspazieren, innehalten und Tiere streicheln. Gut zu wissen: Die

Im Innenhof der Finca Els Calderers befindet sich ein heute noch funktionierender historischer Brunnen

Finca kann man auch ohne Führung besuchen – perfekt für kleine Ausflugsgäste. Das Innere des Hauses ist noch heute voller Leben. Die historischen Möbel, Gemälde oder Werkzeuge zeigen, wie die Menschen einst auf der Insel lebten. Wer bei Els Calderers vorbeischaut, sollte unbedingt die hauseigene Sobrassada kosten – die Wurstspezialität vom schwarzen Schwein.

Finca Els Calderers, Camino Sant Joan | Es gibt einen großen Parkplatz auf dem Gelände | elscalderers.com | € Zu jeder Jahreszeit schön Bargeld, Kamera 39.58672, 3.06443

Hier bieten sich Sprung-Chancen

11 Küstenspaziergang in Porto Cristo, ca. 1,5 km, 1 Std.

Porto Cristo ist ein idyllischer Hafenort inklusive lang gezogenem Stadtstrand. **Insider-Tipp** Im Hafen von Porto Cristo liegt der legendäre und unverkennbare schwarze Katamaran von Rafael Nadal. Wer Fan des weltberühmten Tennisspielers ist, sollte unbedingt hier flanieren und das Rafael-

In Porto Cristo führt ein abwechslungsreicher Küstenspaziergang zu Grotten und versteckten Buchten

Auf einer Wanderung von Cala Mendia zur Cala Sequer liegen reizvolle Buchten auf dem Weg

Nadal-Museum in Manacor besuchen. Ein beliebter Spaziergang führt entlang der felsigen Küste, wo Besucher eine beeindruckende Landschaft aus Klippen, Grotten und versteckten Buchten entdecken können. Der Weg ist gut ausgeschildert und verläuft an der Küstenlinie, wobei immer wieder atemberaubende Ausblicke auf das Meer und die umgebende Landschaft geboten werden. Höhepunkt dieses Küstenspaziergangs ist zweifellos die Möglichkeit, am Ende des Weges von den Klippen ins Meer zu springen. Mutige Abenteurer können sich an den Klippenkanten positionieren und sich dann in das erfrischende Nass stürzen. Wie bei jedem Sprung ins Wasser ist es auch hier (lebens-) wichtig, vorher die Meerestiefe sowie mögliche Unterwasserhindernisse zu berücksichtigen.

Mit dem Bus bis Es Corso (Haltestellen-Nr. 22010) | Mit dem Auto bzw. Rad, öffentlicher Parkplatz in Porto Cristo an der Plaza de l'Aljub
Im Sommer besonders schön, wenn das glitzernde Meer als Erfrischung lockt *Badesachen, Handtuch* *39.54398, 3.33642 (Startpunkt)*

Von Bucht zu Bucht wandern

12 **Mittelschwere Küstenwanderung ab Cala Mendia, ca. 7 km, 1½ Std.**

Lust auf einen kleinen Wanderausflug mit Bademöglichkeiten? Los geht's an der Bucht Cala Mendia. Das Motto des Ausflugs lautet: Der Weg ist das Ziel. Denn auf der Strecke zum Endpunkt Cala Sequer kommt man an vielen tollen Buchten vorbei: erst die Cala Romantica, dann die Cala Falcó. **Insider-Tipp** In unmittelbarer Umgebung der Cala Falcó gibt es mehrere Höhlensysteme, die teilweise zugänglich sind und über unterirdische Seen verfügen. Schließlich folgt die Cala Varques. Die reizvolle Felsenbucht ist Teil eines Naturgebiets und ein besonderes Highlight der Route: Der feinsandige Strand ist unberührt und unbebaut. Herrlich! Gut zu wissen: Der Weg verläuft immer entlang der Küste und ist gut angelegt und insgesamt ohne Probleme machbar – man läuft allerdings häufig über unebenes Gelände.

Mit dem Bus bis Punta Reina (Haltestellen-Nr. 33041) | Mit dem Auto bzw. Rad, Parkmöglichkeit

Alle neu eingerichteten Kletterrouten an der Cala Bota sind bestens gesichert.

An der Cala Bota gibt es seit einigen Jahren einen Klettergarten für Anfänger und Fortgeschrittene

an der Cala Mendia ◷ Zu jeder Jahreszeit schön, im Sommer kann man die Wanderung mit einem Sprung ins Wasser kombinieren ⚙ Festes Schuhwerk, Getränke, Snacks, Mückenschutz, Sonnenschutz, evtl. Badekleidung ⌖ 39.51981, 3.31614 (Startpunkt)

Gut festhalten bitte!

13 Klettern an der Cala Bota

Bester Fels und ein Traumstrand – an der Cala Bota gibt es seit 2018 einen neuen Traumspot für alle Kletterbegeisterten. Die Wände hier bieten 37 abwechslungsreiche Routen mit Schwierigkeiten von 3 bis 7a und 15 bis 20 m Länge, alle bestens abgesichert. Nachmittags liegen viele der Routen im Schatten, was das Gebiet rund um die Cala Bota auch im Sommer zu einem begehrten Spot macht. Ein etwa 20-minütiger Fußweg auf öffentlichem Weg führt zum Zustieg ins Klettergebiet.

ⓘ Nur mit dem Auto oder dem Rad erreichbar, Parken kann man an der Carrer de Cales Mallorca, der Parkplatz ist ausgewiesen (39.477300, 3.272823) | Mehr Infos zum Spot sowie die Möglichkeit einer Unterkunft bekommst du bei Kerstin und Armin Helbach. Die zwei haben das Klettergebiet 2018 erschlossen | klettern-mallorca.com ◷ Zu jeder Jahreszeit schön, im Sommer die Nachmittage nutzen (Schatten an der Wand) ⚙ Kletterausrüstung und Badekleidung (um später in der Cala Bota schwimmen zu gehen) ⌖ 39.475520, 3.286170

Aloha Surfer-Time

14 Wellenreiten in der Cala Domingo

Surfen auf Mallorca? Zugegeben – ein Surferparadies à la Hawaii oder Bali ist die Insel nicht. Das Mittelmeer plätschert schließlich die meiste Zeit recht ruhig vor sich hin. Doch es gibt Zeiten, da können die Wellen mitunter so groß werden, dass sich ein Ritt lohnt! Die besten Bedingungen dafür gibt es im Herbst und Winter. Nach dem Durchzug eines Sturmtiefs können sich die Wogen in einigen Küstenregionen bis zu 3 m hoch auftürmen. Im Nordosten und im Osten gibt es dann die besten Bedingungen zum Wellenreiten – beispielsweise am Naturstrand der Cala Domingo.

ⓘ Mit dem Auto oder dem Rad, kostenfreie Parkplätze sind an der Bucht vorhanden ◷ Im Winter

Der Reitstall Naturacavall hat sowohl dreistündige Ausritte wie auch mehrtägige Tagesritte in seinem Programm

Cala Bona ist ein ruhiges Urlaubsziel mit einem schönen Strand mit blauer Flagge

haben die meisten Verleiher geschlossen. Surfbrett daher am besten selbst mitbringen oder einfach bei Einheimischen fragen, ob man sich eines leihen kann ⚙ Neoprenanzug, wasserfeste Sonnencreme ⚲ 39.45774, 3.27814

Echtes Cowboy-Feeling erleben

15 Ausritt mit Übernachtung im Freien

Der Osten der Insel ist ideal für alle Pferdefans. Denn die Landschaft bietet hier viele abwechslungsreiche Möglichkeiten für Ausritte. Wer von Pferden nicht genug bekommt, der kann an einem mehrtägigen Ausritt teilnehmen und stilecht in einem Tipi oder unter freiem Himmel übernachten. Das Abendessen wird im Freien auf dem Feuer gekocht. Am nächsten Morgen wartet dann ein erfrischendes Bad im Meer – natürlich samt Pferd! Angeboten wird diese Tour beispielsweise von Naturacavall, einem kleinen Familienunternehmen in der Nähe von Manacor, das sich seit Generationen mit viel Leidenschaft um Pferde und Ponys kümmert. Einem traditionellen Trabrennen kann man hingegen im Hipòdrom de Manacor beiwohnen *(instituthipicdemallorca.com).*

ⓘ Diseminado Poligon 02, 66, Manacor | Nur mit dem Auto oder dem Rad erreichbar, Parken an der Finca möglich | Mehrstündige und mehrtägige Ausritte möglich | naturacavall.com | €€€ ⏲ Zu jeder Jahreszeit schön, im Winter kann es nachts sehr frisch werden ⚙ Festes Schuhwerk, lange Hose, Wechselkleidung und Zahnbürste bei Übernachtung ⚲ 39.61301, 3.19208 (Startpunkt)

RUND UM SANT LLORENÇ

Fischers Fritz

16 Besuch des Fischerhafens und der felsigen Bucht an der Cala Bona

Authentisches mallorquinisches Fischerleben miterleben und mit einem Hafen- und Naturspaziergang verbinden: All das bietet das kleine Städtchen Cala Bona. Der Hafen ist ein lebendiger Knotenpunkt für Fischerboote, die morgens frischen Fang an Land bringen. Entlang der Uferpromenade kann man spazieren gehen und die malerische Kulisse bewundern. Naturliebhaber laufen bis an den Ortsrand, wo die felsige Küste beginnt.

Hoch über den Klippen und ein fantastischer Blick auf das offene Meer: Cap d'es Pinar

Auch heute noch wird im Hafen von Cala Bona morgens der frische Fang eingebracht

Hier lässt sich die Schönheit des Meeres genießen und auf den zerklüfteten Felsen herumkraxeln.

Mit dem Bus bis Port esportiu 2 (Haltestellen-Nr. 62009) | Parkplätze direkt am Hafen

Zu jeder Jahreszeit besuchenswert

39.614808, 3.391900

Meer Weitblick bitte!

17 Spaziergang zur Aussichtsplattform Mirador Cap d'es Pinar, 30 Min.

Die Aussichtsplattform Cap d'es Pinar (Vorsicht, nicht die gleichnamige Halbinsel!) an der Costa dels Pins bietet einen spektakulären Rundblick auf das offene Meer. Ermöglicht wird diese Sicht durch eine 66 m lange Holz- und Betonkonstruktion über den Klippen. Ein wenig schwindelfrei sollte man beim Betreten dieser Plattform allerdings schon sein. Aber nach unten blickt bei der Aussicht auf den tiefblauen Ozean sowieso niemand. Wer mag, der bringt ein Freundschafts- oder Liebesschloss mit und verewigt sich damit an einem alten Geländer. Den Schlüssel aber bitte nicht ins Meer werfen – manche Tiere könnten ihn für Beute halten und verschlucken.

Av. del Pinar, 110, Son Servera | Parken an der Seitenstraße vor der Plattform *Zu jeder Jahreszeit ein toller Blick aufs Meer* *Fernglas*

39.63295, 3.43345

Die unvollendete Kirche

18 Rundgang durch die Església Nova – die Kirche ohne Dach, 1 Std.

Wer die neugotische Kirche Església Nova in Son Servera besucht, der wird schnell feststellen: Hier fehlt etwas Entscheidendes. Ganz richtig – nämlich das Dach. Dafür fehlte in den 1930er-Jahren schlichtweg das nötige Geld. So wurde die Kirche nie wirklich fertiggestellt. Macht aber nichts, denn genau das macht die Església Nova heute zu einer besonderen Sehenswürdigkeit und – sozusagen – zu einer Outdoor-Kirche. Trotz der fehlenden Dachkonstruktion finden hier regelmäßig Gottesdienste sowie Kultur- und Open-Air-Veranstaltungen statt. Unter freiem Himmel betet und singt es sich nun mal auch sehr schön – vor allem in einer Gegend, in der die Sonne so oft scheint.

Trotz – oder gerade wegen – ihres fehlenden Dachs ist die Església Nova ein spannendes Ausflugsziel

Insider-Tipp Besonders lohnt der Besuch am Freitag, dann wird am Vormittag ein Wochenmarkt in Son Servera abgehalten.

Carrer de ses Creus, 4, Son Servera | Mit dem Bus bis Son Servera sud 2 (Haltestellen-Nr. 62021) | Es gibt Parkplätze in der Stadt, am Freitag zum Markt kann man nur außerhalb parken Zu jeder Jahreszeit einen Besuch wert, Mittagshitze im Hochsommer meiden Sonnenschutz und Sonnenhut, vor allem bei Konzerten 39.62109, 3.35943

Auf zur Turmruine mit Aussicht

19 Einfache, kurze Wanderung zur Talaia de Son Jaumell, ca. 6 km, 1½–2 Std. (hin und zurück)

Auf dem 273 m hohen Gipfel thronte einst der Wachturm Talaia de Son Jaumell – heute zwar etwas verfallen, aber immer noch fotogen. Von hier wurde – wie von allen Wachtürmen, die auf der gesamten Insel verteilt sind – nach Piraten und anderen feindlichen Schiffen Ausschau gehalten. Daher sind eigentlich alle Wachtürme, so auch die Talaia de Son Jaumell, ein Garant für eine unfassbar gute Aussicht, die eine Wanderung dorthin lohnt. Startpunkt ist der Parkplatz an der Cala Mesquida. An der Bucht hält man sich an die Markierungen, die den Weg zum Gipfel weisen. Regelmäßige blaue Punkte auf dem Boden und Holzpfeiler zeigen an, dass man sich noch auf dem rechten Pfad befindet. Zunächst ist die Strecke leicht und schlängelt sich sanft nach oben. Das letzte Stück ist allerdings recht steil. Aber die Mühe wird belohnt: mit einem Rundblick über Cala Rajada, die türkisblaue Bucht Cala Mesquida bis hin zum Cap Formentor.

Mit dem Auto oder dem Rad, Parkplatz an der Bucht Cala Mesquida Zu jeder Jahreszeit schön. Mittagshitze im Hochsommer meiden, der Weg bietet kaum Schatten Sonnenschutz, festes Schuhwerk, Mückenspray, Getränke 39.73893, 3.45210 (Zielpunkt)

In die Vergangenheit reisen

20 Entdeckungen in der talaiotischen Siedlung Ses Païsses, 2 Std.

Die historische Siedlung Ses Païsses liegt in der Nähe der Stadt Artà und ist – genauso wie Capo-

Der rund 700 m lange Sandstrand von Costa dels Pins ist in Ermangelung größerer Hotels selten überlaufen

corb Vell im Süden Mallorcas – ein Überbleibsel der talaiotischen Kultur. Diese hatte ihre Hochphase auf der Insel zwischen 1200 und 600 v. Chr. Ses Païsses besteht aus mehreren Gebäuden, die einst aus großen Steinblöcken errichtet wurden – typisch für diese Kultur. Ebenfalls gut erhalten ist ein Turm, der als zentraler Treffpunkt und als Symbol für Macht und Autorität in der Gemeinschaft diente. Im Archäologischen Museum von Artà sind kleinere Ausgrabungen wie Werkzeuge und Schmuckstücke ausgestellt. **Insider-Tipp** Die Ausgrabungsstätte bietet zudem eine spektakuläre Aussicht auf die umliegende Landschaft und die Berge von Llevant. Hier kann man also sowohl die wechselvolle Geschichte Mallorcas wie auch die faszinierende Schönheit der Insel bestaunen.

Lloc Poligon 13, 113, Artà | Mit dem Bus bis Artà 2 (Haltestellen-Nr. 6001) | Es gibt Parkplätze direkt an der Ausgrabungsstelle | € In jeder Jahreszeit einen Besuch wert, Mittagshitze im Hochsommer meiden Gutes Schuhwerk, Kamera 39.69309, 3.35617

Eintauchen ins Bade-Refugium

21 Badespaß an der Costa dels Pins

Die Küste der Pinien heißt dieser Ort übersetzt und macht recht schnell deutlich, welche Vegetation man hier erwarten darf: Die Costa dels Pins ist wie eine kleine Naturoase in einer ansonsten sehr stark vom Tourismus geprägten Gegend. Der ca. 700 m lange Strand ist nur selten stark überfüllt, da es nur ein Hotel in Strandnähe gibt. Durch die Gebirgskette ist die Bucht gut geschützt, und ins Wasser geht es hier erst mal recht flach hinein – daher ist der Strand ideal für Familien mit kleinen Kindern. Die Wasserverhältnisse sind meist sehr klar und sauber – eine Taucherbrille sollte daher unbedingt im Gepäck sein. Badeanzug vergessen? Macht nichts. Es gibt auch einen FKK-Bereich.

Mit dem Bus bis Sa Marjal 1 (Haltestellen-Nr. 62017) | Mit dem Auto bzw. Rad, Parkplätze direkt an der Bucht Zum Baden im Sommer am schönsten Badesachen (außer im FKK-Bereich …), Sonnenschirm, Mückenschutz, Taucherbrille 39.63581, 3.40383

DER SCHÖNSTE SONNENUNTERGANG

Hoch über Felanitx

22 Beim Kloster San Salvador

Das Kloster Santuari de Sant Salvador ist ein wunderbarer Ort, um im Osten der Insel einen unvergesslichen Sonnenuntergang zu erleben. Das Kloster liegt auf dem gleichnamigen Berg Puig de Sant Salvador. Besonders gut eignet sich die Restaurantterrasse, um der Sonne beim untergehen zuzuschauen. Bei gutem Wetter kann man von hier über die ganze Insel blicken – und damit auch auch in den Westen, wo die Sonne am Horizont verschwindet.

Mit dem Auto zum Kloster Sant Salvador bei Felanitx, dort gibt es einen großen Parkplatz *Zu jeder Jahreszeit schön* *539.45568, 3.18581 (Kloster)*

LOKALE SPEZIALITÄTEN

*UND WO DU SIE PROBIEREN KANNST

Besonders im Sommer beliebt: Die cremige Mandelmilch Horchata wird kalt zur Erfrischung serviert

Von scharfem Paprikapulver, das wahrlich anheizt bis zur süßen Mandelmilch, die dich wieder runterkühlt – im Osten gibt es viel zu entdecken. Welche Genüsse du dir hier nicht entgehen lassen solltest und wo du sie probieren kannst, erfährst du hier.

Das typische Paprikapulver

1 Tap de Cortí

Ob auf Wochenmärkten oder in Delikatessenläden, man sieht sie überall: getrocknete Paprika. Sie sind die Hauptzutat für ein berühmtes Gewürz der Insel: Tap de Cortí. Die genaue Zusammensetzung kann variieren, aber typischerweise enthält es Paprika, Pfeffer, Zimt, Nelken, Muskatnuss und andere Gewürze. Früher wurde Tap de Cortí insbesondere zur Herstellung von Sobrassada, der berühmten mallorquinischen Wurst, verwendet.

ℹ *Tap de Cortí kann man auf vielen Märkten kaufen. Bekannt für den Bio-Anbau der kleinen Paprika ist die* **Finca Sa Teulera** *in Manacor. Hier kann man das Gewürz direkt beim Erzeuger erwerben | ecosateulera.com | €€*

Eine Milch aus Mandeln

2 Horchata

Ein nahrhaftes und erfrischendes Getränk an heißen Sommertagen: die Horchata. Was die mallorquinische Horchata so besonders macht, ist die Verwendung von Mandeln und Chufa, einer kleinen Erdmandel, die auf der Insel angebaut wird. Horchata, manchmal auch einfach Chufa genannt, kann man schon fertig im Supermarkt kaufen oder in vielen Eisdielen und Cafés frisch bestellen. Sie wird im Sommer meist mit Eiswürfeln und traditionellem Gebäck wie Ensaimadas oder Bunyols serviert.

ℹ *Besonders zu empfehlen im Eiscafé* **Cafe Osiris** | *Carrer des Sol, 31, Cala Millor* | €

Mallorquinische Donuts

3 Bunyols

Mal mit Loch in der Mitte, mal ohne – aber immer außen knusprig und innen weich und locker: Bunyols sind ein traditionelles Gebäck aus Mallorca, das vor allem während der österlichen Zeit und während lokaler Festlichkeiten genossen wird. Die kleinen runden Teigbällchen werden in heißem

Öl frittiert, was ihnen eine goldene Farbe verleiht und eine knusprige Schicht bildet. Nach dem Frittieren werden die Bunyols in Puderzucker gewälzt.
ℹ *Bunyols findet man in den Bäckereien und auch auf* **Wochenmärkten**, *z. B. in Felanitx jeden Sonntag | Plaça de sa Font de Santa Margalida*

Bittersüßer, schwarzer Aperitif

4 🍴 Palo

Neben seinem bekannten Bruder Hierbas ist der Palo fast ein wenig in Vergessenheit geraten – zu Unrecht. Der leicht cremige, sehr dunkle Likör wird vor allem aus Chinarinde und Enzian hergestellt. Sein Geschmack ist sehr besonders: holzig, karamellig und mit einem Hauch von Lakritz. Palo wird wird normalerweise gekühlt und mit Eis serviert.
ℹ *Besonders gut schmeckt er mit Blick aufs Meer, z. B. im* **Chiringuito Cala Gran** *in Cala d'Or | www.grupomarport.com/cala-gran*

Einer für alles

6 🍴 Chiringuito Cala Sa Nau

Kleine Snacks, Paella, frischer Fisch, fruchtige Cocktails und leckeres Eis: In der Strandbar Chiringuito Cala Sa Nau isst man mit den Füßen im Sand mit Blick auf die Bucht. Und das zu fairen Preisen und in guter Qualität. Da schmeckt es jedem!
ℹ *Carrer de Cala Sa Nau, Felanitx | grupomarport.com | €€*

Die Pizza der Insel

5 🍴 Coca

Hauchdünn, knusprig gebacken und herzhaft belegt: Die Coca ist die Pizza von Mallorca und wird in vielen Bäckereien als schneller Snack auf die Hand verkauft. Sie schmeckt auch kalt und kann wunderbar mit an den Strand genommen werden. Belegt ist sie meist mit gedünstetem Gemüse, manchmal auch mit Sardellen oder Schinken.
ℹ *Coca gibt's auch im Restaurant, z. B. im* **Ca'n Besso** | *Carrer Major, 1 | Son Macià | €*

Da die Cala Mondragó zum Naturpark erklärt wurde, ist sie vor Bebauung und Massentourismus geschützt

Süden

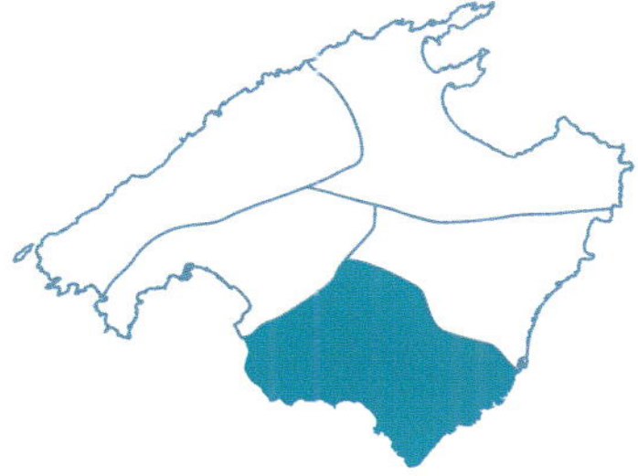

TRAUMBUCHTEN, SALZWÜSTEN UND BLUMENWIESEN

Sanfte Landschaften, naturbelassene Strände und unbewohnte Inseln: Der Süden von Mallorca ist romantisch und authentisch – aber alles andere als langweilig. Statt Protzbooten liegen hier eben lieber die traditionellen Llauts in den kleinen, pittoresken Hafenstädten. Statt Partybuden gibt es hier ganz viel Natur am Strand. Dutzende kleine Dörfer – zugegeben, einige davon etwas verschlafen, andere dafür mit ganz viel Esprit – versprühen einen liebevollen Charme, dem man sich nur schwer entziehen kann. Hier im Süden ticken die Uhren eben ein wenig langsamer – einfach echt entspannt!

AUF EINEN BLICK

*SÜDEN

MARCO POLO OUTDOOR-HIGHLIGHTS ★

★ Sonnenbaden und Salz ernten
In den Salinen und am Naturstrand von Es Trenc → S. 138

★ Unterwegs im Naturpark mit Strandschönheiten
Wanderung durch das Naturschutzgebiet Mondragó → S. 140

★ Küstentour mit Höhlen-Highlight
Felsige Tour zum Faro de s'Estalella → S. 142

★ Kakteen so weit das Auge reicht
Unterwegs im größten botanischen Garten Europas → S. 144

★ Traumbucht mit Extra-Thrill für Wagemutige
Klippenspringen ins Felsenloch von S'Almunia → S. 146

OUTDOOR-HIGHLIGHTS

*DIE BESTEN ERLEBNISSE DRAUSSEN

Sonnenbaden und Salz ernten ★

Im Südosten Mallorcas befindet sich eine einzigartige Naturlandschaft aus Dünen, unberührten Feuchtgebieten und einem der schönsten Strände der Insel: das Naturschutzgebiet Es Trenc. Ein paradiesischer Ort – ebenso für die Gewinnung von natürlichem Meersalz, auch als „weißes Gold" bekannt.

Die weißen Berge von Es Trenc

Nur wenige Minuten vom Strand Es Trenc entfernt liegen die Salinen von Es Trenc. Bei einer Führung über das Gelände kann man als Besucher live dabeisein, wie aus Meersalz hochwertiges Speisesalz gewonnen wird. Das Salz der Salinas ist das Ergebnis der natürlichen Verdunstung des Meerwassers bei Es Trenc. Das Wasser wird vom 900 m entfernten Strand über einen Kanal zum höchstgelegenen Punkt der Salinen gepumpt. Pro Jahr werden hier etwa 10 000 t Salz produziert.

Begehrt ist vor allem das sehr feine Flor de Sal, das nur durch Handarbeit geschöpft werden kann und besonders mild und fein schmeckt. Spitzenköche weltweit schwören darauf! Aber die Salinen sind nicht nur für die Gewinnung feinsten Salzes ideal, sondern dank des Naturschutzes – auf den hier viel Wert gelegt wird – auch die Heimat vieler Zugvögel. So kann man z. B. zahlreiche Flamingos beobachten, die hier ihren Winterurlaub verbringen. Auch ohne Führung sind die Salinen übrigens ein nettes Ziel, dank des schönen Cafés mit großem Außenbereich (und unglaublich gutem Eis!), von dem man auf die Salinen und die Salzberge blickt.

Zum Naturstrand par excellence

Nach den Salinen geht es dann zu Fuß nach Es Trenc, einem der berühmtesten und beliebtesten

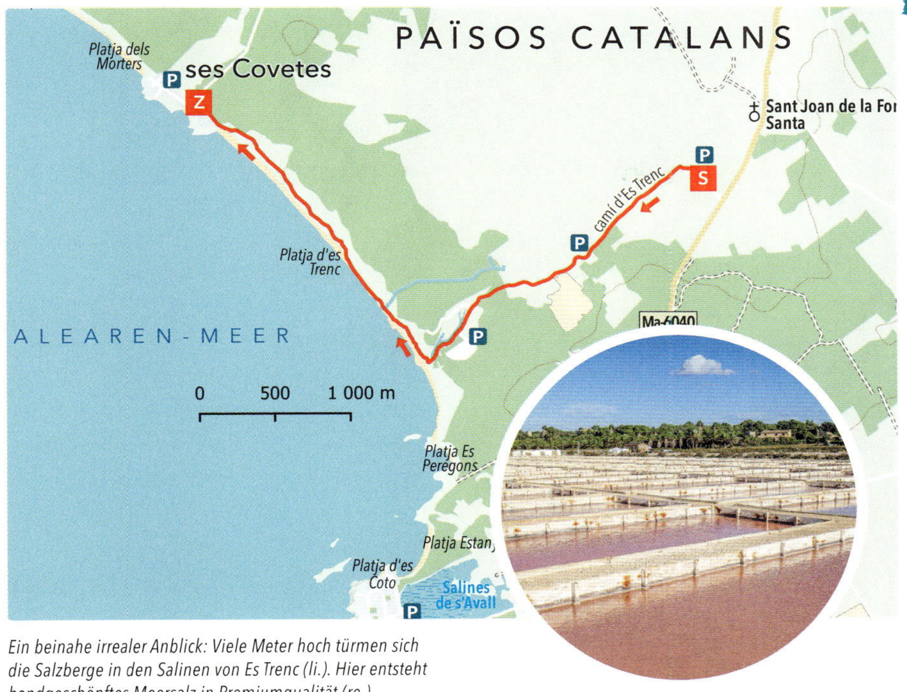

Ein beinahe irrealer Anblick: Viele Meter hoch türmen sich die Salzberge in den Salinen von Es Trenc (li.). Hier entsteht handgeschöpftes Meersalz in Premiumqualität (re.)

Strände der ganzen Insel. Zu Recht! Denn Es Trenc ist ein kilometerlanger, feiner Naturstrand mit klarem Wasser und herrlichen Bade- und Schnorchelbedingungen. Das Wasser ist hier meist glasklar, und es geht flach ins Wasser hinein – ein idealer Ort mit kleinen Kindern. Dank des Naturschutzgebietes, das ihn umgibt, wurde Es Trenc von Hotelketten und anderen Bebauungsmaßnahmen weitestgehend verschont. Hier kann man wunderbar den Tag ausklingen lassen, chillen oder bei einem langen Strandspaziergang die Seele baumeln lassen. **Insider-Tipp** Wer den Strand weiter bis Ses Covetes entlangläuft, kann in der chilligen Bar Esperanza bei einem Sundowner den Tag wunderbar ausklingen lassen. Am Strand Es Trenc gibt es auch einen FKK-Bereich. Ideal für alle, die gern nackt in die Fluten springen.

Die Tour im Überblick

Einfache Wanderung von den Salinas d'es Trenc zum Traumstrand, 2,5 km, 35 Min., Salinenführung ca. 1 Std.

Ctra. Campos–Colònia de Sant Jordi, km 8,5, nur mit dem Rad oder Auto erreichbar | Am Strand gibt es einen kostenpflichtigen Parkplatz | salinasdestrenc.com | €€

Im Hochsommer zum Baden
Badesachen und für die Führung einen Sonnenhut und eine Sonnenbrille
39.346629, 2.984796 (Salinen), 39.346829, 2.984106 (Platja d'es Trenc)

✓ DOWNLOAD GPX-Track

Unterwegs im Naturpark mit Strandschönheiten ★

Lust auf eine Tour ganz ohne Höhenmeter? Dann ist ein Spaziergang durch das flache Naturschutzgebiet von Mondragó perfekt. Hier geht es zwar nicht hoch hinaus, dafür lockt eine unberührte Küste mit kristallklarem Wasser und wunderschönen Sandstränden.

Im Naturpark an der Küste

Das Naturschutzgebiet Mondragó ist ein echtes Kleinod und ein Muss für alle, die es lieben, durch Mallorcas wilde Natur zu streifen – ohne sich dabei völlig zu verausgaben. Das Gebiet steht seit dem Jahr 1992 unter strengem Naturschutz und ist als besondere Vogelschutzzone ausgewiesen. Mondragó ist durchzogen von gut ausgebauten und ausgeschilderten Wanderrouten in unterschiedlicher Länge, die sich auch wunderbar miteinander kombinieren lassen. Die meisten davon führen auch an der Küste entlang und vorbei an den drei schönen Naturbuchten Cala Mondragó (Ses Fonts de n'Alis), Cala s'Amarador und Calo d'es Borgit. Ein weiterer Höhepunkt von Mondragó ist der agrarische Teil des Naturschutzgebiets. Hier kann man vor allem der Bewirtschaftung von traditionellen mallorquinischen Agrarflächen beiwohnen, auf denen Oliven, Mandeln und andere lokale Produkte angebaut werden.

Insider-Tipp Pack das Fernglas ein und bestaun die Naturwelt! Im Parc natural de Mondragó leben viele der heimischen Landschildkröten. Einfach mal genauer hinschauen, was auf dem Boden so kreucht und fleucht. Und auch Delfine lassen sich in der Bucht (vor allem in der Nebensaison) blicken.

Streifzug mit Bade-Stopp

Vom Parkplatz aus lassen sich die Wege mit der Nummer 2 oder 3 gut miteinander verbinden und ergeben eine Wanderung von etwa 2½ Stunden. Besonders schön: Bei dieser Route kommt man an allen drei Stränden vorbei. Ideal für alle, die zwischendurch gern mal ins kühle Nass springen wollen – oder auch nur mal die heißen Wanderfüße abkühlen möchten. Aber auch abseits der Küste bietet Mondragó eine Fülle an Naturschönheiten – darunter ausgedehnte Pinienwälder, Dünen, Feuchtgebiete und mediterrane Vegetation. Diese Vielfalt macht das Naturschutzgebiet zu einem idealen Lebensraum für eine beeindruckende Vielfalt von Arten. Mehr als 300 Pflanzenarten, darunter seltene endemische Spezies, gedeihen in diesem geschützten Gebiet. Wer Lust und Zeit hat und diesen Ort nicht so schnell wieder verlassen möchte, der hängt einfach noch einen weiteren der Wanderwege dran!

Die Tour im Überblick

Einfache Wanderung durch den Parc natural de Mondragó bei Santanyí, 6,5 km, etwa 2½ Std.

Mit dem Bus bis Cala Mondragó (Haltestellen-Nr. 57024) | Ein großer Parkplatz ist vorhanden

Wer wandern möchte, ist im Winter und Frühjahr am besten dran

Wanderschuhe, Wasser und Sonnencreme, Mückenschutz und Badekleidung

39.352212, 3.188370 (Cala de Mondragó)

DOWNLOAD GPX-Track

Eine Wanderung durch den Naturpark Mondragó führt zu einer Reihe von unberührten Buchten (li.). Dank der geringen Höhenunterschiede ist der Park auch für Kinder ideal (o.)

Küstentour mit Höhlen-Highlight ★

Wanderer lockt es auf Mallorca meist in die Berge oder zu den Stränden. Aber auch die felsigen Küstenabschnitte der Insel sind einen Ausflug wert – wie der idyllische Wanderweg zum Far de s'Estalella eindrucksvoll beweist. Höhenmeter machen? Spart man sich! Dafür lockt eine abenteuerliche Höhlensuche ...

Felsen, Kiefern und Fischerhäuser

S'Estalella ist ein privates Landgut auf der breiten Landzunge westlich von S'Estanyol de Migjorn. Landschaftlich ist es geprägt von Feldern, Sträuchern und Kiefernwald. Weil es auf Mallorca keinen Privatstrand geben darf, ist auch hier der Weg entlang der Küste für alle frei zugänglich. S'Estalella ist ein Naturschutzgebiet von besonderem Interesse und die Besitzer bitten alle Besucher darum, ihre Umweltschutzmaßnahmen zu unterstützen. Auf den gut ausgebauten Wanderwegen zu bleiben ist eine davon. Kein Problem! Die Tour führt zunächst entlang der felsigen Küste an alten Bootshäusern und felsigen Strandabschnitten vorbei, später dann auch durch duftende Kiefernwälder. Das offene Meer liegt die ganze Zeit vor einem und prasselt hin und wieder besonders wild gegen die Felsen. Die eine oder andere Stelle lädt hier in den Sommermonaten zudem zum Baden ein.

Insider-Tipp Einige der entlegenen und pittoresken Fischerhäuser hier an der Küste kann man auch mieten *(fischerferienhaus.de)*.

Zwei Türme und eine mysteriöse Höhle

Weiter geht es, immer Richtung Westen. Schon von Weitem sieht man ihn, den Leuchtturm von S'Estalella. Er wurde 1993 errichtet und dient seitdem als Orientierungspunkt für Schiffe, die entlang der Küste segeln. Von hier aus hat man eine atem-

Auf schmalen Pfaden geht es immer die Küste entlang (li.). Der 1993 errichtete Leuchtturm ist relativ jung und wurde von Anfang an automatisch betrieben (re.)

beraubende Panoramaaussicht auf das Meer und die umliegende Küstenlandschaft. Es ist auch ein perfekter Ort, um Rast zu machen und bei einem Picknick die frische Meeresluft zu genießen und die Schönheit der Natur auf sich wirken zu lassen. Weiter geht es zum nächsten Ziel: dem alten Wehrturm Torre de s'Estalella. Er diente einst, wie alle Wehrtürme der Insel, zur Verteidigung der Insel vor Piraten. Wen bei dem Gedanken an Seeräuber die Abenteuerlust packt, der begibt sich auf die Suche nach der geheimen Höhle, die früher wahrscheinlich auch gern als Schmugglerhöhle genutzt wurde. Der Eingang, durch den man hinabsteigen kann, liegt etwas versteckt hinter den Felsen. Etwas Schatzsucher-Spirit gehört also dazu. Hat man ihn aber gefunden und steigt hinunter, findet man sich an einem sehr verborgenen und geheimnisvollen Ort wieder.

Die Tour im Überblick

Einfache Küstenwanderung zum Leuchtturm von S'Estalella bei Campos, 2,6 km, 1,5–2 Std. hin und zurück

Mit dem Bus bis S'Estanyol 2 (Haltestellen-Nr. 31051) | Parkmöglichkeiten am Restaurant Club Nàutic s'Estanyol

Das ganze Jahr über schön, im Sommer kann es allerdings sehr heiß werden, und es gibt wenig Schatten

Sonnenschutz und Sonnencreme, Mückenschutz, Verpflegung, Badeschuhe

39.353259, 2.913259 (Leuchtturm von S'Estalella)

DOWNLOAD GPX-Track

Kakteen so weit das Auge reicht ★

50 000 m² tropische Vegetation und Kakteen, die so alt sind, dass sie noch von Piraten berichten könnten: Der Park Botanicactus liegt schon fast ein wenig unscheinbar am Rand von Ses Salines, ist aber definitiv einen Besuch wert!

Vorsicht, es könnte pieksen

Pflanzenfans aufgepasst: Am südlichen Zipfel von Mallorca öffnet einer der größten botanischen Gärten Europas (fast) täglich seine Türen für Besucher. Botanicactus ist – wie es der Name schon vermuten lässt – vor allem auf Kakteen spezialisiert. Sie sind eine der Hauptattraktionen des Gartens und die Sammlung ist wirklich beeindruckend: Mit über 10 000 Exemplaren aus mehr als 450 Arten ist er einer der größten Kakteenparks weltweit. Von winzigen Mini-Ausgaben bis hin zu riesigen Säulenkakteen gibt es hier eine erstaunliche Vielfalt an Formen, Farben und Größen zu bestaunen. Das älteste Exemplar, ein peruanischer Greisenkaktus, ist über 200 Jahre alt. Es gibt auch giftige und sehr seltene Arten – also bitte nichts anfassen!

Ein globaler Gartenspaziergang

Kakteen, wohin das Auge blickt. Was aber nicht bedeutet, dass es hier „nur" stachelige Pflanzen zu sehen gibt! Die gigantische Tropen- und Wüstenlandschaft des Botanicactus ist in verschiedene Themengärten unterteilt, die die Vielfalt der Pflanzenwelt und ihrer Biotope hervorheben. Ein Spaziergang durch den Garten ist fast wie eine Reise um die Welt: Von den trockenen Wüstengegenden Amerikas bis hin zu den üppigen Tropen Afrikas und Asiens bietet der Garten eine beeindruckende Vielfalt an Pflanzen und Landschaften. Es gibt auch einen speziellen mediterranen Garten, der liebevoll die einheimische Vegetation der Balearen präsentiert und Besuchern die Schönheit der lokalen Flora näherbringt.

Die Betreiber sind stolz auf ihre Sammlung einheimischer mallorquinischer Vegetation, die dazu beiträgt, die einzigartige Flora der Insel zu bewahren. Besucher können hier seltene endemische Pflanzen bewundern und mehr über die ökologische Vielfalt Mallorcas erfahren. Auf den gut ausgebauten Wegen kann man sehr gut dahinschlendern, und an heißen Tagen bietet der Garten dankenswerterweise viele Schattenplätze. Ein kleines Highlight ist der 10 000 m² große See, der zur Bewässerung der Pflanzen angelegt wurde. **Insider-Tipp** Wer jetzt Lust bekommen hat, selbst einen Kaktus sein Eigen zu nennen, der stattet der Gärtnerei und dem Kaktusexperten Toni Moreno einfach noch einen Besuch ab. Sie liegt nur wenige Minuten entfernt vom botanischen Garten. Bei den über 500 Arten sollte jeder Kaktusfan fündig werden *(cactustonimoreno.com)*.

Die Tour im Überblick

Floraler Spaziergang durch den Botanicactus-Park bei Santanyí, für den gesamten Rundgang durch die Anlage sollte man etwa 2–3 Std. einplanen

Mit dem Bus bis Ses Creus 1 (Haltestellen-Nr. 59002) | Ein großer Parkplatz mit schattigen Bäumen ist vorhanden | botanicactus.com | €€

Das ganze Jahr über eine Attraktion
Sonnenschutz und Sonnencreme, Mückenschutz, Verpflegung (es gibt kein Café zur Einkehr)
39.341170, 3.056519 (Botanicactus)

DOWNLOAD GPX-Track

Im Botanicactus-Park werden eine Vielzahl von Kakteen in ihrem ökologischen Umfeld präsentiert, aber auch andere Biotope und Klimazonen sind hier vertreten (li. und re.)

Traumbucht mit Extra-Thrill für Wagemutige ★

Wer die Schönheit Mallorcas auf einem Fleck vereint erleben will, der sollte unbedingt die beiden benachbarten Buchten Cala s'Almunia und Caló des Moro besuchen. Sich an diesem Ort sattzusehen? Fast unmöglich. Und einen kleinen Adrenalin-Kick gibt's noch obendrauf – für alle, die wollen, natürlich.

Zu Fuß zur Cala s'Almunia

Besondere Orte sind auch oft besonders beliebt. Aus diesem Grund hat die Regierung der Balearen die Parkmöglichkeiten rund um die attraktiven Buchten bereits vor einigen Jahren stark eingeschränkt. Bedeutet für Besucher: laufen! Macht aber nichts, denn der Fußmarsch ist es wert. Vor allem, wenn man sich bereits in den frühen Morgenstunden aufmacht. Zum Schluss geht es noch einmal viele Treppenstufen hinab, bis man sich am Ziel befindet. Türkisfarbenes Wasser und charmant in den Fels gebaute Fischerhäuschen prägen die erste der beiden Buchten. Tritt man durch das kleine Holztor und läuft durch das gut geschützte Naturgebiet, gelangt man in wenigen Gehminuten zur zweiten Traumbucht Caló des Moro. Hier heißt es dann: kraxeln. Der Weg runter zur Bucht ist recht steil und nicht ausgebaut, aber nicht lang und durchaus machbar. Wer auf viel Gepäck verzichtet hat, ist jetzt allerdings dankbar! Der schmale Sandstreifen ist dafür sowieso viel zu klein. Besucher liegen hier oft dicht an dicht. Aber wer will schon am Strand liegen, wenn das Wasser so verführerisch und kristallklar glitzert?

Ein gewagter Sprung ins Nass

Die Hauptattraktion von S'Almunia und Caló des Moro ist zweifellos die spektakuläre Küstenland-

schaft, die die beiden Buchten umgibt. Die Klippen, die steil aus dem türkisblauen Mittelmeer aufragen, bieten einen atemberaubenden Anblick. Hier finden sich beeindruckende Höhlen und Grotten, die von der Kraft des Wassers geformt wurden. Das macht diese Bucht auch besonders beliebt bei Klippenspringern. Besonders Mutige trauen sich, direkt in das freigespülte Loch inmitten der felsigen Landzunge bei S'Almunia zu springen.
Vorsicht ist beim Klippenspringen immer geboten! Bevor man springt, sollte man immer prüfen, ob das Wasser tief genug ist und man weit genug vom Felsen wegspringen kann. Das Wasser sollte vor allem beim Sprung ins Loch unbedingt ruhig sein, ansonsten kann man sich schnell in Lebensgefahr begeben! Wer das alles beachtet, kann sich hier – auf eigene Gefahr – einen Adrenalin-Thrill nach dem anderen holen …

Die Tour im Überblick

Klippenspringen an der Cala s'Almunia und Caló des Moro bei Santanyí, Weg zur Bucht ca. 30 Min.

Mit dem Bus bis Cala Llombards (Haltestellen-Nr. 57047) | Ein großer Parkplatz ist vorhanden (39.320812, 3.126482). Dieser wird vor allem in der Hochsaison manchmal gesperrt

Das ganze Jahr über eine Attraktion
Sonnenschutz und Sonnencreme, Mückenschutz, Verpflegung (es gibt kein Café), Badeschuhe (es ist felsig). Sonnenschirm und viel Gepäck daheim lassen
39.31271, 3.11966 (Cala s'Almunia)

DOWNLOAD GPX-Track

Das kristallklare türkisblaue Wasser der Cala s'Almunia lädt besonders zum Schnorcheln ein (li.). Erst nach einem steilen Pfad die Klippe hinab erreichbar: Caló des Moro (o.)

MEHR ERLEBEN

*WEITERE ABENTEUER & AUSFLÜGE

Am südlichsten Punkt Mallorcas erhebt sich, umgeben von einer schoffen Küste, der Far des Cap de ses Salines

Noch mehr entdecken im Süden: Die schönsten Buchten der Insel mitsamt ihren kleinen und großen Abenteuern findest du rund um Santanyí. Llucmajor lädt dich zum Rennradfahren ein, und bei Campos kannst du Mallorcas älteste Einwohner und ihre Kultur kennenlernen.

RUND UM SANTANYÍ

Skurrile Steinbauten bestaunen

1 Auf den Spuren des Künstlers Rolf Schaffner

Verstreut in Santanyí und seiner Umgebung können Kunstinteressierte auf eine ganz besondere Schatzsuche gehen. In den 1960er-Jahren hat der Bildhauer Rolf Schaffner, der vier Jahrzehnte in Santanyí lebte, verschiedene Steinskulpturen geschaffen. Einige davon sind sehr präsent, wie etwa am großen Kreisverkehr in Santanyí das Kunstwerk „Rei y Reina". Andere wiederum sind eher versteckt und inzwischen von der Natur wieder in Besitz genommen, wie etwa der riesige, steinerne Totem – zu finden am Aussichtspunkt zum Felsentor Es Pontas. Oder auch die „Caballos": sieben riesige Steinpferde, die auf dem Weg Richtung Es Llombards auf einem verwilderten Gelände stehen. Mehr Infos zum Künstler und seinem weiteren Werk findest du unter *rolf-schaffner.com*.

Insider-Tipp Wer noch mehr Kunst entdecken möchte, kann in der Galerie Flohr in Santanyí diverse Touren buchen *(kunst-touren-mallorca.com)*.

Mit dem Auto oder Rad, zum Aussichtspunkt Es Pontas muss man laufen · Zu jeder Jahreszeit schön · Festes Schuhwerk · 39.342411, 3.113162 (Startpunkt)

Auf dem Klippenweg vom Fischer zum Piraten

2 Mittelschwere Küstenwanderung an der Cala Figuera, 5 km, ca. 1 Std. hin und zurück

Am Ende des Fischerdorfes Cala Figuera befindet sich der Einstieg in eine schöne und nicht allzu anspruchsvolle Klippenwanderung entlang der

Eine wunderschöne Klippenwanderung kann man zwischen Cala Figuera und Cala Santanyí unternehmen

Rund um Colònia de Sant Jordi bietet sich ein Spaziergang am Meer an

Steilküste Richtung Cala Santanyí. Los geht es am Ende der Straße Carrer Tomarinar. Von hier führen sandige Trampelpfade entlang des grünen Küstenstreifens, mit Blick auf die Buchten Saragail d'en Pello und Caló des Ses Agulles. Ziel ist der alte Piratenwachtturm Torre Nova. Wer mag, kann jetzt noch weitergehen bis zur schönen Bucht Cala Santanyí. Hier kann man in das klare Wasser springen oder einen Café con leche trinken, bevor es wieder auf den Rückweg nach Cala Figuera geht.

Mit dem Auto oder dem Rad, Parken ist an der Carrer Tomarinar in Cala Figuera möglich *Ganzjährig schön* *Festes Schuhwerk, Sonnenschutz, Getränke und Mückenspray* *39.326720, 3.166994 (Startpunkt)*

Stadt, Küste, Strand

3 Einfacher Küstenweg entlang des Ortes Colònia de Sant Jordi zur Platja Estanys, 6 km, ca. 1,5–2 Std. (hin und zurück)

Der kleine Stadthafen im Örtchen Colònia de Sant Jordi ist ein wunderbarer Ausgangspunkt für einen kurzweiligen Spaziergang entlang der Küste. Ein gut ausgebauter Pfad, zum Teil als schöner Holzweg angelegt, führt vorbei am Leuchtturm Far de la Colònia de Sant Jordi in Richtung Westen. Es geht entlang an kleinen Fischerhäusern und Hotelanlagen. Das Café und Restaurant Cassai Beach House liegt auf dem Weg und ist ein toller Stopp für eine kulinarische Pause *(cassaibeachhouse.com)*. Der Blick schweift aufs offene Meer. Ziel ist der lange Sandstrand Platja Estanys. Das Wasser hier ist meist sehr klar und lädt zum Planschen ein – Badesachen also nicht vergessen.

Mit dem Bus bis Marquès del Palmer (Haltestellen-Nr. 59013) | Parkplatz am Hafen, die Wege sind gut ausgebaut *Zu jeder Jahreszeit schön* *39.317347, 2.998226 (Stadtstrand und Startpunkt)*

Immer gen Süden!

4 Einfache Küstenwanderung am Cap de ses Salines, 2½ Std., ca. 15 km

Auf geht's zum südlichsten Punkt der Insel, dem Cap de ses Salines. Das Kap ist umgeben von

An der rechten Seite der Cala Llombards befindet sich eine Klippe, die Wagemutige zum Sprung ins Wasser einlädt

einem Naturschutzgebiet und ein idealer Ausgangsort für Spaziergänge entlang der felsigen und wilden Küste. Schöner Blickfang: der weiß getünchte Far des Cap de ses Salines. Der Leuchtturm wurde 1863 erbaut und ist noch heute in Betrieb. Wer an der felsigen Küste entlang immer Richtung Westen bis nach Colònia de Sant Jordi läuft, der kommt an den unberührten Naturstränden Es Caragol und Platja de ses Roquetes vorbei. Wichtig zu wissen: Moskitospray unbedingt dabeihaben, vor allem in den Abendstunden! Das Naturschutzgebiet ist leider auch bei Mücken sehr beliebt.

Wer ein wenig mehr Zeit mitbringt, sollte es vielleicht den vielen Besuchern, die vor einem hier waren, gleichtun und sich an die Errichtung eines der anmutigen Steinmännchen machen.

Parkplätze an der Straße zum Leuchtturm vorhanden | Kein Rundweg, man muss auf gleichem Weg wieder zurück oder mit dem Taxi fahren *Zu jeder Jahreszeit schön, im Sommer mit Badestopp* *39.265770, 3.053098 (Startpunkt der Wanderung)*

Der Sprung ins Glück

5 Baden und Klippenspringen in der Cala Llombards

Mit ihrem türkisblauen Wasser, dem feinen weißen Sand und den umliegenden Felsklippen ist Cala Llombards ein wahrer Traum für Strand- und Naturliebhaber gleichermaßen. Die schöne natürliche Bucht mit ihren pittoresken Fischerhäusern bietet jedoch nicht nur eine idyllische Umgebung zum Entspannen, sondern auch aufregende Möglichkeiten für Abenteuerlustige: Die hohen Klippen, die die Bucht umgeben, sind ein Paradies für Klippenspringer. Mutige Besucher haben hier die Gelegenheit, von den felsigen Vorsprüngen in das kristallklare Wasser hineinzuspringen. Wichtig beim Klippenspringen: immer die Wassertiefe vorher abchecken und darauf achten, dass die Felsen wirklich überhängend sind.

Mit dem Bus bis Cala Llombards (Haltestellen-Nr. 57047) | Mit dem Auto oder Rad, ein Parkplatz ist an der Bucht vorhanden *Im Sommer am schönsten* *39.324154, 3.138949 (Cala Llombards)*

Der Traumstrand Es Trenc aus der Vogelperspektive erleben? Dann bietet sich ein Paratrikeflug an

Beim Flug mit einem Paratrike sitzt du vorne und der Pilot im Sitz hinter dir

Schiff ahoi! Miete einfach ein Boot

6 **Bootstour ab Cala Figuera, ab 2 Std.**

Lust auf Fischerdorf-Romantik wie aus dem Bilderbuch – aber in echt? Cala Figuera – der vielleicht stimmungsvollste Hafen der Insel – hat sich genau diese Atmosphäre beibehalten. Hier leben die meisten Einwohner noch immer von der Fischerei und bringen am Nachmittag ihren Fang nach Hause. Im Hafen liegen auch keine klobigen Yachten, dafür vor allem schmucke Llauts. Das sind die typischen kleinen Segelboote der Balearen, die allemal schöner anzuschauen sind als die millionenschweren Umweltsünden der großen Luxushäfen. Wer Lust bekommt, selbst aufs Meer rauszuschippern, kann sich hier am Hafen auch ohne Führerschein ein Boot ausleihen. Von Cala Figuera aus lassen sich einige sehr beliebte Buchten ansteuern, darunter Cala Mondragó, Cala Llombards und Cala Santanyí. **Insider-Tipp** Wer unsicher ist, der kann auch einen Skipper mitbuchen!

Virgen del Carmen, 52, Cala Figuera | Mit dem Bus bis Cala Figuera (Haltestellen-Nr. 57029) | Parkplätze sind an der Straße oberhalb des Hafens vorhanden | redstartours.com | €€€ (2 Std. Bootsfahrt) Im Sommer besonders schön, wenn man ins Wasser springen kann Badekleidung, Handtuch und Sonnencreme nicht vergessen

39.33172, 3.17028 (Redstar Tour Zentrale)

Exklusiver Ausblick von oben

7 **Paratrike-Flug über die Südküste, ca. 1 Std.**

Schon mal in einem Luftfahrzeug mit Gleitschirm und Motor gehangen? Nein? Dann wird's Zeit – ein Paratrike-Flug ist ein unvergessliches Erlebnis – das man allerdings nur mit einem erfahrenen Piloten erleben sollte. Auf Mallorca bietet Mallorcafly dieses ganz spezielle Abenteuer an. Man fliegt über die südlichen Küsten von Cala Pi, S'Estayol und Es Trenc und genießt dabei den atemberaubenden Ausblick auf das Meer und die Insel Cabrera.

Treffpunkt ist der Flugplatz Son Albertì (bitte Infos mit dem Anbieter gegenchecken) | Nur mit dem Auto oder dem Rad erreichbar, Parken am Flugplatz | mallorcafly.es | Die Flüge dauern ca. 20 Min. | €€€ Zu jeder Jahreszeit gut, im Sommer sind die Wetterverhältnisse besser

39.407420, 2.859576

Für echte Sportkletterer ist das traumhaft gelegene Areal Tijuana eine tolle Herausforderung

Es Pontàs ist nicht nur schön anzuschauen, sondern auch ein Klettergebiet für Profis

Am Meer abhängen – mal anders

8 Sportklettern im Gebiet von Tijuana

Für Sportkletterer dürfte der Süden von Mallorca ein kleines Paradies sein. Beliebt ist hier vor allem das Gebiet in Santanyí, das auch Tijuana genannt wird. Tijuana liegt direkt am Meer und bietet daher immer einen Ausblick auf die offene See, während man gerade am Felsen hängt. Die Klippe liegt auf der Süd-, also der Sonnenseite – im Winter von Vorteil, da es dann angenehm warm bleibt. Im Sommer kann es allerdings extrem heiß werden! Die Routen sind nichts für Anfänger, da die meisten senkrecht und überhängend sind. Es gibt rund 30 Kletterwege von 5a bis 8b, und nahezu alle sind saniert bzw. mit ordentlichen Haken versehen.

Parkplätze am Ende der Straße vorhanden

Ganzjährig schön, im Sommer kann es sehr heiß werden *39.327366, 3.149805 (Klettergebiet Tijuana)*

Eine Naturbrücke für Kletterprofis

9 Free Climbing am Felsentor Es Pontàs

Es Pontàs, was auf Mallorquinisch „die Brücke" bedeutet, ist ein eindrucksvoller Felsbogen an der Küste nahe der Cala Santanyí. Zum Bogen selbst kommt man nur über das Wasser, also mit dem SUP oder dem Boot. Für Kletterbegeisterte ist Es Pontàs nicht nur ein Anblick zum Staunen, sondern auch eine einzigartige Herausforderung. Die steilen, glatten Felswände rund um das Felsentor bieten eine ideale Kulisse für anspruchsvolle Kletterrouten. Besonders bekannt ist das steinerne Tor für seine Deep-Water-Soloing-Möglichkeiten (auch Psicobloc genannt). Bei dieser Form des Kletterns wird ohne Seil geklettert, wobei das Wasser als Schutz dient. Wichtig: Das Klettern an Es Pontàs ist definitiv nur für erfahrene Kletterer geeignet! Die Routen sind anspruchsvoll und erfordern ein hohes Maß an technischen Fähigkeiten und Klettererfahrung.

Anfahrt mit dem Auto, Parkmöglichkeiten an den Stränden Cala Santanyí oder Cala Llombards

Im Sommer am schönsten, wenn der Fall ins Wasser nicht zu kalt ist *39.325761, 3.144813 (Es Pontàs)*

Die vorgelagerte Insel Cabrera ist ein echtes Naturparadies, das vielen Arten Schutz bietet

Spiritueller Sundowner

10 Sonnenuntergang am Kloster Santuari de la Consolació

Oben auf einem Hügel liegt das kleine Kloster Santuari de la Consolació. Dieser idyllische Ort bietet nicht nur eine spirituelle Zuflucht, sondern auch einen Blick auf romantische Sonnenuntergänge. Von der großen Terrasse der Wallfahrtskirche aus hat man eine unverbaute Sicht auf die Landschaft, und man kann sogar bis zum Meer sehen, in dem an klaren Tagen die Sonne glutrot verschwindet.

Camí de sa Teulera, Santanyí | Mit dem Auto oder Rad, Parkplätze am Kloster vorhanden
Zu jeder Jahreszeit einen Besuch wert, besonders schön am Abend 39.38981, 3.14922

Bootsfahrt zur einsamen Insel

11 Ausflug auf die Naturschutzinsel Cabrera, ab 2 Std.

Die Insel Cabrera ist eine vorgelagerte kleine Insel etwa 10 km südlich von Mallorca. Seit 1991 ist sie ein geschütztes Naturreservat und damit unbewohnt. Ein Glück! So konnte dieser unvergleichliche Naturraum bewahrt werden und macht Cabrera zu einem wichtigen Zuhause für viele seltene und bedrohte Tier- und Pflanzenarten.

Insider-Tipp Wer nach Cabrera fährt, sollte sich auch unbedingt die Blaue Grotte anschauen. Die Wasserhöhle ist bekannt für ihre spektakulären Licht- und Farbeffekte. In den Sommermonaten fahren Boote täglich von Colònia de Sant Jordi auf die Insel. Beliebt ist hier neben dem Landgang vor allem die bunte Unterwasserwelt: ein Paradies für Taucher und Schnorchler.

Mit dem Bus bis Marquès del Palmer (Haltestellen-Nr. 59013) | Mit dem Auto oder dem Rad, öffentliche Parkplätze am Hafen vorhanden | Bootsfahrt und Touren z. B. über excursionsacabrera.es/de/cabrera-bootstour | €€€ Im Sommer besonders schön, wenn man ins Wasser springen kann, im Winter werden keine Bootsfahrten angeboten 39.141173, 2.945841 (Insel Cabrera)

Die Kleinstadt Llucmajor präsentiert sich ursprünglich und authentisch mit historisch interessanten Gebäuden

Wer den Passeig son Veri entlangläuft, wird auf viele schöne Aussichtspunkte treffen

An der Platja Maioris gibt es auch gute Stellen zum Schwimmen und Schnorcheln

Stern des Südens

12 Sterne anschauen am Cap de ses Salines

Dank des großen umliegenden Naturschutzgebiets gibt es am Cap de ses Salines kaum Lichtverschmutzung. Der felsige Küstenabschnitt mit seinen vielen kleinen, versteckten Buchten und Felsvorsprüngen ist ein idealer Ort, um den Sonnenuntergang zu genießen und anschließend in die Sterne zu blicken. Sind diese hell genug, kann man von hier bis zur Insel Cabrera blicken.

Mit dem Rad oder dem Auto, Parkplätze sind am Leuchtturm vorhanden | Ganzjährig schön | Mückenschutz und eine Taschenlampe, damit man beim Laufen nicht über die Felsen stolpert | 39.265541, 3.053714

RUND UM LLUCMAJOR

Entspannter Promenadenweg

13 Spazierengehen am Passeig son Veri, 1 km, 1 Std.

Die beliebte Promenade Passeig son Veri erstreckt sich entlang der Küste südlich von S'Arenal. Der gut ausgebaute Weg ist mit Palmen und Blumen gesäumt und bietet zahlreiche Bänke und Aussichtspunkte, die einen spektakulären Blick auf das Meer und die Umgebung bieten. Wer mag, kann ab und zu den Weg verlassen und weiter an der felsigen Steinküste entlanggehen oder einen Badestopp an einer der felsigen Buchten machen.

Insider-Tipp Wer bis zum Aussichtspunkt Mirador Son Verí Nou läuft, genießt von einer der Bänke einen wunderbaren Blick auf die Bucht von Palma.

Carrer Murta, 10, Llucmajor | Mit dem Bus bis Baladre 2 (Haltestellen-Nr. 31100) bzw. mit dem Auto oder dem Rad, Parken entlang der Seitenstraßen möglich | Zu jeder Jahreszeit einen Ausflug wert | Im Sommer Badekleidung und Badeschuhe | 39.493143, 2.738439

Ehrwürdige Steinplatten bestaunen

14 Spaziergang zum Mirador de Maioris, 1,5 km, ab 30 Min. (ohne Badezeit)

Die kurze Wanderung führt durch einen Pinienwald zum Aussichtspunkt Mirador de Maioris. Der Weg ist gut ausgeschildert, und man läuft ab der Carrer Roquetes in Puigderrós Richtung

Eine entschleunigende Möglichkeit, die Natur zu entdecken, bietet eine Wanderung mit einem Esel

Esel sind freundliche und gutmütige Tiere mit einem ausgeprägten Charakter

Meer durch eine wunderschöne Landschaft, die typisch für die Region ist. Von hier kann man die gesamte Steilküste entlangblicken und zur Platja Maioris hinunterlaufen. Dort stößt man auf eine Art Felsplattenformation, auf der man wunderbar sonnenbaden und ins klare Wasser springen kann. Die Steine stammen aus einem alten Steinbruch, in dem auch Material für Palmas Kathedrale abgebaut wurde. Wer lieber wandern möchte: Ab hier beginnt der Küstenwanderweg Cocó de ses Ninfes. **Insider-Tipp** Wem nach ein wenig Luxus ist, der lässt den Tag im nahe gelegenen Mhares Beach Club ausklingen *(mharesseaclub.com)*.

ℹ *Mit dem Bus bis Maioris Decima 2 (Haltestellen-Nr. 31119) | Es gibt einen gebührenpflichtigen Parkplatz in Mhares* ⏲ *Im Sommer am schönsten zum Baden* ⚙ *Festes Schuhwerk, Badekleidung, Badeschuhe* 📍 *39.453138, 2.741047 (Platja Maioris)*

Unterwegs mit den Langohren

15 🚶 Mittelschwere bis anspruchsvolle Wanderung mit einem Esel, 2–5 Std. (je nach Weg)

Wer gerne in Begleitung eines Tiers wandert, der ist bei der Finca Can Paulino an der richtigen Adresse. Denn hier kann man sich seinen Wanderkumpanen direkt von der Weide mitnehmen: einen Esel. Die – zugegeben, hier und da etwas störrischen, aber liebevollen – Weggenossen machen den Ausflug zu einem tierischen Erlebnis und bringen eine gewisse Gelassenheit in die ganze Angelegenheit. Von der Finca aus kann man sich für verschieden lange Strecken entscheiden, u. a. auch hinauf zum Kloster Randa.

ℹ *Finca Can Paulino, Camí vell d'Algaida, apartado 298, Llucmajor | Mit dem Auto oder dem Rad, Parkplatz an der Finca vorhanden | canpaulino.com | €€€* ⏲ *In der Nebensaison, wenn es nicht zu heiß ist* 📍 *39.517965, 2.872551*

Mit dem Rennrad zum Klosterberg

16 🚲 Anspruchsvolle Fahrradtour zum Puig de Randa, 10 km, 1½ Std. pro Strecke

Der 543 m hohe, weithin sichtbare Puig de Randa ist der einzige Berg im Landesinneren von Mallorca – und ein hervorragendes (und herausfordern-

Den Leuchtturm Cap Blanc umgibt eine der zerklüftetsten Küsten Mallorcas, der Ausblick ist einfach traumhaft

Am Mirador des Balconet führt eine Holztreppe hinunter ans Wasser

des) Ziel für Bike-Fans. Mit dem Rennrad beginnt man die Tour am besten in der Nähe von Llucmajor. Auf dem Weg Ma-5010 und Ma-5017 zum Gipfel geht es an Olivenhainen, Mandelbäumen und Zypressen vorbei. Die Strecke führt durch hügeliges Gelände, auch steile Anstiege muss man auf dem Weg nach oben bezwingen. Der Schweiß ist nicht umsonst: Auf dem Klosterberg angekommen, genießt man eine herrliche Aussicht auf die mediterrane Landschaft und das Meer. **Insider-Tipp** Im Kloster kann man nicht nur toll mallorquinisch essen, sondern auch in einem Gasthaus übernachten *(santuaridecura.com).*

Diseminado Estación Radar | Mit dem Auto, dem Rennrad oder auch zu Fuß, Parkplatz direkt am Kloster Radsaison ist Winter und Frühjahr 39.527151, 2.928804

Auf dem Holzweg ins Glück

17 Am Aussichtspunkt Mirador des Balconet

Eine steile Küstenstraße führt hinunter zum Aussichtspunkt Mirador des Balconet (Pujador des Frares). Wer will, kann den gut ausgebauten Weg auch runterlaufen. Und wer heute mal nicht mag oder den steilen Rückweg scheut, kann auch mit dem Auto fast direkt bis vor die Aussichtsplattform fahren und dort auch sehr gut parken. Der Mirador des Balconet bietet nicht nur einen atemberaubenden Blick auf die Steilküste und viele schöne Sitzgelegenheiten. Von hier führt auch eine lange Holztreppe hinunter bis ans glitzernde Wasser. Große Felsplatten laden hier zum Picknicken und Sonnenbaden ein. Und im Sommer darf der Sprung ins türkisblaue Nass nicht fehlen.

Llucmajor | Mit dem Bus bis Badia Blava 1 (Haltestellen-Nr. 31114) | Mit dem Auto bzw. dem Rad, Parken entlang der Seitenstraßen möglich Zu jeder Jahreszeit schön, im Sommer kann man baden Badeschuhe im Sommer nicht vergessen, die Steinplatten können rutschig sein 39.434660, 2.746531 (Aussichtspunkt Mirador des Balconet)

RUND UM CAMPOS

Maritimer Blickfang mit Aussicht

18 Rund um den Leuchtturm Cap Blanc

Der schöne Leuchtturm macht seinem Namen alle Ehre. Weiß getüncht hebt er sich vom blauen Him-

Eindrucksvolle Turmbauten prägen die prähistorische Siedlung Capocorb Vell

Die megalithische Talayot-Kultur hatte zwischen dem 13. und 2. Jh. v. Chr. ihre Blütezeit auf Mallorca

mel ab und ist dadurch allein schon eine Erscheinung. Das markante Bauwerk wurde 1863 errichtet und ist heute immer noch in Betrieb. Es dient als Navigationshilfe für Schiffe, die entlang der Küste von Mallorca fahren. Rund um den Leuchtturm genießt du eine atemberaubende Aussicht auf das Meer und die umliegende Landschaft. Es gibt eine Wanderung, die ab dem Leuchtturm entlang der Klippen führt und einen Blick auf die felsige Küste und das Meer bietet. Der Weg ist auch bei Vogelbeobachtern beliebt, da viele seltene Vogelarten in der Umgebung leben. Nur wenige Gehminuten vom Leuchtturm entfernt liegt der uralte Wachturm Torre de Vigilància del Cap Blanc.

Mit dem Auto oder dem Rad, Parken vor dem Leuchtturm möglich | farsdebalears.com/es
Ganzjährig schön *39.36371, 2.78777 (Leuchtturm)*

Die talaiotische Kultur kennenlernen

19 Ausflug zum talaiotischen Dorf Capocorb Vell, ca. 1½ Std.

Wer sich für die Geschichte des prähistorischen Mallorca interessiert, sollte sich diesen Besuch nicht entgehen lassen: Capocorb Vell ist eine talaiotische Siedlung und eine der bekanntesten und am besten erhaltenen archäologischen Stätten Mallorcas. Die talaiotische Kultur ist nach den Talayots benannt – den charakteristischen runden Türmen, die Teil der Siedlung von Capocorb Vell sind. Diese bis zu vier Meter hohen Steintürme dienten wahrscheinlich als Verteidigungsanlagen und Aussichtspunkte. Die Stätte besteht aus mehreren Gebäuden, darunter Wohnhäuser und öffentliche Bauten. Zudem hat man bei den Ausgrabungen Artefakte aus verschiedenen Zeiträumen gefunden. Dazu gehören Keramik, Werkzeuge aus Stein und Knochen sowie Schmuckstücke aus Bronze. Die Funde deuten darauf hin, dass Capocorb Vell einst ein wichtiger Handelsort war, der Kontakte zu anderen mediterranen Kulturen pflegte.

Insider-Tipp Wer sich für die talaiotische Kultur interessiert, findet im Museu Arqueològic de Son Fornés in Montuïri weitere spannende Einblicke.

Umgeben von Olivenfeldern geht es auf gut ausgebauten Straßen Richtung Llucmajor

Ma-6014, km 23, Llucmajor | Mit dem Auto oder dem Rad, Parkplatz direkt am Eingang | talaiotscapocorbvell.com | € Ganzjährig schön, im Winter die Öffnungszeiten checken 39.397689, 2.824272 (Capocorb Vell)

Ein Herz für Radler

20 Diverse mittelschwere Radtouren auf ausgewiesenen Radwegen in Llucmajor
Wer gerne mit dem Rad oder dem E-Bike unterwegs ist und dabei keine Höhenmeter machen will, für den ist Llucmajor ein wunderbarer Ausgangspunkt. Der Ort hat viele seiner Straßen ausgebaut und verfügt inzwischen über das größte Netz an Radwegen auf der gesamten Insel. Ob entlang der Küste mit ihren zahlreichen Buchten oder rein ins Landesinnere, vorbei an Traum-Fincas und herrlicher Natur – hier findet jeder Radler die passende Route. Drei schöne Touren gibt es hier: *visitllucmajor.com/de/erfahrungen/fahrradtouren.*

Der Startpunkt liegt unmittelbar neben dem Besucherparkplatz von Capocorb Vell Zu jeder Jahreszeit schön, aber bitte immer den Wetterbericht im Auge haben 39.396908, 2.823865 (Startpunkt)

Mit dem Bike von Dorf zu Dorf

21 Radfahren von Porreres bis Campos, mittelschwere Rundtour von ca. 40 km, ca. 2 Std.
Porreres, Felanitx und Campos – drei hübsche Orte im Süden, die sich ganz wunderbar bei einer entspannten Radtour miteinander verbinden lassen. Die Dörfer liegen in einem Dreieck zueinander und sind umgeben von ruhigen Nebenstraßen und schöner Natur. **Insider-Tipp** Die Wochenmärkte der drei Dörfer sind ebenfalls sehr besuchenswert und ein nettes Ausflugsziel. Der Markt findet in Porreres am Dienstag, in Felanitx am Sonntag und in Campos am Donnerstag und Samstag jeweils vormittags statt. Die Strecke ist auch ideal für E-Bike-Fans. Die Tour startet in Porreres östlich auf der Landstraße 5100. Von hier geht es auf den Schotterweg Camí de Son Mesquida Richtung Felanitx. Camí de Son Negre und Camí de Can Foguerrada führen dann Richtung Campos. Auf dem Camí de Cam Corem geht es wieder Richtung Porreres.

Mit dem Bus bis Ronda d'Alcassor 1 (Haltestellen-Nr. 43013) | Parken entlang der Seitenstraßen möglich In der Nebensaison am schönsten 39.514602, 3.030278 (Startpunkt Felanitx), 39.514919, 3.023750 (Startpunkt Porreres)

Schroff abfallende Steilküste trifft Traumstrand mit idyllischer Sandbucht: Cala Pi

Wer die Bodegas Vi Rei besucht, kann geführte Weinbergtouren mit dem Zug unternehmen

Von hohen Klippen eingerahmt

22 Baden und Schnorcheln an der Cala Pi

Wer ruhige, weinig berührte Strände mag, wird Cala Pi lieben. Die kleine Bucht ist von hohen Felswänden umgeben und mutet dadurch ein bisschen an wie ein Fjord. Den Strand muss man sich allerdings mit ein paar Treppenstufen erst „erarbeiten". Von der Steilküste führt der Weg über eine Steintreppe mit über 140 Stufen hinunter bis auf Meereshöhe. Doch die Mühe lohnt sich: Die Atmosphäre ist ruhig und entspannt – genau wie das Wasser. Bedingt durch die geschützte Lage entstehen hier nämlich kaum Wellen – ideal auch für Familien mit kleinen Kindern. Im kristallklaren Wasser kann man hervorragend schnorcheln. Die Zeit bleibt hier beinahe stehen – und schon nach wenigen Stunden fühlt man sich tiefenentspannt.

Insider-Tipp Wer genug vom Sonnen und Baden hat, der spaziert oberhalb der Küste zur Torre de Cala Pi und erlebt einen einmaligen Blick auf die Bucht und das Mittelmeer.

Mit dem Bus bis Cala Pi (Haltestellen-Nr. 31050) | Parkplätze sind oberhalb der Bucht vorhanden
Im Sommer *Badekleidung & Handtuch, Sonnencreme, Sonnenschirm (im Sommer kann man Liegen und Schirme mieten), Schnorchelausrüstung* *39.364112, 2.836180 (Cala Pi)*

Salud! Direkt vom Feld!

23 Weintour mit Zugfahrt und Verköstigung, ca. 2 Std.

Schon einmal mit einem Zug über ein Weinfeld gefahren? Bei den Bodegas Vi Rei kutschiert dieser die Gäste bequem durch das Anbaugebiet, während man viel Interessantes über die mallorquinische Weinkultur erfährt. Die Bodegas besitzen mit 85 ha die größte Weinanbaufläche der Insel – da ist der kleine Zug ziemlich praktisch! Im Herbst können Fans des edlen Getränks auf den Bodegas auch an der Weinlese teilnehmen. Diese findet meist in den tiefen Abendstunden statt, weil es auf den Feldern auch im Herbst noch sehr heiß werden kann. Die pralle Sonne ist zwar gut für den Wein, aber weniger gut für die Erntehelfer.

Weinliebhaber haben die Qual der Wahl auf der Insel. Es gibt inzwischen über 70 lokale Weingüter, deren Qualität von Jahr zu Jahr steigt. Die meisten liegen rund um Binissalem im Westen der Insel.

Ctra. Ma-6014, Ctra. Cap Blanc, km 25 | Parkplätze sind auf dem Gelände vorhanden | bodegasvirei.com | €€ *Wer Wein direkt ernten möchte, sollte im Herbst kommen, ansonsten ganzjährig schön* *39.394745, 2.841766*

DER SCHÖNSTE SONNENAUFGANG

Maritimer Start in den Tag

24 Am Leuchtturm von Colònia de Sant Jordi

Ein langer, breiter Holzweg führt zum Leuchtturm von Colònia de Sant Jordi, der zentral in der Nähe des Hafens liegt. Von der großen, steinernen Terrasse des Far de la Colònia de Sant Jordi blickt man auf die kleinen, vorgelagerten Inselchen Na Guardis und Na Gorberana – und natürlich auf das offene Meer. Ein wundervoller, friedlicher Ort, um den neuen Tag zu begrüßen.

Carrer Cabrera, 50, Colònia de Sant Jordi, Parken an der Plaça es Dolc *Zu jeder Jahreszeit schön* *39.312689, 2.993565*

LOKALE SPEZIALITÄTEN

*UND WO DU SIE PROBIEREN KANNST

Boquerones gehören zu den beliebtesten Tapas. Die frittierten Sardellen werden dann nur noch mit Zitrone beträufelt

Diese Region ist sprichwörtlich für das Salz in der Suppe zuständig. Aber auch Süßes findet sich hier zum Glück. Welche Genüsse du dir im Süden nicht entgehen lassen solltest und wo du sie probieren kannst, erfährst du hier.

Herrlich herzhafte Fleischbällchen

1 🍴 Albóndigas

Die mallorquinischen Albóndigas bestehen in der Regel aus einer Mischung aus Hackfleisch, oft Rind- und Schweinefleisch, das mit Kräutern, Knoblauch, Zwiebeln und Gewürzen aromatisiert wird. Die Zutaten werden sorgfältig vermengt und zu kleinen Bällchen geformt, die anschließend gebraten oder geschmort werden. Traditionell werden die Albóndigas in einer reichhaltigen Tomatensauce serviert.

ℹ *Damit es „wie bei Mama schmeckt", isst man die würzigen Bällchen am besten in einem traditionellen Lokal, wie dem* **Café Colón** | *Plaça Espanya, 17, Llucmajor* | *cafecolon1928.es* | €

Feiner Fisch

2 🍴 Boquerones

Boquerones, auch bekannt als Sardellen oder Anchovis, werden frisch aus dem Mittelmeer gefangen und sind für ihren delikaten Geschmack und ihre zarte Textur bekannt. Sie sind besonders reich an Omega-3-Fettsäuren. Auf Mallorca werden sie traditionell mariniert oder knusprig frittiert.

ℹ *Wie viele Strandlokale bietet auch das* **5illes Beach & Sunset** *an der Platja de s'Estanys in Còlonia Sant Jordi die schmackhaften kleinen Fische an* | *Platja de s'Estanys, Colònia de Sant Jordi* | *5illesmallorca.com* | €€

Schneeweißer Schatz

3 🍴 Flor de Sal

Der Süden von Mallorca hat ideale Bedingungen für das Ernten von Meersalz. Das erkannten die Menschen bereits vor Tausenden von Jahren und legten hier die ersten Salinen an. Sie werden auch heute noch genutzt, um auf traditionelle Weise das begehrte Flor de Sal zu gewinnen.

ℹ *Das Flor de Sal aus den Salinen von Es Trenc kann man in vielen Läden verkosten und kaufen, u. a. im Zentrum von Santanyí |* **Flor de Sal d'Es Trenc** *| Santanyí Shop, Plaça Major, 15, Santanyí | flordesal.com | €*

Super Sommerlich

4 Trampó

Trampó ist das ideale Gericht an heißen Tagen. Der Sommersalat wird aus Tomaten, Paprika und Zwiebeln gemacht. Alle Zutaten werden dabei in ganz kleine Würfel geschnitten und vermengt. Im Hochsommer kommt der Salat immer eiskalt aus dem Kühlschrank auf den Tisch.

ℹ *Besonders schön mit Meerblick im Beachlokal in Cala Santanyí |* **Sona Beach** *| Parking Playa, Cala Santanyí | sonabeach.com | €€*

Einer für alles

6 Wochenmarkt in Santanyí

Wer in Santanyí den Markt besucht, der wird für jeden Gaumen etwas finden. Der Markt findet zweimal wöchentlich mitten im Zentrum statt und zieht sich in den Sommermonaten durch die zahlreichen Gässchen der Stadt. Absolut besuchenswert!

ℹ **Wochenmarkt Santanyí** *| Mittwoch- und Samstagvormittag*

Frische Früchte

5 Feigen

Wer Ende August, Anfang September auf Mallorca ist, der wird sie überall auf den Märkten sehen: Feigen. Zu dieser Jahreszeit sind die kleinen lila Früchte am Höhepunkt ihrer Reife angekommen.

ℹ *Wer alles über Feigen erfahren will und auch selbst pflücken möchte, der besucht die Feigenfinca* **Son Mut Nou** *bei Llucmajor | Camí des Palmer, Llucmajor | monserratpons.com | €*

Schon allein wegen der monumentalen Kathedrale von Palma aus dem 14. Jh. lohnt sich ein Besuch der Stadt

Palma & Umgebung

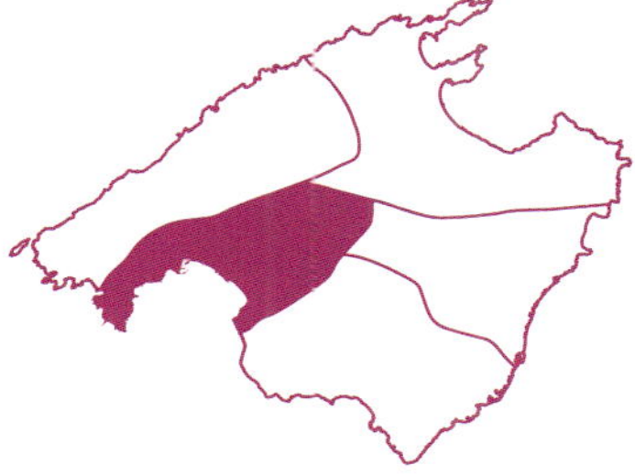

KULTUR, KUNST UND KIRCHEN

Die Hauptstadt der Insel ist der Hotspot für Kultur, Kunst und Geschichte! Allen voran steht natürlich die prächtige Kathedrale, die das Wahrzeichen der Stadt ist. Um sie herum lässt sich vieles entdecken, von königlichen Gärten bis zu historischen Bädern. Palma und die nahe Umgebung bieten aber auch viele Möglichkeiten zur Aktivität in der Natur. Schließlich liegt die Stadt direkt am Meer, und man kann das lebendige Stadtleben mit erholsamen Strandtagen perfekt kombinieren. Ideal für Radliebhaber ist der lange und gut ausgebaute Küstenstreifen Palmas. Wer die Geschichte einer Stadt gern zu Fuß erlebt, der stattet dem Castell Bellver einen Besuch ab oder besichtigt die schmuckvollen Fassaden der Art-nouveau-Bauten. In Palma ist das kulturelle Erbe der Insel überall spürbar!

AUF EINEN BLICK

*PALMA & UMGEBUNG

MARCO POLO OUTDOOR-HIGHLIGHTS ★

★ Unterwegs auf blauen Pfaden
Wandern und Radfahren entlang der Küste zum Strand Cala Estància → S. 168

★ Schöne Aussicht garantiert
Abwechslungsreiche Tour zum Castell Bellver → S. 170

★ Auf den Dächern einer Ikone
Ausflug auf die Dachterrassen der Kathedrale La Seu → S. 172

★ Auf der Jugendstil-Route in Palma
Stadtrundgang entlang der Art-nouveau-Bauten von Palma → S. 174

★ Auf Streifzug durch das hippe Palma
Spaziergang durch das Viertel Santa Catalina → S. 176

★ Nichts für schwache Nerven
Abseilen und Klippenspringen beim Coasteering an der Küste von Magaluf → S. 178

Unterwegs auf blauen Pfaden ★

Die Küstenroute von Sa Petrolera zum Strand Cala Estància ist ein idealer Weg für alle, die entspannt ins Wandern auf der Insel einsteigen wollen und es lieben, dabei aufs Meer zu blicken. Zum Glück liegt Palma nah am Wasser, sodass man mit frischer Meeresbrise im Gesicht entspannt spazieren gehen oder radfahren kann.

Ein ausgezeichneter Wanderweg

Zugegeben: Nach ein paar Tagen in der quirligen Inselhauptstadt bekommt man Lust auf Meer und Strand. Der Wanderweg von Palmas Zentrum entlang der Küste nach Südosten ist mit dem Siegel Sendero Azul (also Weg mit Blauer Flagge) ausgezeichnet. Das Umweltgütesiegel Blaue Flagge setzt sich für die Verbreitung und Erhaltung nachhaltiger Werte im Tourismus ein. Dabei handelt es sich um eine Initiative des ADEAC, also der Vereinigung der Umweltbildung und der Verbraucher in Katalonien, die sich für eine nachhaltige Nutzung und Verwaltung der Küstengebiete und ihrer Umgebung stark macht.

Immer am Meer entlang

Praktisch: Man kann sich bequem zu Fuß vom Zentrum Palmas aus zum Startpunkt der Route begeben. Der Wanderweg führt entlang des Küstenstädtchens und ehemaligen Fischerorts Portixol und startet am Gebäude Aula de la Mar, einem Zentrum für die Umweltbildung der Öffentlichkeit. Weiter geht es zum Passeig de Molinar, wo der älteste Yachtclub der Balearen logiert. Außerdem hat hier die traditionelle Fischerei, die am Passeig schon immer betrieben wurde, nach wie vor eine große Bedeutung. Der Weg verbindet wunderbar Naturerlebnis, Küstenflair und städtische Kultur miteinander. So geht es beispielsweise vorbei am

alten Hotel Ciutat Jardí aus dem Jahr 1921 – ein modernistisches Gebäude mit neoarabischen Einflüssen wie den arabesken Kuppeln. Das Gebäude wurde aufgrund seines touristischen Wertes zu einem nationalen Kulturgut erklärt. Es folgt das belebte Küstengebiet Es Carnatge, das zwischen der Bucht Cala Pudent, Can Pastilla und dem Inselchen Illot de sa Galera (ein Naturreservat) liegt.
Die Gegend wurde zu einem Naturgebiet von besonderer Bedeutung erklärt. Ziel der Tour ist die idyllische und vor Wellenbrechern geschützte Bucht Cala Estància mit einem kleinen Sandstrand auf halbem Weg nach S'Arenal. Auf der Küstenroute kann man bestens die mallorquinische Natur und Kultur auf sich wirken lassen. Man kann die Strecke auch bestens mit dem Rad bewältigen. Damit sich Fußgänger und Radfahrer nicht ins Gehege kommen, bietet der Weg eine separate Fahrspur für Radfahrer, E-Scooter und Inlineskater.

Die Tour im Überblick

Einfache Wanderung entlang der Küstenroute von Palma, 6 km, ca. 1½ Std. für den Hinweg

Ab Palma-Zentrum zu Fuß oder mit dem Bus bis Es Portixol (Haltestellen-Nr. 447) | rutalitoral.palma.cat

Immer sehr schön. Im Hochsommer die Mittagsstunden meiden, der Weg bietet nicht viel Schatten

Im Sommer Badekleidung, Handtuch, bequeme Schuhe. Es gibt viele Cafés entlang der Route

39.563166, 2.670476

DOWNLOAD GPX-Track

Wer will, kann auf gut ausgebauten Wegen von S'Arenal bis Porto Pi komplett an der Küste entlangradeln (li.). Immer wieder verlocken schöne Aussichtspunkte zu einem Stopp (re.)

Schöne Aussicht garantiert ★

Das Castell de Bellver macht seinem Namen alle Ehre. Denn Bellver bedeutet so viel wie „schöner Blick"– und weil diese beeindruckende Festung auf einem Hügel thront, bietet sie zusätzlich zu ihrem umfangreichen historischen Erbe eine atemberaubende Aussicht auf Palma.

Eine Festung mitten in der Natur

Das Castell de Bellver liegt knapp 113 m über dem Meeresspiegel auf einer Anhöhe inmitten eines Naturschutzgebiets – ein idyllischer Rückzugsort abseits des geschäftigen Treibens von Palma. Die im 14. Jh. erbaute und sehr gut erhaltene Festung ist ein Meisterwerk der mittelalterlichen Architektur und ein Symbol für die reiche Geschichte Mallorcas. Den kreisrunden Wehrbau schmücken vier große Türme. Der größte von ihnen, auch Torre de l'Homenatge genannt, befindet sich außerhalb des runden Baus. Eine kleine Zugbrücke verbindet ihn mit der Festung. Weil sich viele Touristen nicht so gerne außerhalb der Innenstadt tummeln, ist das Castell Bellver fast noch ein kleiner Geheimtipp und selten überlaufen. Dabei kann man das Kastell sogar fußläufig von der Innenstadt aus erreichen. So lässt sich die Besichtigung mit einer Wanderung von der Kathedrale La Seu durch die Altstadt, entlang des Hafens und durch das bewaldete Naturschutzgebiet ideal verbinden.

Auf der Terrase geht es rundherum

Sobald man den Hügel erklommen hat, auf dem das Castell gebaut wurde, wird man mit einer atemberaubenden Aussicht belohnt. Die Festung

Die gotische Festung Castell de Bellver gilt in vielerlei Hinsicht als einmalig. Anders als die meisten Wehrbauten Europas ist es kreisrund (li.). Blick in den Innenhof (re.)

und ihre Wehrmauer beeindrucken durch ihre runde Form – ein einzigartiges Merkmal, das es von anderen Burgen und Schlössern abhebt. Der rund angelegte Innenhof samt Bögen erinnert fast ein wenig an ein römisches Kolosseum und bietet ein tolles Fotomotiv. Verpass nicht die riesige, kreisförmig angelegte Terrasse auf dem Kastell zu besteigen und hier den 360-Grad-Rundblick auf den Hafen, das offene Meer, die Stadt und die umliegende Natur zu genießen.

Insider-Tipp Am Sonntag ist der Eintritt in das Castell für alle kostenlos. Das Innere des Castells beherbergt das Mallorca-Museum, in dem eine umfangreiche Sammlung von Kunstwerken und Artefakten ausgestellt ist, die mustergültig die Geschichte und Kultur der Insel widerspiegelt.

Die Tour im Überblick

Einfache Wanderung zum Castell de Bellver, ca. 5,5 km (nur Hinweg), 1½ Std.

Ab Palma-Zentrum zu Fuß | Alternativ mit dem Auto (Parkplätze direkt am Castell vorhanden) | Keine öffentliche Bushaltestelle | castelldebellver.palma.cat | €

Zu jeder Jahreszeit schön. Die Mittagszeit meiden, der Weg bietet wenig Schatten

Bequemes Schuhwerk, Sonnen- und Mückenschutz, Kamera

39.564035, 2.619452 (Castell Bellver)

DOWNLOAD GPX-Track

Auf den Dächern einer Ikone ★

Sie ist das Wahrzeichen von Palma – wenn nicht der ganzen Insel: die Kathedrale der Heiligen Maria aus dem 14. Jh. Wer diese Kirche aus einer ganz neuen Perspektive kennenlernen möchte, für den geht es hoch hinaus.

Einmal durch den Parc de la Mar

Jeder, der in die Innenstadt von Palma hineinfährt, kommt an ihr vorbei, und sie ist bereits von Weitem zu sehen: die beeindruckende Kathedrale aus hellem Sandstein, die von den Mallorquinern liebevoll nur La Seu genannt wird – ein katalanischer Ausdruck für Bischofssitz. Sie ist eines der höchsten gotischen Gebäude Europas, und genau diese Höhe kann man bei einem ganz besonderen Ausflug kennenlernen. Ein guter Startpunkt für diesen Ausflug ist die Plaça de la Portella. Dann geht es um das Bassin im Parc de la Mar herum, wobei man von hier das prächtige Bauwerk wunderbar bestaunen kann. An der Kathedrale angekommen, geht es gleich ins Innere. Vor allem an sehr heißen Tagen ist die kühle Atmosphäre eine Wohltat, und die andächtige Ruhe ist eine willkommene Abwechslung zum quirligen Leben der Hauptstadt. Für alle Gläubigen ist das Kirchenschiff ein heiliger Ort, und es gibt sehr viel zu schauen und zu entdecken.

Und jetzt: Höhenluft schnuppern

Doch auch alle Frischluft-Enthusiasten kommen hier auf ihre Kosten: Alle 30 Minuten darf eine begrenzte Besucherzahl die 137 Treppen erklimmen, die zu den Terrassen der Kathedrale führen. Der Treppenturm ist schmal und dunkel, und die vielen Stufen, die sich spiralförmig nach oben schrauben, können etwas schwindelig machen – doch die Belohnung folgt schnell, sobald man auf die breiten Terrassen steigt. Denn man befindet sich direkt unter den ikonischen Rundbögen und kann das gesamte Architektursystem von Strebebögen und Stützpfeilern, das sogenannte Costillar, aus nächster Nähe bewundern. Die großen, stilgebenden Bögen der Kathedrale stützen das zentrale Schiff und die riesigen Kirchenfenster. Am besten läuft man einmal um die gesamte Kathedrale herum, so genießt man die unvergleichliche und abwechslungsreiche Aussicht auf den Hafen, das Meer und die Stadt. Besonders beeindruckend ist es, direkt vor der riesigen Rosette aus 61 Buntglasfenstern zu stehen, die man ansonsten nur aus der Ferne kennt. Zum Sonnenuntergang am Abend ist dieser Rundgang ganz besonders zu empfehlen.

Insider-Tipp Darf es noch mehr Rooftop sein? Am Donnerstagabend gibt es drei geführte Touren auf die Dachterrassen des historischen Gebäudes Llotja dels Mercaders, ebenfalls in Palmas Zentrum.

Die Tour im Überblick

360-Grad-Rundgang auf den Terrassen der Kathedrale von Palma

Zu Fuß von Palma-Zentrum oder mit dem Bus bis Parc de la Mar–Catedral (Haltestellen-Nr. 1982) | catedraldemallorca.org, €€ | (Ticket)

Die Terrassen sind nur von Mai bis Oktober geöffnet. Im Winter ist leider keine Besichtigung möglich

Bequemes Schuhwerk, Kamera und ein Schal, um in der Kathedrale nackte Schultern zu bedecken. Höhenangst und Klaustrophobie besser daheim lassen

39.567591, 2.648278

DOWNLOAD GPX-Track

Auf der Dachterrasse eröffnen die Stützpfeiler einen ganz neuen Blick auf die Architektur der Kathedrale (li.). Blick auf La Seu vom Parc de la Mar (re. o.). Das Bassin im Parc de la Mar (re. u.)

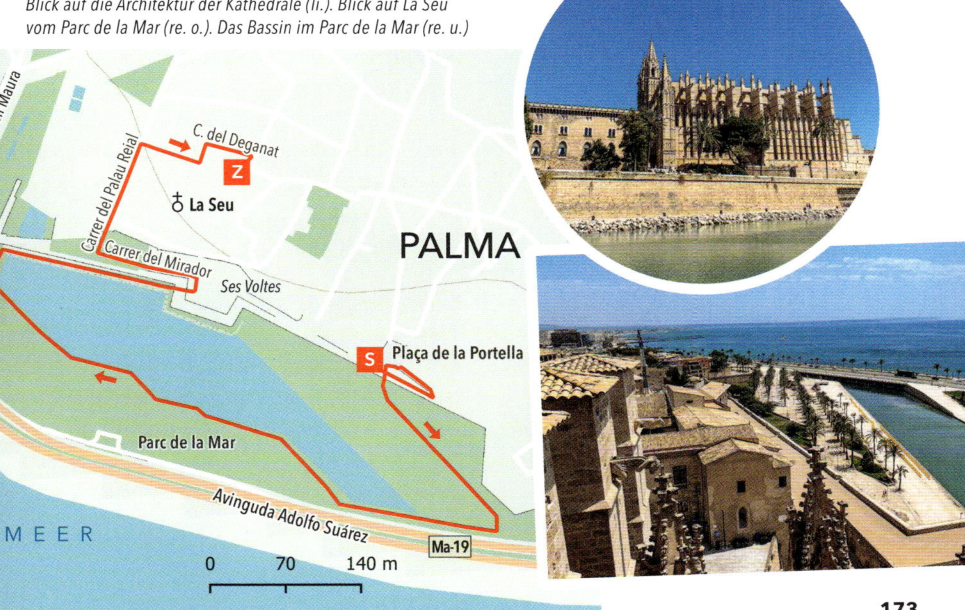

Auf der Jugendstil-Route in Palma ★

Kurvenreiche und asymmetrische Linien, farbenfrohes Buntglas, schillernde Mosaike und überladene Blumenornamente – selbst Nichtkennern der Architektur dürften in Palma so einige Häuser in den Blick fallen. Denn die Stadt ist gespickt mit zahlreichen Gebäuden aus dem Jugendstil – eine Ära, die langweilige Fassaden nicht kannte.

Zeitlos schöne Bauten

Einfach mal stehen bleiben und nach oben schauen – das lohnt sich in Palma ganz besonders. Die Stadt ist eines der wichtigsten Zentren des Jugendstils in Europa – auch Art nouveau genannt. Berühmte Architekten wie Antoni Gaudí, Joan Rubió, Domenech i Montaner und weitere bekannte Namen der Kunst- und Architekturszene brachten diese einprägsame kunstgeschichtliche Epoche Ende des 19. Jhs. in die Inselhauptstadt. Sie schufen architektonische Meisterwerke, die Elemente der Natur, organische Formen und kunstvolle Verzierungen vereinten, um ein harmonisches Gesamtbild zu schaffen. Noch heute sind viele Gebäude und deren Fassaden sehr gut erhalten und werden von den Besitzern der Häuser aufwendig, kostenintensiv und mit viel Liebe zum Detail restauriert, um das Erbe der Stadt zu schützen. Und ins Detail muss man bei diesen Fassaden gehen, denn sie sind alles andere als minimalistisch!

Ein Gebäude schöner als das andere

Praktisch: Viele der wichtigsten Gebäude des Jugendstils befinden sich im Stadtzentrum und lassen sich bei einer schönen Sightseeing-Tour zu Fuß besichtigen. Los geht es sehr zentral, an der La-Caixa-Kulturstiftung, die im ehemaligen Grand Hotel ansässig ist. Wer etwas Zeit mitbringt, der sollte auch den Blick ins Innere wagen. In dem restaurierten Jugendstilgebäude finden auch regelmäßig Ausstellungen, Konzerte und andere Kulturevents statt. Von hier aus läuft man zum einzigartigen Bauwerk Can Casasayas, das vom Besitzer der Konditorei Can Frasquet in Auftrag gegeben wurde. **Insider-Tipp** Die Ensaimadas der Konditorei Can Frasquet gelten übrigens als mit die besten der ganzen Stadt! Nur ein Katzensprung von hier liegt das Mehrfamilienhaus Can Barceló mit seinen auffälligen schmiedeeisernen Balkonen und Wandfliesen. Man passiert weitere eindrucksvolle Gebäude wie Can Roca, Can Corbella, Casa de les Mitjes, Casa Forteza-Rey, Almacenes el Águila, Can Gaietà, Can Segura. Ein Highlight der Tour ist das große Gebäude des Parlaments der Balearen. Ein Club vermögender Mallorquiner ließ das Bauwerk 1850 errichten, seit 1990 steht es unter strengem Denkmalschutz.

Die Tour im Überblick

Stadtspaziergang entlang der Jugendstilbauten in Palma, 2 km, reine Wegzeit ca. 30 Min., mit Zwischenstopps zum Schauen aber sicher auch 1 Std.

Zu Fuß von Palma-Zentrum oder mit dem Bus bis Plaça del Mercat (Haltestellen-Nr. 52)

Zu jeder Jahreszeit schön

Bequemes Schuhwerk, Sonnenhut, Kamera, Trinkflasche

39.571929, 2.649925 (Fundació La Caixa Mallorca)

DOWNLOAD GPX-Track

Die Fundació La Caixa Mallorca hat heute im ehemaligen Gran Hotel aus dem Jahr 1903 ihren Sitz (li.). Ganz in Gaudí-Manier gestaltet: Can Casasayas (re.)

Auf Streifzug durch das hippe Palma ★

Wie jede größere Stadt hat auch Palma ein Viertel, das einfach ein bisschen cooler, ein bisschen hipper, ein bisschen angesagter ist als der Rest: Santa Catalina. Doch das Quartier ist mehr als nur ein Hotspot. Es hat eine abwechslungsreiche Historie hinter sich, die man während einer Tour durch die Straßen kennenlernen kann.

Einstmals ein Fischerdorf

Santa Catalina liegt westlich von Palmas Altstadt und ist in wenigen Fußminuten vom Zentrum aus zu erreichen. Das lebhafte und trendige Viertel ist nicht nur für seine bunten Straßen, hippen Restaurants und charmanten Boutiquen bekannt, sondern auch für seine reiche Geschichte, die bis ins 13. Jh. zurückreicht. Es war ursprünglich ein Fischerdorf und lag lange außerhalb der Stadtmauern von Palma. Die Vergangenheit des Viertels spiegelt sich in den engen Gassen und den traditionellen Fischerhäusern wider, die noch heute gut erhalten sind. Sie verleihen den Straßen einen gemütlichen und fast schon dörflichen Charakter – ein spannender Kontrast zum eleganten Zentrum Palmas.

Sich einfach treiben lassen

Der beste Einstieg in die Tour ist ein Frühstück im pulsierenden Herzen des Viertels: dem Mercat de Santa Catalina. Dieser belebte Markt ist seit über 90 Jahren ein zentraler Treffpunkt für Einheimische und Besucher. Danach bietet es sich an, sich durch die kleinen Gassen des Viertels treiben zu lassen und die vielen bunten Fischerhäuser mit ihren einfachen, aber schmucken Fassaden zu bewundern. An den kleinen Plaças laden zahlreiche Cafés zu ei-

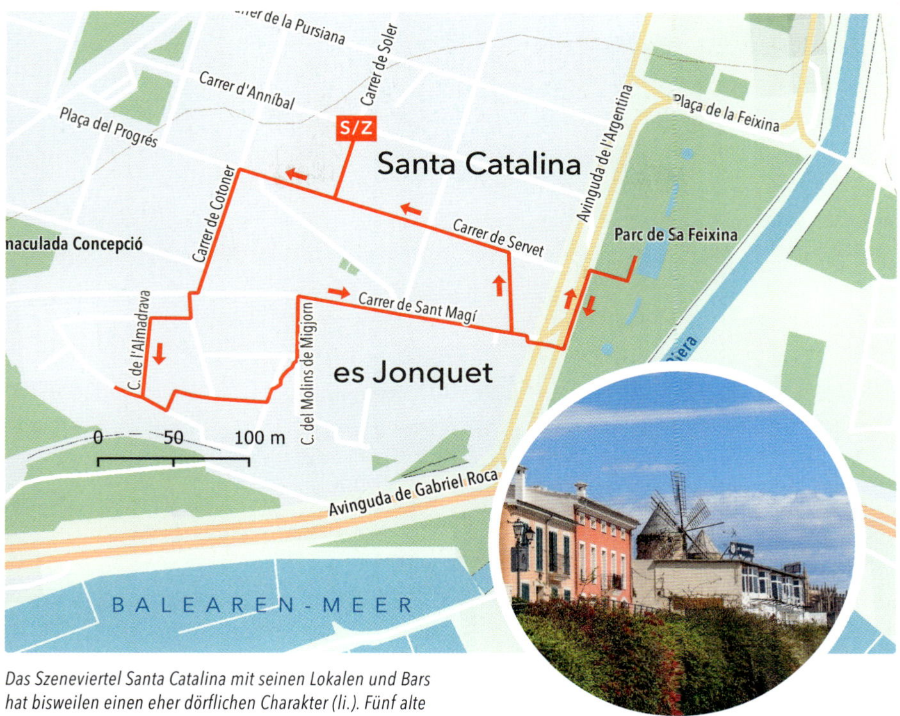

Das Szeneviertel Santa Catalina mit seinen Lokalen und Bars hat bisweilen einen eher dörflichen Charakter (li.). Fünf alte Windmühlen zieren das angrenzende Quartier Es Jonquet (re.)

ner kleinen Pause ein. Weiter geht es zu den alten Windmühlen, die genau genommen bereits zu Es Jonquet gehören – dem ältesten Viertel Palmas. Liebevoll wird es von den Bewohnern auch „der Balkon Palmas" genannt, da man von hier aus auf das große Hafenbecken schaut. Es verzaubert mit seinem ursprünglichen Charme, kleinen Häusern, engen Gassen und natürlich den gut erhaltenen, alten Windmühlen. Sie wurden inzwischen in Wohnhäuser und Restaurants umgewandelt. Abschließend schlendert man durch die malerische Straße Carrer de Sant Magí. Sie ist bekannt für ihre Vielzahl von Galerien, kleinen Geschäften und Cafés. **Insider-Tipp** Für alle, die jetzt etwas Siesta machen möchten: Im kleinen, aber feinen Sa-Feixina-Park findet man einen ruhigen Schattenplatz zum Relaxen.

Die Tour im Überblick

Stadtrundgang im Viertel Santa Catalina, 1,2 km, reine Wegzeit ca. 20 Min., mit Stopps für Cafés, Galerien und Park mehr Zeit einplanen

Mit dem Bus bis Argentina–Sa Feixina 2 (Haltestellen-Nr. 40135)

Zu jeder Jahreszeit schön, im Winter haben allerdings manche Restaurants und Läden geschlossen

Bequeme Schuhe, Bargeld, Kamera

39.57143, 2.63824

DOWNLOAD GPX-Track

Nichts für schwache Nerven ★

Klettern, abseilen, springen und schwimmen – dieser Ausflug ist vieles, aber ganz sicher nicht langweilig. Coasteering heißt der Trendsport und ist ideal für die Insel. Denn mit ihm lässt sich Mallorca auf aktive Art und Weise von einer ganz neuen und nahezu unentdeckten Seite erleben.

Das Abenteuer lockt

Nur 20 Autominuten von Palma entfernt ruft das Abenteuer an der felsigen Küste. Nach einer kurzen Einführung und den wichtigsten Sicherheitshinweisen durch den Tour Guide geht es auch schon los. Ausgestattet mit Neoprenanzug, Helm und Sicherheitsgurten klettert man die felsigen Küstenabschnitte entlang, schwimmt durch das klare Wasser der Buchten, erklimmt steile Klippen, erforscht Felshöhlen und Grotten und: springt! Denn ein besonderes Highlight beim Coasteering sind die Sprünge von den Klippen ins Meer. Von niedrigen Felsvorsprüngen bis hin zu aufregenden höheren Rampen gibt es verschiedene Optionen – je nachdem wie mutig man ist. Menschen mit Höhenangst kommen hier aber definitiv an ihre Grenzen – oder gehen darüber hinaus!

Secret Places entdecken

Dieser actiongeladene Ausflug bietet nicht nur die Möglichkeit, seinen Adrenalin-Haushalt mal wieder auf Touren zu bringen. Beim Coasteering verlässt man definitiv seine eigene Komfortzone und muss eventuell auch Ängste überwinden.

Aber man stärkt definitiv das Selbstbewusstsein. Neben all dem Nervenkitzel gibt es noch weitere schöne Aspekte: Man entdeckt Stellen der Insel, die für die meisten Besucher nicht wirklich zugänglich sind – darunter versteckte Höhlen im Gestein, Küstenabschnitte und Gezeitentümpel, die man ansonsten nur vom Boot aus sehen kann. Ein toller Ausflug mit einer Mischung aus Abenteuer, sportlichen und persönlichen Herausforderungen und der Möglichkeit, die unberührte Natur Mallorcas hautnah zu erleben. Wichtig: Coasteering sollte man immer nur mit einem professionellen Tour Guide unternehmen. Denn er kennt die Gebiete und vor allem auch gefährliche Stellen wie Strömungen oder Felsen unter Wasser am besten.

Die Tour im Überblick

Coasteering entlang der Küste von Magaluf

Camino Porrassa/Disseminat, 2 | Mit dem Bus bis Camí Porrassa 1 (Haltestellen-Nr. 11050) | exploramallorca.com | €€€ (Tour Guide und Ausrüstung)

Am besten im Hochsommer
Badekleidung, Badeschuhe, wasserfeste Handyhülle, Proviant
39.505400, 2.525125

DOWNLOAD GPX-Track

Coasteering vereint Klettern, Schwimmen und Sprünge aus größerer Höhe ins Wasser – definitiv ein Adrenalin-Kick (li.). Schwierige Passage wenige Meter über dem Meer (re.)

MEHR ERLEBEN

* WEITERE ABENTEUER & AUSFLÜGE

S'Hort del Rei: eine Oase mitten in der Stadt mit schattigen Laubengängen, Wasserbecken und Springbrunnen

Noch mehr entdecken in Palma: Königlich und hochherrschaftlich geht es in Palmas Zentrum zu. Entspannten Spaß auf dem Rad gibt es entlang des Hafens und am Küstenweg, der aus der Stadt hinausführt. Und nicht weit entfernt vom Zentrum kannst du tierischen Spaß erleben oder in die Vergangenheit reisen.

PALMA-ZENTRUM

Eintauchen in eine royale Oase

1 Spaziergang durch die Gartenanlage S'Hort del Rei, ca. 30 Min.

Wo Könige zu Hause sind, da sind meist auch schöne Gärten zu finden. So auch in Palma. Hier liegt S'Hort del Rei (übersetzt Garten des Königs) gleich in der Nachbarschaft des königlichen Palastes Almudaina. Die Anlage hat eine lange Geschichte, die bis ins 13. Jh. zurückreicht. Ursprünglich erstreckte sich hier der königliche Obstgarten der maurischen Herrscher, bevor er später von den katholischen Königen übernommen wurde. Heute ist S'Hort del Rei ein öffentlicher Park, der Besucher mit seinen Pflanzen und hübschen Springbrunnen verzaubert und an heißen Tagen ein wenig Abkühlung verspricht.

Insider-Tipp Direkt neben den Gärten liegt die Fundación Bartolomé March, in der neben den schönen Säulengängen und Innenhöfen auch ganzjährig eine spektakuläre Krippe bestaunt werden kann *(fundacionbmarch.es/es/museo-palau-march).*

Av. d'Antoni Maura, 18 | Mit dem Bus bis Plaça de la Reina–Catedral (Haltestellen-Nr. 453) Im Frühling besonders schön, wenn die Blumen blühen; im Sommer ein schattiges Plätzchen dank der vielen Bäume Bequeme Schuhe, etwas zu trinken und Kamera 39.568263, 2.646508

Zeitgenössisch unter freiem Himmel

2 Outdoor-Kunst im Baluard Museu d'Art Contemporani de Palma, ca. 30 Min.

Das Es-Baluard-Museum in Palma ist ein Ort, an dem Kunst, Kultur und Kreativität auf magische

Es Baluard ist eines der wichtigsten Museen für moderne und zeitgenössische Kunst in Spanien

Weise miteinander verschmelzen. Das Museum beherbergt eine beeindruckende Sammlung zeitgenössischer Kunstwerke. Die gesamte Ausstellungsfläche von 5000 m² verteilt sich auf drei Stockwerke, die über mehrere Ebenen, Rampen und Galerien miteinander verbunden sind. Die ganz großen Namen sind hier vertreten, darunter Picasso, Matisse, Dalí, Klimt. Auf dem ausladenden Vorplatz des Es-Baluard-Museums wird bereits eine Vielzahl an Kunstwerken ausgestellt, und um das Museum herum gibt es zahlreiche Skulpturen, wie die auf dem Kopf stehende Kirche auf der Plaça Porta de Santa Catalina des US-amerikanischen Künstlers Dennis Oppenheim. Von der Terrasse des Es Baluard kann man darüber hinaus den Panoramablick auf das azurblaue Mittelmeer und die beeindruckende Skyline von Palma genießen.

Plaça de la Porta de Santa Catalina, 10, Palma | Mit dem Bus bis Argentina–Sa Feixina 1 (Haltestellen-Nr. 40134) | esbaluard.org | € Zu jeder Jahreszeit einen Besuch wert Fotokamera 39.570411, 2.641163

Das Freilichtmuseum Pueblo Español gibt einen guten Überblick über die spanische Architektur

Durch die Geschichte der spanischen Architektur schlendern

3 Tour durch das Freilichtmuseum Pueblo Español, ca. 2 Std.

Wer sich inmitten der verschiedenen Epochen der spanischen Geschichte wiederfinden möchte, sollte einen Ausflug ins Freilichtmuseum Pueblo Español machen. Es wurde in den 1960er-Jahren erbaut und ist die Nachbildung eines spanischen Dorfes, das die architektonischen und kulturellen Merkmale der verschiedenen Regionen Spaniens widerspiegelt. Maßstabsgetreu und mit großer Sorgfalt werden hier insgesamt 72 Bauten der spanischen Architektur gezeigt – etwa das Prado-Museum oder die Almudena-Kathedrale. Neben den Gebäuden und Plätzen gibt es im Pueblo Español auch eine Vielzahl von Handwerks- und Kunstwerkstätten, in denen man einen Einblick in die traditionelle spanische Handwerkskunst wie Lederarbeit und Keramikherstellung bekommt. Das Museum ist auch immer wieder ein beliebter Ort für Veranstaltungen.

i Carrer del Poble Espanyol, 5 | Mit dem Bus bis Andrea Doria–Picasso (Haltestellen-Nr. 134) | Großer Parkplatz am Eingang | pem.city | €€ Ganzjährig geöffnet und immer einen Besuch wert Bequeme Schuhe, Kamera 39.573322, 2.627992

Mächtiges Bollwerk: Palmas Stadtmauern reichen bis ins Mittelalter zurück

Der frühere Badesaal der Banys Àrabs zeugt von der Blüte der maurischen Architektur auf der Insel

Herrschaftliche Badezeit

4 Im alten Badehaus Banys Àrabs

Inmitten der Altstadt von Palma liegt in der Gartenanlage von Can Fontirroig das alte Badehaus Banys Àrabs. Es stammt aus dem 11. Jh. und wurde während der arabischen Herrschaft über Mallorca errichtet. Es besteht aus drei Räumen, die um einen zentralen Innenhof angeordnet sind. Dieser hat ein beeindruckendes Gewölbe, das von zwölf Säulen getragen wird, verziert mit Ornamenten und Inschriften. Einst war das Bad ein wichtiger sozialer Treffpunkt – und diente nicht nur der Körperpflege, sondern auch der Geselligkeit und dem Austausch von Neuigkeiten. Heute kann man hier eine schattige Pause vom Trubel Palmas einlegen und das alte Gemäuer in aller Ruhe auf sich wirken lassen.

Carrer de Can Serra, 7, Palma | Nur zu Fuß erreichbar | € Ganzjährig einen Besuch wert Bequeme Schuhe 39.567038, 2.651244

Auf den Spuren der einstigen Festungsanlage

5 Abwechslungsreiche Route entlang der alten Stadtmauern, ca. 2 km, 30 Min.

Palma de Mallorca war bereits im Mittelalter eine beeindruckende Stadt. Schutzwälle und Türme, die durch ein spektakuläres Mauersystem miteinander verbunden waren, schützten die Stadt vor angriffslustigen Seeräubern und anderen kriegerischen Absichten. Heute sind Überreste davon erhalten, die man einfach zu Fuß ablaufen kann. Am besten startet man am Baluard des Princep – ein gut erhaltenes Bollwerk und Symbol der mittelalterlichen Verteidigung der Stadt. Weiter geht's zum ehemaligen Stadtpalais Dalt Murada. Als dritter Stopp der Route bietet sich Muralla Ses Voltes an – das letzte vollendete Stück der Stadtmauer. Perfekter Abschluss der Tour ist der Baluard de Sant Pere. Hier ist ein Museum untergebracht, das den Komplex der Stadtmauern detailliert beschreibt.

Mit dem Bus bis Porta des Camp 2 (Haltestellen-Nr. 40002) | esbaluard.org | € Zu jeder Jahreszeit ein schöner Kulturspaziergang Bequeme Schuhe, im Hochsommer Sonnenschutz 39.565015, 2.655994 (Start), 39.569934, 2.640439 (Ziel)

Immer eine Entdeckungstour wert: Streetart in Palmas Gassen

Banksy lässt grüßen

6 Streetart-Tour durch Palma, 1–2 Std.

Eine alte Dame, die Rosen verteilt, Trump beim Telefonieren oder aber eine regenbogenfarbene Liebeserklärung: Palmas Streetart-Kultur ist bunt und vielfältig und aufregend. Ein Streifzug zu den beeindruckendsten Bildern lohnt sich. Die Streetart-Szene in Palma ist ein Beweis für die kreative Vitalität der Stadt. Sie bietet eine Plattform für lokale und internationale Künstler, um ihre Botschaften auszudrücken und die Inselhauptstadt mit Farbe und Kreativität zu bereichern. Ein Spaziergang durch die Viertel Santa Catalina, La Lonja, Es Jonquet, El Terreno und Molinar ermöglicht es Besuchern, die lebendige Streetart-Szene von Palma hautnah zu erleben und eine alternative Seite der Stadt kennenzulernen. Man kann natürlich selbst auf Entdeckungstour gehen. Eine Karte, auf der einige der besten Kunstwerke verzeichnet sind, findet man hier: *streetartcities.com/cities/mallorca*. Alternativ kann man auch bei einer geführten Tour mitmachen, z. B. über mylittleadventure.de. Eine gute Übersicht über die vielen Kunstwerke in der Stadt findet man auf dem Instagram-Kanal *streetart_mallorca*.

Insider-Tipp Eine weitere Hochburg der Graffiti- und Streetart-Szene ist der Ort Can Picafort im Norden der Insel. Hier findet auch das jährliche Saladina Art Festival statt.

Zu den meisten Streetart-Werken kommt man am besten zu Fuß oder mit dem Rad *Zu jeder Jahreszeit ein toller Streifzug durch die Stadt*
Bequeme Schuhe und Fotokamera
39.573799, 2.650529 (Girl with ballon)

Ein blühender Rückzugsort

7 Im Garten Jardí del Bisbe, ca. 30 Min.

Kurz mal dem Trubel der Großstadt entfliehen kann man im Jardí del Bisbe. Der kleine, aber nicht weniger beeindruckende Park befindet sich im Herzen von Palma, in unmittelbarer Nähe der prächtigen Kathedrale La Seu und des historischen Bischofspalastes. Der Garten wurde bereits im 14. Jh. angelegt und diente als privater Rückzugsort für die Bischöfe von Mallorca. Im Lauf der

Gleich hinter der Kathedrale ist der Jardí del Bisbe ein wunderbarer Rückzugsort

Der Passeig Maritim mit Top-Radwegen verläuft parallel zu Palmas Meeresufer

Jahrhunderte wurde er erweitert und verschönert, wobei verschiedene Stilelemente zum Einsatz kamen. Die Anlage ist in mehrere Bereiche unterteilt. Darunter findet sich ein Rosengarten, ein Obstgarten und ein Teich mit Wasserspielen. Ein markantes Merkmal des Jardí del Bisbe ist die beeindruckende Sammlung von historischen Steinreliefs und Skulpturen, die in den Garten integriert wurden. Diese antiken Kunstwerke stammen aus verschiedenen Epochen und ergänzen die natürliche Schönheit des Parks auf harmonische Weise.
Carrer de Sant Pere Nolasc, 6 | Mit dem Bus bis Plaça de Cort (Haltestellen-Nr. 662) *Im Frühling besonders schön, wenn der Garten aufblüht*
39.567693, 2.649767

Besuch im beeindruckenden Künstlerrefugium

8 Die Werke des Meisters in der Fundació Joan Miró bestaunen, 1–2 Std.

Auch wenn er gebürtig nicht von der Insel stammt, so ist Joan Miró der wahrscheinlich bekannteste Künstler von Mallorca. Miró heiratete eine Mallorquinerin und wohnte die meiste Zeit seines Lebens auf der Insel, die er bald als seine Heimat bezeichnete. Aus seinem alten Wohnsitz in Palma wurde Anfang der 1980er-Jahre die Fundació Joan Miró. Sie umfasst eine umfangreiche Sammlung von über 6000 Kunstwerken des katalanischen Malers, Bildhauers, Grafikers und Keramikers sowie von weiteren Künstlern. Was die Fundació Joan Miró so besonders macht, sind ihre außergewöhnlichen Außenbereiche. Der Skulpturengarten des Museums ist eine Hommage an die Wechselwirkung von Kunst und Natur. Hier können Besucher eine Vielzahl von Skulpturen und Installationen entdecken, die inmitten einer üppigen mediterranen Landschaft ausgestellt sind. Die Terrassen rund um die Finca von Miró bieten auch einen atemberaubenden Panoramablick auf die Bucht von Palma. Die Fundació Joan Miró ist ein Ort der Ruhe und Inspiration, an dem man sich von der Natur und der Kunst gleichermaßen begeistern lassen kann.

Der Mauerbogen Arc de sa Drassana führt hinüber zum Königspalast La Almudaina

Insider-Tipp Miró-Fans finden weitere Kunstwerke u.a. in den Marivent-Gärten, in den Hort-del-Rei-Gärten und unterhalb der Kathedrale im Parc de la Mar.

Carrer de Saridakis, 29 | Mit dem Bus bis Fundació Pilar i Joan Miró (Haltestellen-Nr. 714) | Parkplätze am Museum | fmirobcn.org | €€ Ganzjährig einen Besuch wert Bequeme Schuhe, Sonnenhut, Getränke 39.555119, 2.609631

Palma am Wasser erleben

9 Einfacher, entspannter Radspaß entlang des Passeig Maritim zum S'Arenal-Strand, ca. 14 km, 45 Min.

Die Uferpromenade zwischen dem Hafen von Palma und Portixol ist ideal für eine kurze, gemütliche Radtour am Meer entlang. Der Weg ist perfekt ausgebaut, Radfahrer und Spaziergänger kommen sich hier nicht in die Quere. Entlang der Strecke kommt man an Stadtstränden wie der Platja de Can Pere Antoni vorbei – ideal für einen kurzen Badestopp. Lust auf mehr Strecke und noch mehr Strand? Dann einfach die Küste entlang weiterfahren, zur großen Platja de s'Arenal. Auch hier ist die Uferpromenade top ausgebaut und lässt sich ideal „beradeln". Wer selbst kein Rad dabeihat, kann sich per App ein Stadtrad bei bicipalma leihen *(bicipalma.com)*. Der Passeig eignet sich auch hervorragend zum Rollschuhlaufen oder Inlineskaten.

Mit dem Bus bis Parc de la Mar–Catedral (Haltestellen-Nr. 1982) Zu jeder Jahreszeit schön, im Hochsommer die sehr heißen Mittagsstunden meiden Sonnenschutz, Shirt, eventuell Fahrradhelm (außerhalb von Ortschaften ist dieser Pflicht), Getränke, Bargeld 39.567481, 2.646835 (Start), 39.499563, 2.754466 (Ziel)

Maritimer Zeitzeuge

10 Zum Bogen Arc de sa Drassana

Dieser berühmte, steinerne Bogen erzählt die Geschichte der Schifffahrt und des Handels auf hoher See. Der Arc de sa Drassana wurde im 16. Jh. errichtet und ist eines der wenigen verbliebenen

Schöne Laufstrecke: Beim Joggen an Palmas Hafen kannst du ganz nebenbei auch die zahlreichen Yachten bestaunen

Überreste der königlichen Werft und gleichzeitig ein beeindruckendes Beispiel gotischer Architektur. Malerisch: Unterhalb des Bogens befindet sich ein großer Teich, der sich wunderbar als Ruhepol in der hektischen Metropole eignet. Mit seinem klaren Wasser, den schwimmenden Seerosen und den umgebenden Pflanzen schafft er eine friedliche und entspannte Atmosphäre. Besucher können an den Ufern des Teichs verweilen, die Ruhe genießen und den Blick auf den Arc de sa Drassana und seine Reflexion im Wasser richten.

Passeig Dalt Murada, 1B | Mit dem Bus bis Plaça de la Reina–Catedral (Haltestellen-Nr. 453) *Ganzjährig sehenswert* *Bequemes Schuhwerk, Mückenschutz (wegen des Teichs), Kamera* *39.568027, 2.646485*

Laufrunde mit maritimem Flair

11 Joggen entlang des Hafens von Palma

Der Hafen in Palma ist Europas zweitgrößte Bucht – und wunderbar geeignet zum Joggen oder Spazierengehen. Die Route erstreckt sich über 20 km direkt am Meer entlang. Selbstverständlich kann man auch nur einen Teil der Strecke zurücklegen. Sehr zu empfehlen ist beispielsweise die Etappe zwischen dem Club Náutico de Cala Gamba und dem Club Náutico de S'Arenal. Diese führt am Naturschutzgebiet Es Carnatge, Can Pastilla und dem Palma Aquarium entlang. **Insider-Tipp** Schöner Abstecher: Im Hafen von Palma steht der älteste Leuchtturm des Mittelmeerraums, die Torre de Porto Pi. Sie beherbergt auch ein kleines Museum.

Mit dem Bus bis Parc de la Mar–Catedral (Haltestellen-Nr. 1982) *Zu jeder Zeit ein herrliches Joggingziel. Bitte die Mittags- und Nachmittagsstunden im Hochsommer für anstrengende Aktivitäten meiden* *Laufschuhe, kurze Trainingskleidung, genug zu trinken, Sport-Cap, vorher mit Sonnenschutz einsprühen* *39.547212, 2.693958 (Start), 39.501298, 2.750326 (Ziel)*

RUND UM PALMA

Power-Lauf mit Aussicht

12 Trail Running durch Palmas Natur, 9,6 km, je nach Fitnesslevel 1–2 Std.

Körperliche Herausforderung gesucht? Dann ist die 9,5 km lange Trail-Running-Strecke durch den Parc Bit und das Viertel Son Espanyol entlang der

Gemeinsam die Bucht von Palma von oben erleben? Dann ganz schnell einen Parasailing-Flug buchen!

Im Jungle Park kannst du ohne Probleme eine Stunde verbringen, ohne den Boden zu berühren

Finca Son Mayol bis zum Campus der UIB perfekt für alle Lauf-Fans. Man joggt durch die herrliche Natur mit faszinierenden Aussichten (und dem ein oder anderen Baum für eine schattige Rast!) auf flachem, aber teils rutschigem und unbefestigtem Gelände. Unbedingt daran denken: Im Sommer aufgrund der hohen Temperaturen und dem nicht wirklich vorhandenen Schatten ausreichend Wasser mitnehmen und eher nicht zur Mittags- und Nachmittagszeit laufen. Ozonwert beachten!

Mit dem Bus bis Parc Bit (Haltestellen-Nr. 572) | Mit dem Auto oder dem Rad, Parkplatz am Parc Bit (39.635609, 2.634906) | trailrunningmallorca.es
Zu jeder Jahreszeit schön, im Hochsommer die frühen, kühleren Morgenstunden nutzen
Laufschuhe, Getränke, Handy zur Orientierung
39.638538, 2.631724 (Start)

Palma aus der Vogelperspektive

13 Parasailing-Flug in der Bucht von Palma, 50 Min.

Wie bitteschön sieht die Bucht von Palma von oben aus? Wer sich diese Frage selbst beantworten möchte, der lässt sich am besten von einem Speedboat an einem Gleitschirm vom Wasser aus in die Höhe ziehen. Beim sanften Anstieg in die Luft erlebt man das Gefühl von Freiheit und Schwerelosigkeit, während man etwa 50 m über dem Meeresspiegel schwebt. Dieses einzigartige Erlebnis bietet nicht nur Nervenkitzel und Adrenalin, sondern auch spektakuläre Aussichten auf das azurblaue Mittelmeer und die beeindruckende Küstenlinie rund um Palma. Und das Beste: Diese Aussicht kann man teilen, dann nimmt man einfach seinen Lieblings-Menschen mit in die Höhe. Parasailing-Flüge kann man z. B. hier buchen: *lifeandsea.com*

Lifeandsea, Carrer Balneario, 0, S'Arenal | Mit dem Bus bis Es Republicans–Club Nautic de s'Arenal (Haltestellen-Nr. 624) | €€€ *Parasailing wird nur in der Hochsaison angeboten* *Badekleidung oder UV-Shirt* *39.502453, 2.749333*

Von Baum zu Baum hangeln

14 Klettern im Jungle Park bei Santa Ponça

Seine Grenzen austesten und eine Vielzahl von Herausforderungen bewältigen – dafür ist der Hochseilgarten Jungle Park genau der richtige Ort. Hier balanciert man über wackelige Hängebrücken, klettert an Seilen hoch und schwingt von Baum zu Baum. Die Kletterparcours schlängeln sich durch die Baumkronen und bieten atemberaubende Ausblicke auf die Umgebung und die üppige Natur. Das absolute Highlight des Klettererlebnisses

Heute eine Touristenattraktion, transportierte der „Rote Blitz" früher vor allem Orangen in die Hauptstadt

im Jungle Park ist zweifellos die Zipline. Von hoch oben in den Baumkronen saust man mit hoher Geschwindigkeit über dem Boden und genießt dabei die Freiheit und einen Nervenkitzel, der sich durch den ganzen Körper ausbreitet.

Avenida Jaime I, 40 A, Santa Ponça | Mit dem Bus bis Jungle Parc (Haltestellen-Nr. 11083) | Parkplätze direkt vor Ort | jungleparc.es | €€
Der Kletterpark ist im Winter geschlossen
Bequeme, geschlossene Schuhe, sportliche Kleidung, Mückenschutz 39.508053, 2.468641

Reise in die Vergangenheit

15 Mit dem alten Holzzug von Palma nach Sóller, pro Fahrt 1 Std.

Seit 1912 rumpelt er zwischen den beiden Städten hin und her: der Rote Blitz, wie er liebevoll genannt wird. Der „Blitz" ist in Wirklichkeit eine historische, aber sehr gut erhaltene und restaurierte Bahn und auch eher gemächlich unterwegs. **Insider-Tipp** Während der Saison (Mai–Okt.) ist der Zug morgens in Richtung Sóller recht voll. Ein antizyklisches Fahren ist daher empfehlenswert. Die Fahrt beginnt am beeindruckenden Bahnhof von Palma, der mit seiner charmanten Architektur aus vergangenen Zeiten begeistert. Die hölzernen Sitze, die polierten Messingdetails und das sanfte Rattern der Räder erwecken das Gefühl, in eine andere Ära zurückversetzt zu werden. Während sich der Zug langsam durch die malerische Landschaft bewegt, bietet sich den Passagieren ein atemberaubender Ausblick auf die mallorquinische Natur. Vorbei an sanften Hügeln, üppigen Orangenhainen und duftenden Zitronenbäumen gleitet der Rote Blitz gemächlich voran. Die Fenster des Zuges lassen sich öffnen, sodass der frische Wind und der Geruch der mediterranen Vegetation die Sinne verwöhnen. Nach einer entspannten Fahrt erreicht der Zug schließlich das charmante Städtchen Sóller. Und wer mag, der kann von hier auch gleich noch eine schöne Wanderung in das umliegende Tramuntana-Gebirge unternehmen.

Ferrocarril de Sóller | Mit dem Bus bis Plaça d'Espanya–Estació Intermodal (Haltestellen-Nr. 1320) | Infos und Onlinetickets unter trendesoller.com | € Im Frühling zur Mandelblüte besonders schön, im Winter fährt der Zug nicht Bequeme Schuhe, wer wandern möchte, am besten Wanderschuhe, Rucksack, Snacks und Getränke für die Fahrt, Sonnenschutz 39.57721, 2.65386

Die Jardins de Marivent sind eine üppige Oase – ideal, um dem Trubel zu entfliehen

Die heute in bunten Farben ausgeleuchteten Coves de Génova sind ein faszinierendes Naturerbe

Blaublütige Gartenschau

16 Spaziergang durch die Gärten Jardins de Marivent, 1 Std.

Heute mal zu Besuch beim König von Spanien? Nichts leichter als das. Denn Felipe VI. öffnet seine Gärten Jardins de Marivent für Publikum, sodass sich jeder an diesem schönen Park erfreuen kann. Dieser liegt hinter den dicken Palastmauern und ist damit ein herrlicher, ruhiger Rückzugsort in der turbulenten Stadt. Während man durch die Natur schlendert, entdeckt man verschiedene Bereiche mit unterschiedlichen Themengärten. Es gibt bezaubernde Rosengärten, in denen sich die schönsten Blüten entfalten, sowie üppige Obstgärten mit Zitronen-, Orangen- und Olivenbäumen. Die gepflegten Rasenflächen und eine Vielzahl an Sitzgelegenheiten laden zum Verweilen ein. Die königlichen Gärten sind nicht nur ein Ort der natürlichen Schönheit, sondern auch ein kulturelles Erbe. So sind hier Skulpturen zeitgenössischer Künstler wie beispielsweise von Joan Miró ausgestellt. Ein sehr besonderer Ort mitten in der Stadt, an dem Natur und Kunst harmonisch miteinander verschmelzen. Wer nun blaues Blut geleckt hat und noch weiter auf royalen Pfaden wandeln will, der stattet dem Königspalast La Almudaina einen Besuch ab.

Av. de Joan Miró, 229 | Mit dem Bus bis Marivent 2 (Haltestellen-Nr. 40012) | Mit dem Auto bzw. Rad, es gibt keinen offiziellen Parkplatz, man muss an der Straße parken *Im Frühling am schönsten, wenn alles blüht. Der Garten ist ganzjährig geöffnet, nur zur Osterzeit, wenn der König auf der Insel weilt, bleibt er für paar Tage geschlossen* *Bequeme Schuhe, ein Snack, Getränke, Sonnenschutz* *39.551635, 2.611601*

Bunte Formationen unter Tage

17 In den Tropfsteinhöhlen Coves de Génova

Auf der ganzen Insel sind sie verteilt: die legendären Tropfsteinhöhlen von Mallorca. Auch bei Palma findet man eine dieser Höhlen, die durch Zufall beim Graben einer Zisterne gefunden und für Besucher zugänglich gemacht wurde: die Co-

Im Natura Parc bei Santa Eugènia haben die Tiere ein gemütliches Zuhause und werden artgerecht gehalten

Im Erlebnis-Bauernhof Fresopolis erfährt man eine ganze Menge über die Landwirtschaft der Insel

ves de Génova. Sie entstanden vor Millionen von Jahren durch geologische Prozesse und sind ein beeindruckendes Beispiel für die Schönheit und Vielfalt der Natur. Die Höhlen schmücken faszinierende Stalaktiten, Stalagmiten und Tropfsteinformationen, die in den unterschiedlichsten Formen und Farben erscheinen. Zusätzlich werden die Höhlenwände mit farbigem Licht angestrahlt, was das Ambiente natürlich noch spektakulärer macht. Erfahrene Guides führen die Gäste durch die labyrinthartigen Pfade und erzählen Geschichten und Legenden, die mit den Höhlen verbunden sind.

Carrer del Barranc, 45, Palma | Mit dem Bus bis Camí dels Reis–Carrer de la Coma (Haltestellen-Nr. 141) | Parkplatz an der Höhle | cuevasdegenova.com | €€ Zu jeder Jahreszeit besuchenswert Bequeme Schuhe, leichter Pulli oder Schal, falls man im Sommer kommt (in den Höhlen ist es immer ca. 18 °C) 39.56205, 2.59901

Mallorquinische Tierarten erleben

18 Tour durch den Natura Parc bei Santa Eugènia, 2–3 Std.

Wer auf der Suche nach einem spannenden Ausflugsziel für die ganze Familie ist, sollte den Natura Parc besuchen. Neben zahlreichen Pflanzen und Bäumen kann man viele Tierarten entdecken, streicheln und füttern, die auf der Insel zu Hause sind. Dazu zählen etwa Rotwild, Wildschweine, Füchse und Igel, aber auch seltene und bedrohte Tierarten wie die Balearen-Schildkröte und der Schwarzgeier. Der Park ist in verschiedene Bereiche unterteilt, die unterschiedliche mallorquinische Ökosysteme zeigen. Es gibt beispielsweise einen Bereich, der die Waldlandschaften repräsentiert, ein anderer zeigt die Flora und Fauna der Küstenregionen. Wer tiefer in die Tier- und Pflanzenwelt Mallorcas eintauchen möchte, kann an geführten Touren teilnehmen. Im Park findet sich auch ein Café, in dem man Kleinigkeiten essen und trinken kann – und, ideal für Familien: ein Spielplatz zum Toben.

Ma-3011, km 15, Santa Eugènia | Mit dem Bus bis Natura Parc 2 (Haltestellen-Nr. 53005) | Mit dem Auto, es gibt Parkplätze am Eingang des Parks | naturaparc.net | € Der Park hat von März bis Oktober geöffnet Bequemes Schuhwerk, Kamera 39.610716, 2.836662

Yoga an der frischen Luft und im Hintergrund das Rauschen des Meeres – das geht in Palma

Hier ist tierisch was geboten

19 Farmbesuch beim Biohof Fresopolis

Der Biohof ist ein charmantes Anwesen, etwa 25 Autominuten von Palmas Zentrum entfernt. Schon bei der Ankunft wird man von der Schönheit des Bauernhofs und seiner Natur beeindruckt sein. Umgeben von grünen Feldern, duftenden Obstbäumen und malerischen Olivenhainen erstreckt sich Fresopolis über eine weite Fläche und lädt die Besucher ein, in die landwirtschaftliche Welt einzutauchen. Der Bauernhof bietet eine Vielzahl von Aktivitäten für Besucher jeden Alters. Beliebt ist die Teilnahme an einer geführten Tour, bei der die verschiedenen Anbauflächen erkundet werden. Vom traditionellen Gemüsegärten bis zu blühenden Blumenbeeten gibt es viel zu entdecken. **Insider-Tipp** Wer zur richtigen Jahreszeit im Frühsommer kommt, kann auf den Feldern rund um den Bauernhof Erdbeeren pflücken. Die Gäste können mehr über den biologischen Anbau von Obst und Gemüse erfahren und dabei auch selber pflücken. Auch die zahlreichen Tiere wie Ziegen, Hühner, Schafe, Ponys und Co. machen den Besuch zum tierischen Vergnügen.

Ma-19A, km 17,1, Llucmajor | Nur mit dem Auto zu erreichen, großer Parkplatz direkt am Hof | Infos und Ticketkauf unter fresopolis-mallorca.com | € Der Bauernhof hat ganzjährig geöffnet

Festes Schuhwerk, am besten geschlossen, sowie einen Korb, falls man Obst pflücken möchte

39.518115, 2.824335

Asanas mit freiem Blick aufs Meer

20 Yoga am Strand in Palma

Eine frische Brise im Gesicht, das Rauschen der Wellen im Ohr und der Geruch von Meersalz bei jeder Atmung in der Nase – wer einmal Yoga am Meer gemacht hat, der will nie wieder etwas anderes, schließlich schafft die Kombination von Yoga-Praktiken und der Umgebung des Strandes eine harmonische Verbindung. Hier kann man sich völlig frei bewegen, hat viel Platz und kann tief durchatmen. Die frische Meeresbrise sorgt für eine natürliche Kühlung und erweckt ein Gefühl von Leichtigkeit und Freiheit. Drop-in-Yogakurse direkt am Strand bietet beispielsweise das Studio Yoga del Mar in Palma an *(yogadelmar.es)*.

Feigen sind im September reif. Wer will, pflückt die Früchte dann direkt vom Baum

Auf der Feigenfinca Son Mut Nou werden Hunderte Sorten aus allen Ecken der Welt angepflanzt

ℹ *Carrer del Vicari Joaquim Fuster, 113a, Palma | Mit dem Bus bis Pavelló Josep Amengual–Teatre del Mar (Haltestellen-Nr. 445) | Parken entlang der Seitenstraße | Man kann von Palma Zentrum auch zum Yoga-Studio laufen (etwa 40 Min. pro Weg) | €€* *Yoga am Strand kann man auf Mallorca das ganze Jahr über machen* *Yogamatte, Sportbekleidung, Getränke* *39.558920, 2.675491*

Süßes Sommerende

21 Besuch auf der Feigenfinca Son Mut Nou bei Llucmajor

Mandeln, Salz, Oliven – man verbindet viele kulinarische Highlights mit Mallorca, doch nur wenige wissen, dass auf der Insel auch Feigen angebaut werden. Die idyllische Finca Son Mut Nou ist ein wahres Paradies für Feigenliebhaber und bietet einen einzigartigen Einblick in die faszinierende Welt dieser köstlichen Frucht. Ein Rundgang auf der Finca ist eine wahre Sinneserfahrung. Man kann die verschiedenen Feigensorten bewundern, von den klassischen Schwarzen Feigen bis hin zu exotischen Sorten wie der Grünen Kadota-Feige. Die Gastgeber teilen gerne ihr umfangreiches Wissen über Feigenanbau, -ernte und -verarbeitung und geben Einblicke in die Geheimnisse dieser außergewöhnlichen Frucht. Besucher haben auch die Möglichkeit, die süßen Köstlichkeiten direkt vor Ort zu probieren. Und wer zur richtigen Zeit kommt (Ende August und September), der kann frische Feigen direkt vom Baum pflücken. Es sind auch verschiedene feigenbasierte Produkte im Angebot, darunter Feigenmarmelade, Feigenbrot oder Feigensekt. Mehr Infos und Buchung einer Tour unter *monserratpons.com.*

Insider-Tipp Am ersten Wochenende im September wird im kleinen Ort Lloret de Vistalegre das Feigenfest Festa d'es Sequer gefeiert. Dabei treten Feigenpflücker auf, es gibt einen großen Markt und dazu „Figatapa" – Feigentapas.

ℹ *Camí des Palmer, Llucmajor | Nur mit dem Auto erreichbar, Parkplätze an der Finca | €* *Im September am schönsten, dann sind die Feigen reif zum Pflücken und besonders süß* *Bequeme Schuhe, Sonnenschutz, Mückenschutz* *39.458459, 2.820595*

DER SCHÖNSTE SONNENUNTERGANG

Am Tor zur Welt

22 In den Abendstunden am Hafen von Palma

Im Hafen von Palma liegen Superyachten neben alten Fischerkähnen und historischen Holz-Segelbooten. Auch die riesigen Kreuzfahrtschiffe gehen hier vor Anker. Und wenn die Sonne hinter den Bergen der Stadt verschwindet, taucht sie den Hafen und das Meer in ein goldenes Licht. Eine besonders gute und etwas erhöhte Sicht auf den gesamten Hafen hat man von der Terrasse des Yachthafens Marina Moll Vell. Hier gibt es auch einige nette Restaurants und Bars, in denen man den Sonnenuntergang mit einem Cocktail feiern kann.

Carrer del Moll, 6, Palma | Mit dem Bus bis Parc de la Mar–Catedral (Haltestellen-Nr. 1982) Zu jeder Jahreszeit schön In der Nebensaison Schal oder Jacke mitnehmen, wenn die Sonne weg ist, kann es kühl werden 39.567137, 2.643672

LOKALE SPEZIALITÄTEN

*UND WO DU SIE PROBIEREN KANNST

Die luftgetrockneten Sobrassadas werden in der mallorquinischen Küche in unzähligen Rezepten verwendet

Von süßen Ensaimadas bis hin zu herzhaften Sobrassadas – in Palma gibt es die größte kulinarische Vielfalt der gesamten Insel. Welche Genüsse du dir in der Inselhauptstadt nicht entgehen lassen solltest und wo du sie probieren kannst, erfährst du hier.

Schlemmer-Spirale

1 Ensaimada

Zweifellos eine der bekanntesten und köstlichsten Spezialitäten der Insel. Diese luftige und flaumige Gebäckspezialität, die wie eine große Schnecke geformt ist, wird oft als das „Nationalgebäck" von Mallorca bezeichnet. Traditionell wird sie pur oder mit Puderzucker bestreut serviert. Es gibt jedoch auch Variationen, bei denen die Ensaimada mit verschiedenen Füllungen wie Cremes, Schokolade, Marmelade oder Kürbiskompott verfeinert wird.

ℹ *In Palma isst man die Ensaimada am besten in der Traditionsbäckerei* **Fornet de la soca**, *die vielen als die schönste Bäckerei der Stadt gilt | Plaça de Weyler, 9, Palma | fornetdelasoca.com | €*

Kostbare Nuss

2 Mandeln

Wenn die Insel im Februar weiß erblüht, dann zeigen sie sich in ihrer vollen Pracht: die Mandelbäume von Mallorca. Die Bauern pflegen ihre Mandelbäume seit Generationen mit großer Sorgfalt und Hingabe. Eine bedeutende Organisation, die sich der Förderung und dem Schutz der Mandeln von Mallorca widmet, ist die Genossenschaft Camp Mallorquí. Sie bringt Mandelbauern der Insel zusammen und unterstützt sie bei der Vermarktung. Mandeln und Mandelprodukte wie Mandelmehl kann man hier direkt beim Erzeuger kaufen.

ℹ **Camp Mallorquí** | *Avinguda del Raiguer, 5, Consell | €*

Inselteller mit kleinen Häppchen

3 Variat Mallorquí

Zwar kommen die kleinen Tapas-Häppchen ursprünglich vom Festland, doch auch auf der Insel sind sie beliebt, und es gibt eigene Varianten, die „Variat Mallorquí". Mallorquinische Tapas werden meist auf einem großen Teller serviert und z. B. mit Olivenöl, Mandeln, Schinken und Käse verfeinert. Hinzu kommt oft ein Klacks Kartoffelsalat.

ℹ *Variat isst man traditionell nicht in einem Restaurant, sondern in einer Bar wie der* **Bar Mónaco** | *Carrer Patronat Obrer, 15, Palma | €*

Mallorcas traditionelle Wurst

4 Sobrassada

Sobrassada de Mallorca und Sobrassada de Mallorca de Cerdo negro sind die beliebten Wurstspezialitäten der Insel und dürfen nur hier unter diesem Namen hergestellt werden. Die luftgetrocknete grobe Schweinewurst ist mit Speck und viel edelsüßem Paprikapulver (Tap de Cortí) gewürzt. Die Wurst reift bei einer hohen Luftfeuchtigkeit zwischen 70 % und 85 %. Man findet die Sobrassada auch in vielen traditionellen Gerichten.

ℹ **Ca na Paulina** *ist eine bekannte Marke, die bereits seit 1929 Sobrassada herstellt und in Palma eine riesige Fleischerei betreibt.*

Einer für alles

6 Mercat de l'Olivar

Palmas größte Markthalle, nur zwei Minuten von der Plaça d'Espanya mit großer Fischhalle. In dem überdachten Markt in einem beeindruckenden Gebäude bekommt man neben Obst und Gemüse, Fleisch und Fisch auch Sobrassada, Variat, inseleigene Öle und Wein. Man findet aber auch Blumenstände, Bäckereien, Delikatessenläden und Cafés.

ℹ *Plaça de l'Olivar, Palma | mercatolivar.com | €*

Brot ohne Salz

5 Pa Moreno

Mallorcas traditionelles rundes Brot hat eine kräftige Kruste und ein weiches Inneres und enthält kein Salz. Meist wird es nur aus Mehl, Wasser und Hefe hergestellt. Es wird auch gerne mit Olivenöl beträufelt und mit Tomaten und Knoblauch eingerieben, um die berühmte „Pa amb oli" zuzubereiten.

ℹ *Die Bäckerei im* **Carrefour** *in Coll d'en Rabassa in Palma wurde 2022 für ihr „bestes Pa Moreno Mallorcas" ausgezeichnet | Carrer del Cardenal Rossell, 168, Palma | €*

Gut zu wissen

Die Plaça Santa Eulalia in Palmas Zentrum. Die Inselmetropole ist Spaniens achtgrößte Stadt

Toys Museum

OHNE FLIEGER NACH MALLORCA

Während andere auf den Check-in warten, bist du schon auf Reisen. Nach Mallorca kommst du auch mit Bahn und Fähre.

DEINE ROUTE

1 Die schnellste Verbindung führt oft mit dem Eurostar oder dem TGV über Paris bis Barcelona und von dort weiter mit der Fähre nach Palma de Mallorca.

2 Die genaue Route kann je nach Verfügbarkeit und Zeitplan variieren. Direktverbindungen nach Paris gibt es aus mehreren Großstädten.

3 Fähren nach Palma de Mallorca verkehren ganzjährig. Einen Überblick bekommst du auf directferry.de

Hamburg
Berlin
Köln
Frankfurt
ca. 4–6 Std.
Stuttgart
Paris
München
Zürich
Wie
ca. 7–8 Std.
Barcelona
ca. 7–8 Std.
Palma de Mallorca

Tipp: Zugtickets gibt's bei DB, ÖBB und SBB. Anbieterübergreifend arbeiten Trainline (thetrainline.com) und Rail Europe (raileurope.com) sowie, ohne Buchungsfunktion, Railcc (rail.cc)

HINKOMMEN

*VON D, A, CH

Ein Fährschiff passiert die Küste vor der Bucht Cala Tuent im Norden der Insel

Mit dem Flugzeug

Das wichtigste Nadelöhr zur Insel: der Flughafen Sant Joan mit dem internationalen Kennzeichen PMI. Über diesen Airport kommen die meisten Besucher auf die Insel. Im Jahr 2022 waren es laut Betreiber über 28 Mio. Das sind in der Hochsaison auch gerne mal über 1700 Flüge die starten und landen – am Tag! Kein Wunder also, dass der Flughafen einer der wirtschaftlich stärksten des gesamten Landes ist. Der Airport Sant Joan ist dementsprechend nicht nur sehr groß und weitläufig, sondern auch äußerst modern. Man sollte sich allerdings auf längere Fußwege vorbereiten und Zeit fürs Gepäckband mitbringen – gerade zu Stoßzeiten kann es hier auch mal länger dauern. Die Flugzeit ab Deutschland beträgt etwa zwei Stunden, je nach Abflughafen im Land etwas länger oder kürzer. Die offizielle Website des Flughafens ist *aena.es*

Mit dem Schiff

Wer nicht mit dem Flieger kommen möchte, der nimmt stattdessen das Schiff. Vom spanischen Festland und von Frankreich steuern verschiedene Fähren z. B. von folgenden Städten Mallorca an:

Toulon → **Mallorca**

Valencia → **Mallorca**

Barcelona → **Mallorca**

Die Fährhäfen auf der Insel befinden sich in Palma und Alcúdia. Je nach Ankunftsort kann die Dauer der Fahrt zwischen einer Stunde (ab Menorca) und elf Stunden (ab Toulon) dauern. Die Fährfahrten werden von verschiedenen Anbietern durchgeführt, darunter Corsica Ferries, Balearia und GNV. Eine gute Übersicht über die verschiedenen Verbindungen und Preise gibt es hier: *directferries.de*.

Mit dem Auto

Eine dieser Fähren muss auch jeder nehmen, der mit dem Auto nach Mallorca möchte. Wer gerne mit dem eigenen Fahrzeug einen kleinen Europa-Trip machen möchte, der fährt vom Süden Deutschlands aus durch die Schweiz, Frankreich und Spanien Richtung Barcelona. Nach ca. 15 Autostunden dauert es dann noch etwa sechs Stunden mit der Fähre. Mit elf Autostunden bis Toulon ist die Fahrt nach Frankreich etwas kürzer. Jedoch muss man hier nochmals etwa elf Stunden auf der Fähre einberechnen. Wie man es dreht oder wendet: Mindestens 22 Stunden ist man unterwegs. Dafür spart man sich natürlich die Kosten für einen Mietwagen vor Ort!

Grün & fair reisen

Du willst beim Reisen deine CO_2-Bilanz im Hinterkopf behalten? Dann kannst du deine Emissionen kompensieren *(atmosfair.de; myclimate.org)*, deine Route umweltgerecht planen *(routerank.com)* oder auf Natur und Kultur *(gatetourismus.de)* achten. Mehr über ökologischen Tourismus erfährst du hier: *oete.de* (europaweit); *germanwatch.org* (weltweit).

VOR ORT UNTERWEGS

*ENTDECKE DIE MÖGLICHKEITEN

Auf den Serpentinen vor dem Cap Formentor im äußersten Nordosten wird es für den Reisebus bisweilen recht eng

Mit dem Auto unterwegs

Wer auf Mallorca ist, um die Insel zu entdecken, der ist leider nach wie vor zum Großteil auf das Auto angewiesen. Vor allem die abgelegenen Orte, viele Buchten und der Einstieg in die Wanderrouten sind oft nur mit einem Fahrzeug zu erreichen. Wer mit seinem eigenen Wagen auf die Insel kommen möchte, der nutzt dafür eine der zahlreichen Fähren vom Festland in Spanien und Frankreich. Natürlich gibt es auch viele Autovermietungen. Die meisten haben ihren Sitz im oder in der Nähe des Flughafens in Palma. Es lohnt sich meist, einen Mietwagen bereits vorab im Internet zu buchen.

Die Autobahn und das Tempo

Mallorca verfügt über eine gut ausgebaute Straßeninfrastruktur. Die wichtigste Autobahn ist die Ma-1, die auch als Via de Cintura bekannt ist. Sie verbindet die Städte und Dörfer rund um die Inselhauptstadt. Daneben gibt es noch weitere Hauptstraßen wie die Ma-13, die entlang der Nordwestküste verläuft, und die Ma-19, die in Richtung Südwesten führt. Alle Straßen und Tunnel sind inzwischen mautfrei. Auf Autobahnen und Schnellstraßen beträgt das Tempolimit in der Regel 120 km/h, während auf Landstraßen 90 km/h erlaubt sind. Innerhalb geschlossener Ortschaften gilt eine Geschwindigkeit von 50 km/h.

So wird der Tank wieder voll

Entlang der Hauptstraßen und Autobahnen gibt es eine Vielzahl von Tankstellen, die regelmäßig geöffnet sind. Abseits der Hauptverkehrswege ist die Zahl der Tankstellen bisweilen begrenzt. Mallorca hat in den letzten Jahren auch bedeutende Fortschritte bei der Einführung von Elektrofahrzeugen und der Ladeinfrastruktur gemacht. Es gibt mittlerweile zahlreiche Ladesäulen für Elektroautos. Die meisten findet man in Parkhäusern, auf Parkplätzen, an Hotels, Einkaufszentren oder öffentlichen Orten. Auch Autovermietungen haben die Zeichen der Zeit erkannt und bieten ihren Kunden immer mehr Elektrofahrzeuge und entsprechende Ladesäulen an.

OHNE AUTO UNTERWEGS

MIT DEM BUS

Damit kommst du in fast jedes Dorf

Es gibt ein relativ gut ausgebautes Busnetz, das nahezu alle Teile der Insel miteinander verbindet. Die blau-weißen Busse der Verkehrsgesellschaft EMT verkehren vor allem in Palma und den umliegenden Gegenden. Weitere Strecken bedienen die gelb-roten Busse von TIB *(emtpalma.cat, tib.org)*. Unkompliziert ist vor allem das bargeldlose Fahren: Man hält einfach seine Kreditkarte beim Einsteigen an den dafür vorgesehenen Bildschirm, ebenso beim Aussteigen. Das System erkennt automatisch die Fahrzeit und bucht den entsprechenden Tarif ab.

MIT DEM FAHRRAD

Nicht nur für Sportliche

Mit dem Fahrrad unterwegs zu sein ist sicher die schönste Art, aktiv von A nach B zu kommen. Mallorca bietet eine beeindruckende Vielfalt an Radwegen – von gemütlichen Küstenrouten mit Blick auf das azurblaue Meer bis hin zu anspruchsvollen Bergstrecken, die den Adrenalinpegel steigen lassen. Sowohl für Touristen als auch für Einheimische gibt es mittlerweile zahlreiche Fahrradverleihe, Geschäfte und Werkstätten, die den Bedürfnissen von Radfahrern gerecht werden *(huerzeler.com)*.

MIT DER BAHN

klappt es zwischen großen Städten

Weniger gut ausgebaut sind die Zugverbindungen – doch es gibt sie! Die Hauptstrecke führt von Palma nach Inca und weiter nach Sa Pobla im Norden der Insel. Auch hier findet man alle Infos unter *tib.org*. Die Züge in Palma fahren vom Bahnhof „Estació Intermodal" ab. Er befindet sich nördlich des Stadtzentrums.

PRAKTISCHE INFOS
*VON A BIS Z

Campingglück mit Blick aufs Meer – es gibt allerdings nur zwei offizielle Plätze auf der Insel

Auskunft
Auf Mallorca gibt es verschiedene Möglichkeiten, Auskunft zu erhalten: über die zahlreichen Tourismus-Informations-Zentren, im eigenen Hotel an der Rezeption, in Online-Portalen oder Reiseführern (wie diesem hier) und zu guter Letzt natürlich auch, indem man sich an Einheimische wendet.

Banken
Die Banken auf Mallorca sind Teil des spanischen Bankensystems und in der Regel gut mit Filialen und Geldautomaten ausgestattet. Banco Santander, die BBVA, Banco Sabadell und Banco Popular sind die am häufigsten vertretenen Institute.

Campen
Mallorca ist kein typisches Ziel für Backpacker oder Campingurlauber. Die Insel hat nur zwei offizielle Zeltplätze: Sa Font Coberta am Kloster Lluc und Es Pixarells, und die Ausstattung ist nicht sehr modern. Für Reisende mit dem Wohnmobil gibt es auf der Insel überhaupt keine Stellplätze mit Strom- und Wasseranschlüssen. Wildes Zelten ist verboten.

Diplomatische Vertretung
Die deutsche bzw. österreichische und die Schweizer Botschaft auf Mallorca befinden sich in der Hauptstadt Palma und sind die offizielle Anlaufstelle für Staatsangehörige, die Unterstützung oder konsularische Dienstleistungen benötigen.

Deutsches Kosulat
Carrer de Porto Pi, 8, 07015 Palma

Österreichisches Honorarkonsulat
Avenida Jaume III, 29 Entresuelo, 07012 Palma

Schweizerisches Honorarkonsulat
c/o Universal Hotels, Carrer Gremi Cirurgians i Barbers, 25 Edificio Generium, bloque B, planta 3 07900 Palma

Einkaufen gehen
Wer gern selbst kocht, der findet auf der Insel eine Vielfalt an Einkaufsmöglichkeiten. Die Insel verfügt

Arroz negro: die legendäre schwarze Paella mit Meeresfrüchten

Grüne Selleriesträuße auf einem Straßenmarkt auf Mallorca

über eine breite Palette von Supermarktketten sowie kleinen Lebensmittel- und Delikatessengeschäften, in denen man hochwertige lokale Produkte finden kann. Viele der großen Supermärkte haben sehr lange Öffnungszeiten und auch am Sonntag auf. Kleinere Läden hingegen machen gern eine Siesta-Pause in den Mittagsstunden. Es gibt auch die Möglichkeit, Lebensmittel, die auf der Insel produziert werden, direkt beim Erzeuger zu kaufen, wie beispielsweise Oliven, Mandeln, Orangen, Feigen, Wein, Wurst und Käse. Die vielleicht schönste Art einkaufen zu gehen ist es, über einen der zahlreichen Wochenmärkte zu schlendern, die oft mehrmals wöchentlich stattfinden – übrigens auch in der Nebensaison. Die Wochenmärkte sind für die Mallorquiner ein wichtiger Ort der Begegnung und des sozialen Miteinanders. Hier kommen Familien, Freunde und Nachbarn zusammen, um sich auszutauschen und die neuesten Neuigkeiten zu besprechen. Klatsch und Tratsch sind also ebenso ein fester Bestandteil des Marktbesuchs wie das Einkaufen selbst.

Essen & Trinken

Leichte mediterrane Mittelmeerküche? Nicht auf Mallorca. Die traditionellen Gerichte der Insel sind deftig und nichts für Vegetarier oder Liebhaber fettarmer Gerichte. Schweineschmalz, Spanferkel, Lamm und Kaninchen sind auf jeder typisch mallorquinischen Karte zu finden. Gemüse wird mit viel Öl oder auch gern frittiert serviert. Fisch und Meeresfrüchte kommen natürlich auch auf den Tisch. Wenn sie von der Insel kommen, werden sie meist mit „fangfrisch" tituliert. **Insider-Tipp** Die meisten vegetarischen und veganen Restaurants gibt es in Palma, z. B. das Cafe Riutort oder das Restaurant Santosha.

Für Notfälle

Allgemeiner Notruf Tel. 112
Musst du einen Notruf absetzen, bleibe dabei ruhig und berichte:

- Wo ist es passiert?
- Was ist passiert?
- Wie viele Verletzte gibt es?
- Welche Verletzungen liegen vor?

Warte dann auf Rückfragen der Leitstelle, beende das Gespräch nicht unaufgefordert.

Pannenhilfe
vom Festnetz Tel. 80 31 16
vom deutschen Handy Tel. 800 11 68 00

Mal von allem ein bisschen naschen – Tapas sind kleine Appetithäppchen

Essen gehen

Es sind oft kleine, aber feine Unterschiede, die einen Restaurantbesuch in einem fremden Land ausmachen. Die Kultur des Essengehens unterscheidet sich auf Mallorca nicht wesentlich von der in Deutschland. Einige Feinheiten sollte man aber beachten: Trinkgeld ist auf Mallorca üblich, aber anders als in vielen anderen Ländern ist es nicht unbedingt erforderlich, da oft bereits ein Servicezuschlag in der Rechnung enthalten ist. Es ist jedoch höflich, das Wechselgeld aufzurunden, wenn der Service zufriedenstellend war. In Bars und Cafés geben Mallorquiner oft kein Trinkgeld – aber man muss es ihnen ja nicht unbedingt gleichtun! Wer ein Lokal betritt, der kann gern höflich grüßen. Ein einfaches „Hola" (Hallo) oder „Adiós" (Auf Wiedersehen) wird geschätzt. Was allerdings weniger geschätzt wird, ist es, sich einfach zu einem Fremden an den Tisch zu setzen. Zwar würde kein Mallorquiner die Frage nach einem freien Platz verneinen, aber sehr wahrscheinlich unverzüglich zahlen und verschwinden.

Feiertage

Ein wichtiger Feiertag ist der „Dia de les Illes Balears" (Tag der Balearen), der alljährlich am 1. März begangen wird. Einer der wichtigsten religiösen Feiertage auf Mallorca ist Ostern. Die Osterwoche, auch bekannt als „Semana Santa", wird mit großer Hingabe und Frömmigkeit gefeiert. Ein weiterer bedeutender Feiertag ist Sant Joan, der am 24. Juni stattfindet. Dieses Fest markiert den Beginn des Sommers. Im August findet das Fest der Mare de Déu de la Victòria statt, das der Schutzpatronin von Mallorca gewidmet ist. **Insider-Tipp** Große Supermärkte haben an fast allen Tagen geöffnet, auch sonntags und feiertags.

Frauen unterwegs

Mallorca ist im Allgemeinen als sicheres Reiseziel für Frauen bekannt. Die Insel hat eine gut entwickelte Tourismusindustrie, und es werden zahlreiche Maßnahmen ergriffen, um die Sicherheit der Besucherinnen zu gewährleisten. Es ist dennoch ratsam, einige Vorsichtsmaßnahmen zu beachten: Wertsachen stets bei sich tragen, wichtige Dokumente sicher aufbewahren. Das eigene Getränk im Auge behalten und kein Getränk von Fremden annehmen. Wie bei jeder Situation ist es wichtig, auf sein Bauchgefühl zu achten. Falls es Bedenken gibt oder Hilfe benötigt wird, kann man sich jederzeit an die örtlichen Behörden, Touristeninformationen oder das Hotel wenden.

Geld

Auf Mallorca kann man überall mit Euro zahlen. In vielen Restaurants und Cafés wird die Rechnung in bar oder mit EC-Karte beglichen. Kreditkarten und vor allem American Express werden nicht immer akzeptiert – daher am besten vorher beim Personal informieren!

Handy & Telefon

Die Insel verfügt über ein gut ausgebautes Mobilfunknetz, und der Handyempfang ist in der Regel zuverlässig. Die meisten großen Mobilfunkanbieter haben eine gute Abdeckung auf der gesamten Insel, insbesondere in den städtischen Gebieten und den beliebten touristischen Zielen. Sowohl 2G-, 3G- als auch 4G-(LTE)Netze sind weit verbreitet. In abgelegenen oder ländlichen Gebieten kann die Signalstärke und -qualität schwächer sein.

DRAUSSEN UNTERWEGS MIT KINDERN

Lieblingstouren

Touren entlang von Bächen oder kleinen Seen sind wunderbar. Wenn's heiß ist, können alle ihre Füße kühlen, Rindenschiffchen bauen oder flache Steinchen hüpfen lassen.

Mit allen Sinnen

Eine süße Blume und ein herbes Kraut riechen, Moos und Steinchen barfuß spüren, mit geschlossenen Augen das Knacken und Rascheln hören, mit Lupe oder Fernglas Tiere beobachten: Ein Naturspaziergang ist für Kinder wie ein toller Sinnespfad.

Wie weit mit Kids?

Wie lang darf eine Wanderstrecke mit Kindern sein? Als grobe Orientierung nennt der Deutsche Wanderverband: das Lebensalter mal 1,5 nehmen. Eine Siebenjährige könnte danach 10,5 km schaffen, einen Kilometer je 100 Höhenmeter abziehen. Als Zeitbedarf plane die doppelte Zeit ein, die für erwachsene Wanderer angegeben wird.

Notausstieg

Wähle Wanderrouten aus, die du leicht abkürzen kannst – je nach Kondition und Stimmung. Beziehe bei der Vorbereitung einer Tour die Kinder unbedingt mit ein: gemeinsam die richtige Wanderkarte auswählen und unterwegs zusammen gucken, wie der Weg weitergeht.

Lesefutter

Toll illustrierte Kinderbücher über Pflanzen, Tiere, Gewässer und Gebirge machen Lust auf den Naturausflug. Der passende Band wandert mit – damit es noch mehr zum Entdecken gibt.

Abenteuer am Wegesrand

Wohnt ein Räuberhauptmann in der Burgruine? Und sind hier wirklich Steinzeitjäger an den Felsklippen entlanggeschlichen? Wähle Wanderrouten aus, die an besonderen Orten vorbeiführen. Kleine Geschichten machen sie für den Nachwuchs zu spannenden Abenteuerplätzen.

Der Hitze entkommen

Vor allem mit kleineren Kindern kann sehr heißes Sommerwetter richtig anstrengend sein. Wenn mal alle nach einer Abkühlung lechzen: Macht doch einfach einen Tagesausflug in die Berge. Ein Picknick im Wald, ein kühler Bergbach – und der Tag ist gerettet. Richtwert: Pro 100 Höhenmeter ist es ca. ein Grad kühler.

Matschverhüterli

Große, stabile Mülltüten sollte man als Eltern immer im Auto haben. Warum? Kinder sind mobil und immer gerne dort unterwegs, wo es spannend und oft auch schmutzig ist, zum Beispiel im Matsch. Aber sooo ins Auto? Kein Problem: Steck dein Kind vor der Weiterfahrt einfach bis zur Taille in die Tüte und der (Miet-)Wagen bleibt sauber.

RUCKSACK-APOTHEKE

Wer draußen unterwegs ist, sollte immer ein Erste-Hilfe-Set dabei haben. Und natürlich solltest du wissen, wie du Binden und Kompressen anwendest – ein Erste-Hilfe-Kurs schadet nie.

Sei auf Notfälle vorbereitet

- Pflaster (zum Abschneiden) für kleine und größere Schürf- und Schnittwunden
- Blasenpflaster
- Mullbinden und Kompressen zum Abdecken von Wunden
- Dreieckstücher zum Ruhigstellen von Gelenken bei Brüchen
- Desinfektionsmittel
- Allergiemittel
- Schmerztabletten
- Wundheilsalbe
- Insektenschutz
- Verbandschere
- Pinzette
- Einmalhandschuhe
- Rettungsdecke als Schutz vor Unterkühlung
- Kältekompresse
- Signalpfeife
- Zeckenzange

Schon gewusst?

Im Notfall kannst du drei Minuten ohne Sauerstoff, drei Tage ohne Wasser, drei Wochen ohne Nahrung, aber nur drei Stunden ohne Schutz vor Wind, Nässe und Kälte aushalten. Hab also auch immer Kleidung für alle Eventualitäten im Rucksack.

Internet und WLAN

Der Internetzugang und das WLAN-Netz sind auf Mallorca in den letzten Jahren deutlich verbessert worden. In den meisten Hotels, Resorts, Restaurants und Cafés auf Mallorca ist WLAN verfügbar und wird oft kostenlos angeboten. Darüber hinaus gibt es zahlreiche öffentliche WLAN-Hotspots, insbesondere in den städtischen Gebieten und touristischen Zentren. Diese Hotspots sind in der Regel an öffentlichen Plätzen, in Parks, an Stränden oder in Einkaufszentren zu finden. Die Qualität und Geschwindigkeit des Internets und des WLAN-Netzes kann in einigen ländlichen Gebieten oder abgelegenen Teilen der Insel möglicherweise langsamer oder instabiler sein.

Mahlzeiten

Das Frühstück – *desayuno* – besteht bei vielen Mallorquinern nur aus einer schnellen Tasse Kaffee im Stehen mit einem süßen Stück Gebäck dazu, gern die beliebte Ensaimada-Schnecke. Zu Mittag darf es dann schon ein wenig mehr sein. Die Hauptmahlzeit des Tages wird in der Regel ab 14 Uhr eingenommen. Viele Restaurants bieten zu dieser Zeit preiswerte Tagesmenüs an, das *menú del día*. Es enthält Vorspeise, Hauptgericht, Dessert und oft auch ein Getränk. Nach dem Mittagessen heißt es dann: Siesta! Zeit für eine kurze Ruhepause, um der Mittagshitze zu entgehen. Um aus dem Mittagstief zu kommen, gibts am Nachmittag einen Café solo mit einem Stück Mandelkuchen. Wer es herzhaft mag, der isst ein Pa amb oli mit Schinken und Käse. Das Abendessen wird nicht vor 20 Uhr serviert, im Hochsommer auch gern erst ab 22 Uhr. Auch die Kleinsten sind dann meistens noch dabei.

Medien

Alle großen deutschen Zeitungen und Zeitschriften werden an den Kiosken der Insel verkauft. Ein bekanntes deutsches Blatt auf Mallorca ist die „Mallorca Zeitung", die wöchentlich erscheint und eine

Zeitungskiosk in Palma: In aller Regel sind dort alle wichtigen deutschen Tageszeitungen erhältlich

Dieser Supermarkt in Cala Figuera hat auch viele bunte Badeartikel im Sortiment

breite Palette an Themen abdeckt, darunter lokale Nachrichten, Veranstaltungen, Lifestyle und Immobilien *(mallorcazeitung.es)*. Die Zeitung richtet sich sowohl an die Residenten als auch an die Besucher der Insel und bietet eine informative und unterhaltsame Lektüre in deutscher Sprache. Auch das deutschsprachige „Mallorca Magazin" ist eine Mischung aus Reiseberichten, Lifestyle-Themen, Restaurantbewertungen und aktuellen Ereignissen. Im Internet informieren diverse Online-Portale und Blogs über alles Wissenswerte von der Insel. **Insider-Tipp** Mein Blog *www.mallorca-momente.com* berichtet von den schönsten Seiten der Insel.

Medizinische Versorgung

Die medizinische Versorgung auf Mallorca ist gut entwickelt und bietet Einwohnern und Touristen eine qualitativ hochwertige Betreuung. Das größte und modernste Krankenhaus ist das Hospital Universitario Son Espases in Palma de Mallorca. Es verfügt über hochmoderne medizinische Einrichtungen und Fachabteilungen. Zusätzlich zu den Krankenhäusern gibt es auch mehrere Kliniken und medizinische Zentren, die ambulante Versorgung, Facharztpraxen und spezialisierte Dienstleistungen anbieten, oftmals auch mit deutschen und deutschsprachigen Ärzten und Ärztinnen.

Notrufe

Die zwei wichtigsten Notrufnummern sind die 112 und die 061. Erstere ist die allgemeine Notrufnummer, die vom balearischen Verwaltungsministerium betreut wird. Sie ist für alle Arten von Notfällen gedacht und koordiniert den Einsatz von Feuerwehr, Polizei oder Zivilschutz. Bei einem medizinischen Notfall kann man auch die 061 wählen. Der Anruf ist kostenlos, und man wird rasch in einer der vier Sprachen Spanisch, Katalanisch, Englisch oder Deutsch betreut.

Öffnungszeiten

Die meisten Geschäfte haben montags bis samstags von morgens 9 oder 10 Uhr bis abends zwischen 19 und 21 Uhr geöffnet, wobei die genauen Öffnungszeiten von Laden zu Laden unterschiedlich sein können. Einige größere Geschäfte und Einkaufszentren können ihre Öffnungszeiten bis 22 Uhr verlängern. Viele Supermärkte haben in der Regel länger geöffnet als normale Geschäfte und betreuen montags bis samstags von frühmorgens bis spätabends ihre

Im Mallorca International Airport befindet sich auch eine Touristinformation

Leuchtend gelbe Briefkästen für alle, die gerne Urlaubsgrüße verschicken

Kunden. An Sonntagen und Feiertagen sind die Öffnungszeiten der Supermärkte in der Regel verkürzt oder sie bleiben ganz geschlossen. Es gibt jedoch Ausnahmen, einige größere Supermärkte sind auch an Sonn- und Feiertagen geöffnet.

Post

Die Post auf Mallorca bietet einen zuverlässigen und effizienten Service für den Versand von Briefen, Paketen und anderen Postsendungen. **Insider-Tipp** Wer sein eigenes Urlaubsbild als Postkarte verschicken will, der kann das mit Anbietern wie mypostcard oder ebrief. Briefmarken kauft man in einer Postfiliale oder auch in kleineren Geschäften und Tabakläden. Diese Läden ziert oft ein Schild mit der Aufschrift „Estancos". Die Briefkästen auf Mallorca sind in der Regel Gelb. Sie sind an verschiedenen Standorten zu finden, einschließlich der Hauptpostämter, einigen Geschäftsbereichen und an öffentlichen Plätzen. Die Briefkästen sind deutlich gekennzeichnet und meist mit dem Logo der spanischen Post („Correos") versehen.

Preise

Grundnahrungsmittel wie Obst, Gemüse, Brot und Milchprodukte sind auf Mallorca in der Regel vergleichbar mit Deutschland oder leicht teurer. Vor allem importierte Lebensmittel und bestimmte Markenprodukte können etwas hochpreisiger sein – immerhin befindet man sich auf einer Insel. Auf der anderen Seite sind lokale Produkte wie Olivenöl, Wein und frischer Fisch oft günstiger, da sie auf der Insel selbst produziert oder gefangen werden. Bei Restaurants, Cafés und Unterhaltungsangeboten können die Preise stark variieren. In den Urlauberzentren sind sie in der Regel höher als in abgelegenen Gegenden oder in den lokalen Gemeinden der Insel. Restaurants und Bars mit Meerblick oder in beliebten Ferienorten tendieren dazu, höhere Preise abzurufen, während traditionelle Tapas-Bars oder lokale Cafés oft günstigere Optionen bieten.

Steuern und Erstattungen

Als deutscher Tourist besteht grundsätzlich die Möglichkeit, sich die Mehrwertsteuer auf bestimmte Einkäufe erstatten zu lassen. Um die Mehrwertsteuer zurückzufordern, müssen einige Bedingungen er-

Morgenstimmung in Can Picafort – die Strandliegen werden bald vergeben sein

füllt sein. Man muss in Geschäften einkaufen, die am Tax-Free-Shopping-Programm teilnehmen. Diese Geschäfte sind normalerweise mit einem Aufkleber oder einem Hinweisschild gekennzeichnet. Beim Shoppen muss man schließlich den Reisepass oder den Personalausweis vorlegen, um seine Identität nachzuweisen. Der Händler stellt dann eine spezielle Mehrwertsteuer-Rückerstattungsbescheinigung (Tax-Free-Formular) aus. Dieses Formular muss korrekt ausgefüllt und abgestempelt sein. In der Regel kann man entweder die Rückerstattung am Flughafen direkt in bar erhalten, das Formular an bestimmten Rückerstattungsschaltern einreichen oder es per Post an das Unternehmen senden, das die Rückerstattung abwickelt.

Strom & Stecker

Mallorca verwendet das europäische Stromversorgungssystem, bei dem die Spannung 220–230 Volt beträgt und die Frequenz 50 Hertz. Die Steckdosen auf Mallorca sind wie bei und zu Hause vom Typ C und F. Typ-C-Steckdosen haben zwei runde Stifte, Typ F-Steckdosen besitzen zwei runde Stifte mit zwei zusätzlichen Erdungsstiften. Typ-F-Steckdosen sind am häufigsten, und die meisten Hotels und Unterkünfte werden diese Steckdosen haben.

Tourist-Information

Bereits bei der Ankunft am Flughafen gibt es eine Touristinformation. Sie befindet sich in der Ankunftshalle und ist ein guter erster Anlaufpunkt für Reisende, um Broschüren, Karten und Informationen über Transportmöglichkeiten, Unterkünfte und touristi-

Was kostet wie viel?

Café con leche ab 1,50 €
Eis ab 2 € (pro Kugel)
Tapas ab 4 € (pro Portion)
Strandliege ab 15 € (pro Tag)
Leihfahrrad ab 10 € (pro Tag)
Mietwagen ab 30 € (pro Tag)

Eingerahmt von weißen Felsen und türkisblaues Wasser: Cala Llombards

sche Attraktionen zu erhalten. Darüber hinaus finden sich in den touristischen Gebieten und in vielen größeren Orten auf Mallorca Tourismus-Informationen. Sie verfügen häufig über mehrsprachiges Personal, das bei Fragen oder Problemen behilflich ist und detaillierte Informationen über die jeweilige Region, lokale Veranstaltungen, Restaurants und Einkaufsmöglichkeiten bietet.

Toiletten

Auf Mallorca gibt es in den meisten größeren Städten, in Einkaufszentren, an Stränden und in touristischen Gebieten öffentliche Toiletten. Diese sind normalerweise gut gepflegt und bieten eine angemessene Hygiene. Wer auf Spanisch nach einer Toilette fragen möchte, sagt: „¿Dónde está el baño?" (Wo ist die Toilette?) oder „¿Dónde puedo encontrar un servicio?" (Wo kann ich eine Toilette finden?).

Trinkgeld

Wie eigentlich überall ist das Trinkgeld auf Mallorca nicht verpflichtend, wird aber gerne als Zeichen der Wertschätzung für guten Service gegeben. In Restaurants und Cafés ist es üblich, ein Trinkgeld von etwa 5–10 % des Rechnungsbetrags dazulassen, je nachdem, wie zufrieden man mit dem Service war. Bei Taxis rundet man für gewöhnlich den Fahrpreis auf. In Hotels kann man dem Zimmermädchen ein Trinkgeld von 1–2 Euro am Tag auf dem Kopfkissen hinterlassen oder am Ende des Aufenthalts in einem Umschlag an der Rezeption übergeben. Wichtig zu wissen: In einigen Restaurants und Cafés ist bereits eine „copa" (Getränkegeld) auf der Rechnung enthalten. In diesem Fall ist es nicht notwendig, zusätzliches Trinkgeld zu geben, es sei denn, man möchte die Servicequalität besonders honorieren.

Verordnungen und Verbote

Auf Mallorca gibt es einige wichtige Verordnungen und Verbote, die für Touristen relevant sind. Die wichtigsten zusammengefasst: Es gilt ein strenges Rauchverbot in öffentlichen Gebäuden, Restaurants, Bars und anderen geschlossenen Räumen. Rauchen ist nur in speziell gekennzeichneten Bereichen im Freien erlaubt. Mallorca legt großen Wert auf den Umweltschutz. Das Pflücken von Pflanzen oder das Sammeln von Steinen und Muscheln ist verboten. Das Campen und Grillen am Strand ist in der Regel nicht erlaubt. Wildes Parken auf Straßen und öffentlichen Plätzen ist strengstens untersagt. Um die Nachtruhe und den öffentlichen Frieden zu wahren, gibt es bestimmte Vorschriften bezüglich der Lärmbelästigung. Insbesondere zwischen 24 Uhr und 8 Uhr sollten laute Geräusche vermieden werden.

Zeitzone

Mallorca liegt in der mitteleuropäischen Zeitzone. Im Sommer wird die Uhr um eine Stunde vorgestellt (Central European Summer Time, CEST).

APPS & KARTEN FÜR DRAUSSEN

ERKENNE, WAS UM DICH IST

Apps für Naturfreunde

Geschafft! Der Gipfel ist erobert, die Rundsicht auf die Bergwelt der Hammer. Aber wie heißen die ganzen Spitzen, die da am Horizont in den Himmel piksen? Das verrät die App PeakFinder – einfach mit der Kamera in die gewünschte Richtung halten. Das Ganze gibt's übrigens auch für den Nachthimmel, Apps wie SkyMap oder SkyView sind wie ein Astronom für die Hosentasche, der dir das Weltall erklärt.
Für Pflanzen z. B. PlantNet, Flora incognita (v. a. für D) und iNaturalist, für Vogelstimmen NABU Vogelstimmen oder BirdNET.

SO KOMMST DU BESSER ANS ZIEL

Navi-Unterstützung für Aktive

Mit Apps wie Komoot, Maps 3D, GPSies oder von Runtastic wird dein Smartphone zum Navi, egal ob du zu Fuß oder auf zwei Rädern unterwegs bist. Google Maps funktioniert zwar auch, findet aber oft nur die Haupt- und nicht die schönen, verkehrslosen Nebenrouten. Zur Sicherheit solltest du immer eine Powerbank für eine Extraakkuladung im Gepäck haben, denn die GPS-Funktion des Smartphones ist energiehungrig.

ANALOG UNTERWEGS

Die passende Karte finden

Mist, der Akku des Smartphones ist leer. Nimm deshalb immer auch eine gute Karte deines Wandergebiets mit. Bist du in einem kleineren Gebiet unterwegs, ist der Maßstab 1: 25 000 perfekt, dann sind vier Zentimeter auf der Karte ein Kilometer im Gelände. Hast du eine Tour über größere Entfernungen vor, dann greif zum Maßstab 1:50 000. Zwei Zentimeter auf der Karte entsprechen dann einem Kilometer.

Auf der Karte kannst du übrigens auch sehen, wie steil das Gelände wird: Je enger die Höhenlinien – jene Linien, die dem Geländeverlauf folgen – liegen, desto steiler wird's. Bei einer 50 000er-Karte sind zwischen zwei Höhenlinien meist 20 m. Wenn dein Wanderweg einer Höhenlinie folgt, hast du Glück: Der Weg ist (relativ) eben.

LIFEHACKS FÜR DEN URLAUB

Erinnerungsstütze

Kennst du sie auch, die panische Frage, kaum hast du dich Richtung Urlaub in Bewegung gesetzt: Habe ich auch wirklich die Wohnungstür abgeschlossen? Versuch es beim nächsten Mal mit einer ungewöhnlichen Aktion: Spring beim Abschließen hoch in die Luft, mach eine tiefe Kniebeuge oder sage dir laut vor: Jawohl, ich habe abgeschlossen. Daran erinnerst du dich dann bestimmt und der Urlaub beginnt mit einem breiten Grinsen im Gesicht.

Erst mal einen Überblick verschaffen

Erster Tag auf unbekanntem Terrain? Bevor du dich voller Elan in Erlebnisse stürzt, such dir einen großartigen Aussichtspunkt und genieße es, dir einen Überblick über Lage und Ausdehnung der Stadt oder Region zu verschaffen. Das gibt ein tolles Bild für den ersten Social-Media-Post, und danach wirst du dich mit gestähltem Orientierungssinn bewegen.

Handy nachladen im Flug(s)modus

Ja, wir kennen das alle: Die Batterie des Smartphones neigt sich gefährlich dem einstelligen Prozentbereich zu, viel Zeit zum Aufladen bleibt nicht. Bewährter Tipp: Der Akku lädt um ein Vielfaches schneller, wenn du dein Smartphone währenddessen in den Flugmodus versetzt. Und weil die Batterie unterwegs viel schneller schwächelt, steck eine Powerbank ein.

Übergepäck? Nur für Anfänger!

Durch geschicktes Minimieren der Farbpalette deiner Kleidung brauchst du weniger Einzelteile und kannst besser kombinieren. Achte auch bei Schmuck und Schuhen darauf, dass du sie mehrfach einsetzen kannst.

Koffer packen für Könner

Um nicht mit einem Haufen zerknitterter Wäsche am Urlaubsort anzukommen, beachte die Grundregel: Schweres gehört nach unten, d. h. an die Seite des Gepäcks, die während des Transports in Richtung Boden zeigt. Zu den schweren Gegenständen zählen Waschbeutel und Schuhe. Außerdem wichtig: Je kompakter alles im Koffer verstaut wurde, desto weniger kann verrutschen.

Kleidung klein und faltenfrei

Spart Platz im Koffer und minimiert Falten: Shirts und Pullis falten und rollen. Bei Jacken die Ärmel nach innen falten, dann die Jacke mittig zusammenlegen. Voluminöses in Zip-Beutel stecken und die Luft vor dem Verschließen herausdrücken. Unterwäsche kann auch gerollt werden.

Schutz für Handy & Co.

Technische Geräte mögen weder Sand noch Wasser. Am Strand oder bei der Bootstour sind Handy und Co. in einem kleinen Plastikbeutel mit Zip-Verschluss unkompliziert geschützt.

Kleidung waschen & reparieren

Mit nur wenigen Zutaten kann man unterwegs prima Wäsche waschen und auch mal Kleidungsstücke reparieren. Als Wäscheleine eignen sich 3 m normale Schnur aus dem Baumarkt. Eine Handvoll kleiner Gardinenclips ersetzt die Wäscheklammern. Fehlt das Waschmittel, tut es auch Shampoo. Mit einer Nagelbürste kann man bei der Handwäsche beste Ergebnisse erzielen. Etwas Gaffa-Tape fixiert aufgelöste Säume und ein Tröpfchen Nagellack eine Laufmasche oder einen losen Faden.

Alleskönner Klebeband

Eine Rolle Klebeband gehört in jeden Rucksack. Aber nicht irgendein Klebeband, sondern Duct- oder Panzer-Tape. Ob Riss in der Outdoor-Jacke oder im Zelt, ob gebrochene Zeltstange oder die lose Sohle am Wanderschuh: Mit dem unverwüstlichen Gewebeband meisterst du jede Reparatur an der Ausrüstung. Wenn selbst die NASA Duct-Tape im All dabeigehabt haben soll ...

Reisekrankheit vermeiden

Du kennst das schon: Spätestens wenn's kurvig wird, wird dir … blümerant zumute. Schwindelgefühle und Übelkeit entstehen durch Störungen des Gleichgewichtssinns. Wehre den Anfängen: Leg Buch oder Handy weg, setz dich nach vorne oder schnapp dir das Steuer, denn wer strikt geradeaus schaut, ist kaum gefährdet. Im Bus ist der beste Platz in der vordersten Reihe, im Flugzeug solltest du versuchen, auf Höhe der Tragflächen zu sitzen, und auf dem Schiff hilft ein Gang an die frische Luft mit festem Blick auf den Horizont.

Dolmetscher in der Tasche

Reisen in einem Land, in dem man die Sprache nicht versteht, kann schwierig werden. Die kostenlose Smartphone-App Google Übersetzer (iOS und Android) macht die Verständigung leichter und ein Wörterbuch überflüssig. Man kann für den Urlaub bestimmte Sprachpakete herunterladen, damit die App auch ohne Internetzugang übersetzt. Damit spart man die Kosten für mobiles Internet, verliert aber gleichzeitig wegen der Größe der Sprachpakete viel Speicherplatz. Man kann sogar Wörter abfotografieren, um sie übersetzen zu lassen, oder sich ganze Sätze erklären und vorsprechen lassen.

Weniger ist mehr

Ach, und das Buch sollte auch noch mit. Und vielleicht noch ein Pullover, weil der eigentlich doch ganz schick ist? Brichst du zu einer Wanderung auf, dann geize mit Platz und Gewicht. Zu schweres Gepäck macht jeden Ausflug zur Tortur. Als Faustregel gilt: Was du auf dem Rücken trägst, sollte nicht mehr als 20 Prozent deines Körpergewichts betragen. Für eine Tageswanderung reichen sechs Kilo Gepäck.

Ab in die Sonne!

Was bringt die schönste Landschaft bei Dauerregen, wenn 50 km weiter die Sonne vom Himmel lacht? Hängen also wieder mal die Wolken tief, befrage das Internet nach dem Wetter, such dir den nächstgelegenen Ort heraus, wo die Sonne scheint – und fahr hin! Vielleicht entdeckst du dann sogar wundervolle Orte, die du zunächst gar nicht auf der Reiseroute hattest.

OUTDOOR-EVENTS

*DURCHS JAHR

Wenn auf Mallorca Anfang Februar die Mandelbäume blühen, wird das Ereignis in Son Servera groß gefeiert

Januar

Heilige Drei Könige: Am 6. Januar erhalten die spanischen Kinder ihre Weihnachtsgeschenke. Caspar, Melchior und Balthasar ziehen dabei auf fantasievoll geschmückten Wagen durch die Dörfer.

Das Dämonenfest Sant Antoni: Am 16. und 17. Januar ziehen die Teufel (Dimonis) durch die Straßen, sprühen dabei mit Funken und Feuer und verbreiten überall „Angst und Schrecken".

Zu Ehren des Schutzpatrons Sant Sebastià: In Palma wird am 20. Januar ein großes Musikfest gefeiert. Es gibt verschiedene Bühnen und Grillfeuer.

Februar

Fira de la Flor d'Ametler: Anfang Februar wird in Son Servera die Mandelblüte mit einer großen Messe und traditioneller Volksmusik zelebriert.

März

Oldtimerrennen: Die Rally Clásico mit wahren Schmuckstücken findet immer im März statt und ist ein Etappenrennen quer durch den Westen der Insel. *rallyislamallorca.com*

April

Passion Christi: Die Pascuas sind die Osterprozessionen der Insel, sie finden zwischen Palmsonntag und Karfreitag statt. Mit spitzem Hut und verhüllten Gesichtern ziehen Gläubige in Ketten und mit schweren Holzkreuzen beladen durch die Städte.

Mai

Moros y Cristianos: Immer am zweiten Montag im Mai findet dieses Patronatsfest in Port de Sóller statt. Es steht im Zeichen der siegreichen Schlacht gegen maurische Piraten im Jahr 1561.

Juni

Sommersonnenwende: In der Nacht vom 23. auf den 24. Juni feiert die Insel „Nit de Sant Joan". Strände werden dabei mit Lagerfeuern und Feuerwerk beleuchtet, und es wird die ganze Nacht durchgetanzt.

Juli

Im ganzen Monat Juli finden Feste zu Ehren der diversen **Schutzpatronen** der Insel statt, u. a. die Festes del Carmen in Porto Cristo oder die Festes de Sant Jaume in verschiedenen Dörfern.

August

Ein weiteres **Moros y Cristianos**, diesmal in Pollença. Hunderte von Verkleideten stellen einen Kampf der Insulaner mit Piraten aus dem Jahr 1550 nach.
Sa Festa de Callvall in Ses Salines: Dieses Reiter-Spektakel ist eine Hommage an den menorquinischen „Jaleo", einen traditionellen Reiterumzug.

September

Immer im September findet in Artà eine der größten **Landwirtschaftsmessen** statt. Mit dabei sind diverse Weinproben und die Gastroroute „Me i l'Ametla", bei der traditionell Lamm- und Mandelspezialitäten angeboten werden.

Oktober

Llampuga: Goldener Fang für Gourmets – am zweiten Wochenende im Oktober steigt in Cala Rajada das Fest der Goldmakrelen.

Oktober und November

In diesen Monaten findet ein klassisches **Musikfestival** statt, das sich auf verschiedene Ortschaften und Wochen verteilt. *musicamallorca.com*

Dezember

Weihnachtszeit: Auf der ganzen Insel blinkt die Weihnachtsbeleuchtung, es gibt sogar Weihnachtsmärkte. Ein besonders schöner Markt wird im Freilichtmuseum Pueblo Español in Palma aufgebaut.
Año nuevo: Das Jahresende am 31. Dezember wird mit einer großen Fiesta auf dem Marktplatz gefeiert. Um Mitternacht muss man pro Gongschlag eine Traube essen, wenn das neue Jahr gut werden soll.

Feiertage

1. Jan.	Neujahr (Año Nuevo)
6. Jan.	Heilige Drei Könige (Día de Reyes)
Karfreitag	(Viernes Santo)
Ostermontag	(Lunes de Pascua)
1. Mai	Tag der Arbeit (Día del Trabajador)
15. Aug.	Mariä Himmelfahrt (Asunción de la Virgen)
12. Okt.	Nationalfeiertag Spaniens (Día de la Hispanidad)
1. Nov.	Allerheiligen (Todos los Santos)
6. Dez.	Verfassungstag Spaniens (Día de la Constitución)
8. Dez.	Mariä Empfängnis (Inmaculada Concepción)
25. Dez.	Weihnachten (Navidad)

Moros y Cristianos – im Mai wird in Port de Sóller die Schlacht zwischen Christen und Mauren nachgestellt

Anhang

Lust auf Adrenalin? Klippenspringer am Naturstrand Cala Varques

REGISTER

*NACH ORTEN

REGISTER

*NACH AKTIVITÄTEN

Highlights

Zu Fuß

Mit dem Fahrrad

Am & im Wasser

Fun & Action

Naturgenuss

NOCH MEHR OUTDOOR-SPASS

**Nach der Reise ist vor der Reise:
Hier findest du noch mehr beste Frischluftabenteuer
für deinen Urlaub.**

ISBN 978-3-575-01918-9

ISBN 978-3-575-01926-4

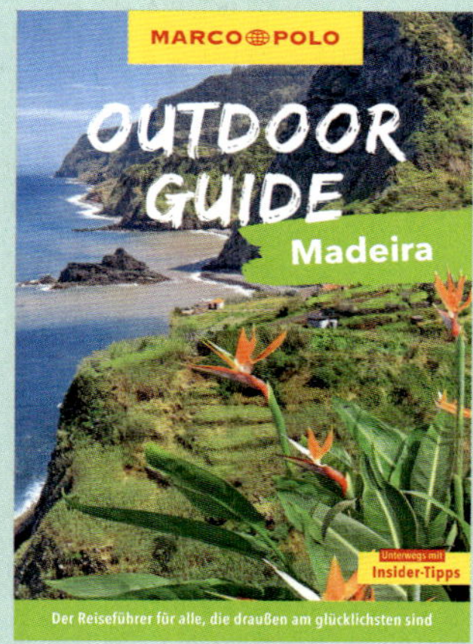

ISBN 978-3-575-01919-6

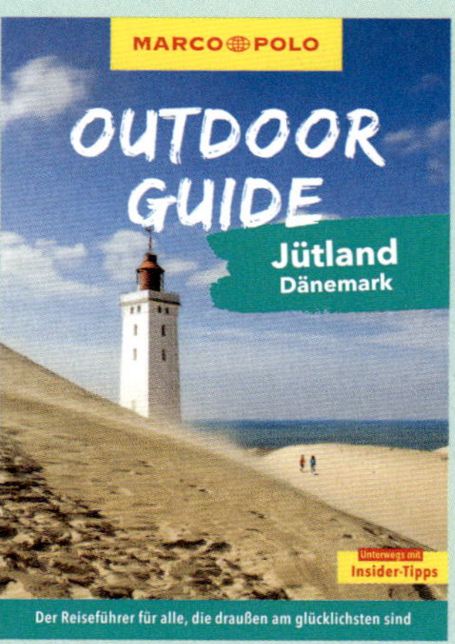

ISBN 978-3-575-01917-2

ISBN 978-3-575-01924-0

ISBN 978-3-575-01901-1

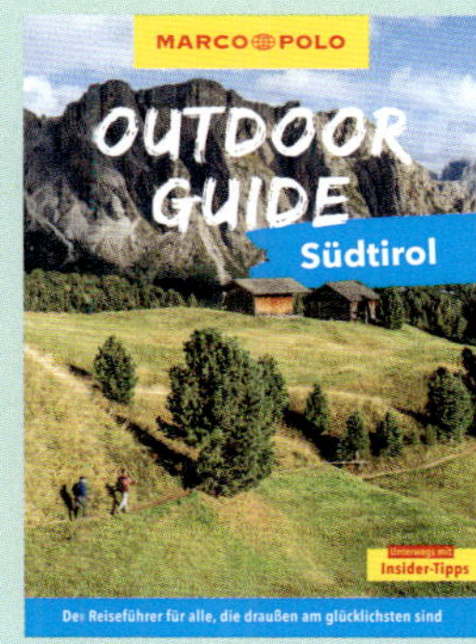

ISBN 978-3-575-01928-8

ISBN 978-3-575-01922-6

ISBN 978-3-575-01921-9

ISBN 978-3-575-01923-3

ISBN 978-3-575-01916-5

ISBN 978-3-575-01927-1

ISBN 978-3-575-01925-7

IMPRESSUM

*WER HAT WAS GEMACHT?

1. Auflage 2024

ISBN 978-3-575-01920-2

Texte: Marlene Burba, mit Ausnahme S. 26, 205, 206 (Rucksack-Apotheke), 211, 212/213, Umschlaginnenseiten (Jens Bey, Stuttgart)
Konzept & Projektleitung: Monique Sorban
Gestaltung Umschlag & Layout: Nicola Hammel-Siebert, Tanja Schnurpfeil, Weimar & Leipzig, zebraluchs.de
Illustrationen: Nicola Hammel-Siebert (S. 13), Carolin Weidemann, Köln, weidemann-design.com (Umschlag, S. 26, 198, 201)
Lektorat und Satz: Ewald Tange für booklab, München
Korrektorat: Kirsten Skacel, Wölpinghausen, lektorat-rotstift.de
Kartografie: © 2024 KOMPASS-Karten GmbH, Karl-Kapferer-Straße 5, A-6020 Innsbruck unter Verwendung von © OpenStreetMap Contributors, osm.org/copyright
Als touristischer Verlag stellen wir bei den Karten nur den De-facto-Stand dar. Dieser kann von der völkerrechtlichen Lage abweichen und ist völlig wertungsfrei.

Printed in Poland

Lob oder Kritik? Wir freuen uns auf deine Nachricht! Trotz gründlicher Recherche schleichen sich manchmal Fehler ein. Wir hoffen, du hast Verständnis, dass der Verlag dafür keine Haftung übernehmen kann.
MARCO POLO Redaktion, MAIRDUMONT, Postfach 3151, 73751 Ostfildern, info@marcopolo.de

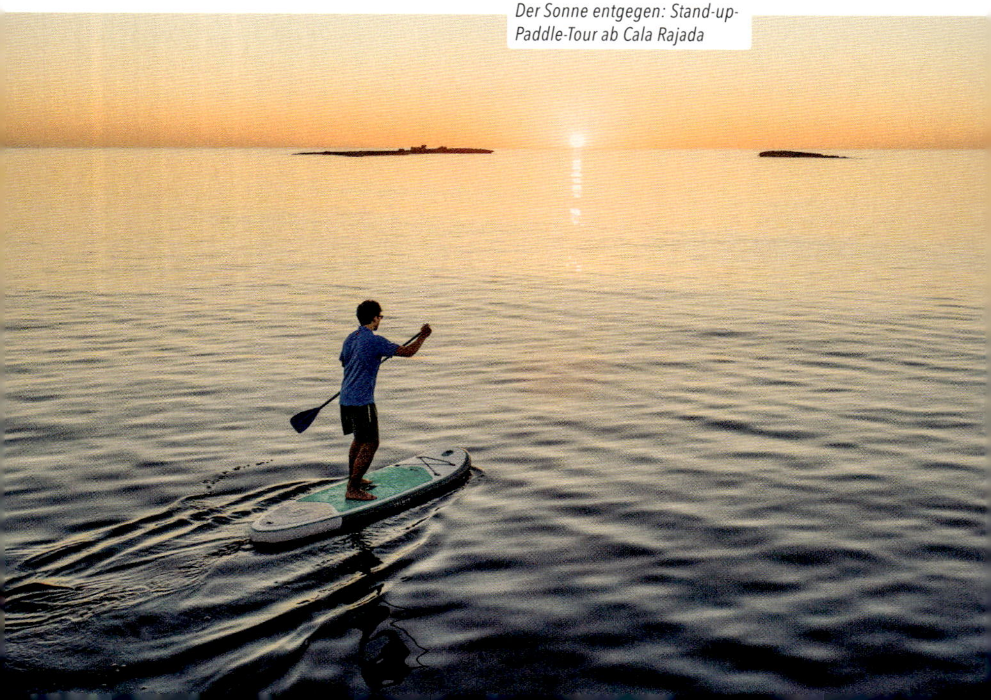

Der Sonne entgegen: Stand-up-Paddle-Tour ab Cala Rajada

Titelbild: In der Cala Llombards (Shutterstock.com: el lobo)
Motive Rückseite: Straßenbahn in Sóller (l.), Caló des Moro (r.)

Fotos:
Bastian Bayer (82); BOGDAN TARUS (117 o.); Borris Burba (36/37, 51, 59 r., 83, 86, 228); Didac Nicolau (116, 117 u.); Direcció Insular de Promoció Turística (182 l.); DuMont Bildarchiv: Frank Heuer (Umschlagrückseite l., 1, 12, 20, 25 l., 31, 32, 40, 41, 154, 164/165, 170, 175, 196/197, 232), Hartmut Schwarzbach (22, 68/69), Hedda Eid (18 u.), Holger Leue (18 M.l.o., 18 M.l.o.), Sabine Lubenow (18 r.o.); Experience Mallorca & Escull aventura (178, 179); Letsmeetmallorca (61 r.); Marianne Burba (187 r., 187 l.); Marlene Burba (17 M.l.o, 28 M., 29 u., 53 l., 56, 57 l., 72, 73, 76, 77, 78, 79 u., 79 o., 80, 85 l., 88 l., 89 r., 89 l., 91 r., 92 r., 93, 94, 95 l., 96, 105, 111 o., 114, 115, 123 l., 123 r., 124, 127 r., 130, 133 o., 138, 142, 143, 144, 145 u., 145 o., 147, 149 l., 149 r., 155 r., 155 l., 157 r., 158 r., 158 l., 161, 162, 163 o., 169, 171, 172, 173 u., 173 o., 174, 176, 180, 181 l., 181 r., 182 r., 183, 184 l., 184 r., 186, 189 l., 190 l., 193, 194, 208 r.); Marymar Photography (1 u., 231); Mauritius Images: Gary Conner/Alamy Stock Photos (99 u.), Hans Blossey (88 r.), Jorge Tutor/Alamy Stock Photos (185), Josep Rovirosa/Westend61 (122), Kreder Katja/Prisma (134/135), MallorcaImages/Alamy Stock Photos (168), Moreno Geremetta (97), Pep Roig/Alamy Stock Photos (220/221), Tolo Balaguer/Alamy Stock Photos (90); Miguel Vaquer (125); Natalie Burba (42, 43, 48, 49, 59 l., 62 l., 62 o., 63, 64 r., 81, 84, 87 r., 95 r., 106, 107, 118, 121 r., 121 l., 128 l., 128 r., 141, 150, 152 r., 156 l., 156 r., 160 r., 160 l., 188, 190 r., 210); Naturacavall (127 l.); Shutterstock.com: ABB Photo (104), Alec Taylor (17 M.r.o.), Andi Muh Ridwan (17 l.u.), Andrei Bortnikau (204), Andrii Vandych (64 l.), Arkadij Schell (207 r.), Artesia Wells (177), Artush (209), Balakate (200), Bildgigant (44), CameraCraft (17 o.), carol.anne (208 l.), Concept Island (66, 67 u., 75, 98, 108), Cornelia Dörr (10/11), Cristian M Balate (113), CTatiana (6), David Herraez Calzada (99 o.), DeltaOFF (120, 140), Disobey-Art (152 l.), E.J.Melian (47 o.), el lobo (Umschlagrückseite r., 25 r.), Eva Alex (29 M.l.), Fabrizzio Reis (214),

Die Serpentinen am Cap Formentor verlangen Radfahrern einiges ab

Filmteam Chemnitz (18 l.o.), Frank Lambert (16), freisein (19), Gary Rhodes (129), GP PHOTOTRENDS (46), Greens and Blues (17 r.u.), imageBROKER.com (295 o., 74), Jakub Wojciechowski (146), James Grewer (87 l.), Jan Nedbal (126 l.), Jaume Rossello Cuni (17 M.r.u.), JCVStock (192 r.), Jeanne Emmel (195 u.), Jenny Sturm (65), Karel Gallas (157 l.), Kollawat Somsri (203 l.), kovop (24, 229), Kris Hoobaer (9, 60), LaMerce (133 u.), Magdanatka (52, 92 l.), maphke (153), Marcelina Zygula (53 r.), Marina Kryuchina (27, 30, 54 r., 54 l., 58, 202), Mark Green (139), MC MEDIASTUDIO (151 l.), Megapixeles.es (215), MF_Orleans (85 r.), neme_jimenez (192 l., 203 r., 207 l.), Nigel Burley (163 u.), Norbert Hodas (119 o.), Oksana Mizina (132), Olga Gorchichko (8), Oscar Quetglas Navarro (55 l.), Pdrac (57 r.), Photoongraphy (67 o.), pixelliebe (100/101), pjh_fotografie (61 l.), pureshot (47 u.), Rafael Martin-Gaitero (126 r.), Reiner Conrad (199), saranya33 (28 u.), Serenity-H (29 M.r.), Simon Dannhauer (0,8), Sylvia Kania (14), Tanya Dvoretskaya (151 r.), Thomas Klee (110, 111 u.), tolobalaguer.com (45, 55 r., 159), trabantos (15, 28 o., 112, 189 r.), TravelNerd (50), T-Vision (131), Visionsi (148), vivooo (7), vulcano (109, 119 u.), Willyam Bradberry (91 l.), Wirestock Creators (230), Yevhenii Kravchuk (195 o.); Wikimedia Commons: CC BY-SA 3.0/Dapaan (17 M.l.u.), CC BY-SA 3.0/Llez (18 M.r.); Yoga del Mar (191)

Äußerst wendig in felsigem Gelände – die zahlreichen wilden Ziegen von Mallorca

Ob zu Fuß, mit dem Fahrrad, in nostalgischen Gefährten oder auf dem SUP – auf über 150 Ausflügen und Abenteuern war Marlene Burba, auch Autorin von mallorca-momente.com, für den OUTDOOR GUIDE unterwegs. Was war besonders, was bleibt noch zu sagen?

5 FRAGEN AN MARLENE BURBA

1 Was ist deine Lieblingsaktivität und bei welcher Tour im Buch hattest du am meisten Spaß?

Noch mal ganz neu verliebt in die Insel habe ich mich während meiner Übernachtung in der Ermita de la Victòria und einer frühmorgendlichen Wanderung zu den roten Felswänden Penya Migdia. Es ist diese perfekte Mischung aus Naturidylle, einem unfassbaren Ausblick auf das Meer und dem Duft von Kiefern und Pinien, die manche Momente auf Mallorca unvergesslich werden lassen.

2 Was darf in deiner Ausrüstung nicht fehlen?

Da ich meistens in den Wintermonaten auf Mallorca unterwegs bin, habe ich immer eine leichte Wollmütze dabei. Auch wenn es im Winter oft sonnig ist, im Schatten und in den Abendstunden kann es recht kühl werden. Das unterschätzt man gerne mal.

3 Dein Hör- und Videotipp für Mallorca?

Wenn ich mich auf die Insel einstimmen möchte, dann höre ich den wunderschönen Song „Mallorca" von Ry X. Er drückt vieles aus, was die Insel für mich ist: Sinnlichkeit, Gefühl, Schönheit und Ruhe. Wer Mallorcas Westen besser kennenlernen will: Es gibt eine tolle Doku von Phoenix über die legendäre Küstenstraße Ma-10 von Andratx bis Port de Sóller – „Unterwegs auf Mallorca. Die Ma-10."

4 Was war dein verrücktestes Erlebnis bei der Recherche?

Auf einer Wanderung im Tramuntana-Gebirge hatte ich plötzlich das Gefühl, verfolgt zu werden. Es raschelte ständig im Gebüsch, und ich hörte Schritte. Wie sich herausstellte, hatte ich recht. Aber mein Verfolger war eine harmlose, wilde Bergziege, die sich ein Leckerli von mir erhoffte.

5 Wohin gehst du auf Mallorca am liebsten mit Freunden?

Wenn Freunde auf die Insel kommen, dann zeige ich ihnen gerne das Cap de ses Salines ganz im Süden. Hier ist Mallorca noch sehr roh und natürlich ist das Licht vor allem in den Abendstunden sehr besonders. Danach gehen wir zu meinen Eltern essen, ins Restaurant Pablo in Santanyí.

BLOSS NICHT!

*FETTNÄPFCHENFREI IM URLAUB

Mallorquin als Dialekt bezeichnen

Die Mallorquiner hegen eine starke Liebe zu ihrer Kultur und Identität. Sie sehen sich nicht nur als Spanier, sondern auch als stolze Insulaner mit einer einzigartigen Geschichte und Tradition. Besonders heilig ist ihnen ihre Sprache. Mallorquin wird von vielen Festlandspaniern als Dialekt des Katalanischen betrachtet – für die Insulaner ist es hingegen eine eigenständige Sprache.

In Badekleidung durch Palma laufen

Mal eben von der Platja in die Innenstadt – und das in Bikini oder Badehose? Bitte nicht! Wer einen Stadtbummel in der Hauptstadt plant, sollte sich angemessen kleiden. Ansonsten drohen nicht nur böse Blicke, sondern mitunter auch eine saftige Geldstrafe von bis zu 200 Euro.

Zigaretten rauchen in der Natur

Es werden von Jahr zu Jahr mehr: Strände, an denen das Anstecken einer Zigarette mit Bußgeld bestraft wird. Vom Rauchverbot profitiert nicht nur die Gesundheit der Rauchenden und ihrer Mitmenschen, sondern auch die Umwelt. Immer wieder sieht man Menschen, die ihre Zigarettenkippen am Strand zurücklassen. Eine schlimme Sünde für die Natur!

Malle statt Mallorca sagen

Ganz gleich ob Insulaner oder Resident – wer auf Mallorca geboren ist oder hier schon lange lebt, der hasst dieses Wort: Malle! Es impliziert alles, wofür diese Insel nicht mehr stehen möchte, und ist ein Unwort, das von den Mallorquinern als respektlos erachtet wird. Auch wenn es einem manchmal auf der Zunge liegt: lieber runterschlucken und Mallorca sagen.

Einfach Deutsch reden

Mallorca ist die Lieblingsinsel der Deutschen. Doch es ist eben nicht Deutschland, auch wenn das viele manchmal vergessen. Wer im Restaurant oder im Geschäft einfach auf Deutsch losbrabbelt, der wird meist schief angeschaut. Man sollte es lieber mit ein paar Brocken Spanisch oder zumindest Englisch versuchen. Das ist nicht nur höflich, sondern so kommt man meist auch schneller zum Ziel.

Wenigstens ein paar Worte der Landessprache sollte man schon beherrschen